U0476960

梦山书系

单篇任务群的课堂密码

刘仁增◎著

海峡出版发行集团
THE STRAITS PUBLISHING & DISTRIBUTING GROUP
福建教育出版社

图书在版编目（CIP）数据

单篇任务群的课堂密码/刘仁增著. —福州：福建教育出版社，2024.10. —ISBN 978-7-5758-0123-2

Ⅰ. G623.202

中国国家版本馆 CIP 数据核字第 2024F6Y463 号

Danpian Renwuqun De Ketang Mima

单篇任务群的课堂密码

刘仁增　著

出版发行　福建教育出版社
（福州市梦山路 27 号　邮编：350025　网址：www.fep.com.cn
编辑部电话：0591-83779615
发行部电话：0591-83721876　87115073　010-62024258）
出 版 人　江金辉
印　　刷　福州德安彩色印刷有限公司
（福州市金山工业区浦上标准厂房 B 区 42 栋）
开　　本　710 毫米×1000 毫米　1/16
印　　张　17.25
字　　数　265 千字
插　　页　2
版　　次　2024 年 10 月第 1 版　　2024 年 10 月第 1 次印刷
书　　号　ISBN 978-7-5758-0123-2
定　　价　49.00 元

前言

突破，从单篇任务群开始

《义务教育语文课程标准（2022 年版）》（以下简称新课标）的颁布，给人带来亮点和惊喜的同时，也带来了困惑和挑战，而且这种困惑、挑战还真不少，从目前情况看，学习任务群可能是最大、最为复杂的一个。

关于“学习任务群”，一线教师的主要疑惑有：（1）语文学习任务群到底是什么？（2）学习任务群教学与以往的教学到底有什么不同？（3）学习任务群的方式，是否适合义务教育阶段特别是小学阶段的学生？（4）小学语文统编教材刚刚使用几年，我们对“人文主题”与“语文要素”的双线并进有了一点认识，现在又提“学习任务群”，会不会淡化了单元语文要素的落实？（5）大概念、大主题、大单元，这些概念与任务群学习究竟有何关系？（6）学习任务群就是整体单元教学吗？（7）小学语文统编教材不是在任务群理念下编写的，如何进行任务群教学？（8）“学习任务群”“教学评一体化”理念下的统编教材，该如何使用？（9）学习任务群如何设计？如何实施？（10）任务群学习怎样才能做到“教学评一体化”？……

这些疑惑归纳起来，可分几类：一是对学习任务群本身的内涵、价值不甚明了；二是对如何以任务群理念用好统编教材充满疑虑；三是对大单元、大概念、大任务教学产生恐慌；四是因未掌握具体可行的任务群教学方法而焦虑。为什么会这样呢？

首先，“学习任务群”是新生事物。有论者认为，一些卓越教师，如李吉林、于永正等，他们进行的教学探索，就是学习任务群的雏形。还有些论者认为，学习任务群并不是无中生有，而是从已开展的项目式学习、主题情境式学习等教学实验总结提升而来。尽管如此，这些教学尝试和学习变革毕竟只是局限于某个地方、某位教师身上，并不具有广泛性和普遍性。对于绝大多数教师来说，“学习任务群”这个说法还是首次听到，称其为新生事物一点都不夸张。大凡新生事物，难免有个了解、熟悉、掌握的过程，当下正处于初步认识和了解的阶段，疑窦丛生，困惑多多，纯属正常。

其次，“学习任务群”缺乏相对成熟的教学样本。语文作为一门单设学科的历史并不悠久，只有短短的上百年时间。从古代四书五经、诸子百家的语文教育，到近现代的白话文运动，从“红领巾教学法”到范文教学模式，语文学科的课程目标和课程内容基本上指向语义理解、内容把握，教学形式和课堂架构基本上采用逐段讲解、文本分析，即便一段时间也极力倡导自主、合作、探究的学习方式，但终究虎头蛇尾，不了了之，以致线性设计、碎问串讲、重教轻学依然成为教学主流。学习任务群不只是学习内容的呈现方式，同时也是一种新的教学模式，这种模式可以理解为以学习任务来带动教学，即“任务驱动”，这是以往教学所罕见的，自然没有成熟甚至成功的经验和样本可资借鉴、模仿。

再次，“学习任务群”教学尚无完备的实施条件。教师、学生、教材是影响、决定教学是否成功的三大要素。当下，许多教师擅长于课文内容的分析讲解，习惯于依赖教学参考资料或优秀教案集，在少有好的任务群设计范例可借鉴，对任务群迷茫不明，还不知道任务群到底是什么样的情况下，如何还能进行任务群的备课、设计与教学？而大部分学生也已经习惯于“坐而听道”，只要认真听，把老师讲的记住、背好，考出好成绩就可以，现在突然让他们带着问题自主解决，带着任务合作完成，难免会不知所措，束手无策。至于教材，虽然有些单元可以用于任务群学习，但其数量不多，许多单元需作调整、增补，这是不少教师难以承受之重。

可是，新课标颁布之日，就是新课程改革、教学方式变革之时，等待、拖延、置之不理都不是明智之举，唯一可行的，就是边探索边学习，边学习边总结，边总结边改进，边改进边提升。为此，与其全面出击，不如集中火力，单兵突进。大家知道，学习任务群有单篇教学、单元教学、大单元教学之分，三难相权取其轻，单篇任务群可能是相对容易，最为大家所熟知的，也最为合适的切入点和突破口。毕竟以往的教学就是一篇一篇地教，老师们觉得亲切，心理上容易接受，操作起来也有经验可用，便于设计与实施，望“群”生畏，望“任务”兴叹的情绪，也会减弱得多。更何况单篇教学对于学生习得语言知识与能力，掌握基本的阅读策略与方法，建构读写转化路径，具有省时高效的显著优势。

当然，任务群视野下的单篇教学，不等同于传统的一篇篇课文教学，两者之间有着不小的差异。比如价值中心不同，单篇教学的立足点是具体的一篇课文，教师往往是从文章本身蕴含的文本价值出发来设计教学，追求的是把这篇文章读透、讲透，而学习任务群以语文素养为价值取向，文本或者学科内容只是达成素养的一个凭借。又如教学理念不同，虽说单篇教学并不一定是知识中心或文本中心，但事实上过去的教学绝大部分都是围绕文本内容来展开的，而任务群教学强调语文综合实践，核心在于“任务”设计，学生完成学习任务的同时，语文核心素养也得到培育。这样的不同，必然要求单篇教学不能“单打独斗”，要将单篇置于整个单元的整体观照下，挖掘单篇教学的育人价值，因而在文本解读、教材处理、目标确定、任务设计、活动安排等诸多方面，迥异于过去的篇章教学。

虽然“学习任务群”是个新名词，但在笔者看来，似乎也有熟悉的味道。在学习新课标、解读新课标的过程中，越来越觉得自己长期潜心深耕的语用教学，颇有学习任务群的影子和样子。价值定位上，语用教学指向真实的语感力和语用力培养，优化语言建构与运用；教学策略上，强调语文实践，重视语境作用，着力“在游泳中学会游泳”；学习主体上，讲求“两历”，即亲历和历练，学习是学生自己的事，任何人都无法包办代替，能力形成、素养发展只有在不断建构、实践中方能实现；设计方法上，摒弃线性教学，力求板块推进，一个板块一个核心知识或语文能力，块块相连，层层递进，共同推动课堂教学。这些观点与做法，显然与学习任务群教学有不少相同或相近之处。正因如此，我们早早就开始了单篇任务群的课堂尝试，取得良好效果。工作室团队连续两年承担福建省小学语文教师“下沉式”培训项目，活动主题就是“单篇任务群的理解与教学”，从课堂展示，到评课分析，从案例分享，到答疑解难，从设计指导，到专题讲座，较全面地呈现了单篇任务群教学的阶段性研究成果，受到参训教师的热烈欢迎和广泛好评。笔者个人除了上课、讲座外，还深入各个基层学校，组织、指导教师进行单篇任务群教学的校本研训，效果也非常不错，应邀写成的《浸润式研训：回归本位的语文教研新样态》一文，发表于《福建教育》2024 年第 1 期。

有了这样的课堂实践，有了这样的良好回应，才成全了本书的新鲜出炉，算是对这一阶段单篇任务群教学的阶段性总结，也是笔者应对当下教学任务群现实挑战的一种回应吧。希望个人的思考、探索与实践，能给依然处于迷茫与焦虑中的人们，带来一些启发和帮助。也期待尝试摸索过程中存在的缺漏和不足能得到您的提示与指正。

突破，从单篇任务群开始，让我们一起努力。

目　录

1. 关于方法的知识最有价值

——《树和喜鹊》课堂实录与教学解码

【背景解说】

从教四十余年，教的不是中年级，就是高年级，低年级教学的经历并不太多。因为在我的潜意识里，低年级难教，难的不是课文本身，而是教学对象：那么小的孩子，我怎么教才能让他们听得懂，学得会？这就牵涉到教学方法、教学语言、课堂管理等诸多方面。低年级教师，尤其是一年级教师，真的太厉害了，这是我的真心话。我不但这么想，还用行动表现出对低年级教师的敬佩：有几年时间，我被县教育局公派到一所民办学校担任小学部负责人，就给一年级和六年级任课教师付1.5倍的课酬。低年级教学难的想法根深蒂固，当然就缺少了低段教学的勇气与自信。于是，不论学校老师如何请求甚至怂恿我上低年级的课给她们听，我就是软硬不吃，死不答应。

这种情况的略微改观，源自于十多年前的工作经历。那时，我担任一所实验小学副校长，分管教学和教研。某日的校级研讨活动，一年级教师执教《荷叶圆圆》，理解为重点，方法很老旧，还没听到一半，我就有点坐不住了。《义务教育语文课程标准（2011年版）》已经颁布，新的教学理念已然提出，课堂面貌却"涛声依旧"，丝毫不见变化，这怎么可以呢！课还未听完，《荷叶圆圆》的新设计已在我的心中形成。评课时我顺带说了自己的教学构思，却"引火烧身"，在老师们的强烈要求下，我再也无法推脱，只好赶鸭子上架。出乎我的意料，《荷叶圆圆》上得非常成功，鲜明的语用课堂，多样的语言学习，让学生学得兴趣盎然，积极主动，让学校老师们眼前一亮，获得很好的评价。至此，我也开始了低年级课文教学的尝试，先后在省内外多个地方执教《小猴子下山》《雷雨》《彩色的梦》《雾在哪里》等，也帮助工作室成员设计了大量低年级课文教学，而且越上越有自信，越设计越顺手。就是在这样的良好心理状态下，《树和喜鹊》教学设计应运而生。

这是一篇童话故事，童话体裁的课文在小学低年级教材中很是多见，随便翻开一本，都能读到故事生动、内容浅显、形象生动、语言优美的童话作品。《树和喜鹊》也是如此。这篇著名童话作家金波的作品，描绘了三幅画面：第一幅是一棵树和一只喜鹊孤单地生活；第二幅是这里有了许多树、许多鸟窝、许多喜鹊；第三幅是喜鹊们、树们快乐地生活。随着画面的不断丰富，树和喜鹊由单个变成群体，由孤单变得快乐。故事生动形象地告诉学生：每个人都需要朋友，有朋友才会快乐。

听过一些老师上这篇课文，也看过一些教师的教学设计，总体感觉是，对教材的价值认识有缺失，对课程的性质把握有偏差。具体表现在，他们把学习重点定位在除了生字词的认识和书写外，就是让学生对故事内容的了解，并借助内容了解、感受树和喜鹊的孤单与快乐，整个教学重在内容理解和朗读指导。这样的教学定位固然也说不上什么错，但并不精准，与课文所在单元的训练重点并不吻合。这种情况并不独立地存在于这篇课文教学中，在低年级教学中，有意无意淡化或忽视单元训练重点的现象并不少见，需要引起重视并加以纠正。

统编语文教材的一大亮点，就是以单元语文要素的形式，明确提出单元训练重点，为单元课文教学指明方向。或许是因为低年级教材虽然不像中高年级教材那样，在每个单元设置了一个导读页，写明单元的人文主题和语文要素，造成一些教师不了解或者忽略了单元学习重点，从而让自己的教学目标产生了偏移。教学这篇课文，我的目的很清楚，就是要让老师们强烈感受到单元语文要素的教学统领作用，就是要让老师们知道读懂单元语文要素非常重要，就是要让老师们明白如何在课堂实践中落实单元语文要素，这不仅是中高年级的事，也是低年级必须完成的事。

【课堂解码】

第一课时

学习任务一：提取关键语句，学习重点字词

师：（出示“树”的图片）孩子们，这是什么？

生：树。

生：大大的、绿绿的树。

（板书：树）

师：能用上叠词来说树，真好。（出示“喜鹊”图片）这又是什么？

生：喜鹊。

师：也能用上叠词说吗？

生：小小的喜鹊。

生：美美的喜鹊。

（板书：喜鹊）

师：在这么多的鸟中，喜鹊是比较特别的。从古至今，我们中国人都把喜鹊看作报喜的使者、吉祥的象征，可受到人们的喜欢了。再呼唤一下它的名字。

生：喜鹊。

师：（在“树”“喜鹊”之间加“和”）有了这个“和”字，你知道了什么？

生：树和喜鹊有关系。

生：这是个树和喜鹊的故事。

师：是的，树是植物，喜鹊是鸟，它们之间发生了什么好玩的故事呢？一起读课文。

（生齐读课题）

［**教学意图**］课题导入是教学的基本环节，这里的导入看似简单，其实也

富含机巧。分别呈现“树”“喜鹊”，学生就能明白这是两个不同的事物，加上“和”字，意味着把这两个不同的事物给联系在了一起，所以这篇课文说的就是树和喜鹊之间发生的事。这有点像中高年级的课文整体感知，但又是以不露痕迹的方式进行，是切合一年级学生的学情的。一个是植物，一个是鸟类，两者之间会发生什么事，显然又是学生感兴趣的问题，入题即引发阅读期待，对于后续的课文学习，无疑是有好处的。而让学生说“树”后，肯定了叠词的使用，学生自然也用此来说“喜鹊”，这样学生就对叠词的使用有了比较深刻的印象，也为课文的叠词学习埋下伏笔。

师：读好了题目，我们开始读课文，看看小朋友们会不会读书找句子。

（出示活动要求：

1. 朗读课文，注意读准生字，特别是“只”“觉”“乐”三个多音字，读通句子，读好课文。

2. 题目有树有喜鹊，课文中也有三个短短的句子，也跟课题一样，有树有喜鹊，把它们找出来，画上横线。）

（学生带着任务读书，圈画）

师：准备好了吧？

生：准备好了。

［教学意图］这个环节的找三个同时带有树和喜鹊的句子，是对课题的回应，同时也意味着，要把这三句话作为贯穿教学始终的主线，三句话中的“孤单”“邻居”“快乐”犹如三粒珠子，各自独立，又互为关联。这样的教学就呈现出一线穿珠，珠珠辉映的课堂面貌，程序清晰，板块鲜明，重点突出，任务明确，与他人的教学大不相同。

师：孩子们找到了哪三个含有树、喜鹊的短短的句子呀？

生：我找到的句子是：“树很孤单，喜鹊也很孤单。”

（出示这句话）

师：（“孤单”两字变红）这个词谁会读？你来读。

生：孤单。

师：这两个都是生字，你读得非常正确，特别是“单”的前鼻音读准了。你当小老师，带同学读吧。

（生带全班同学读）

师：怎么记住这两个字呀？

生：“孤”是一个“子”字加一个“瓜”字。

师：“子”作为偏旁就变了。

生：“子”的横变成提。

师：对，“子”字做偏旁的时候变瘦了，横改成了提。“孑”是我们要认识的新偏旁，名字叫“子字旁”。说一遍它的名字。

生（读）：子字旁。

师：“单”字呢？

生：“单”字上面有点像“八”，下面是“早”字的竖通上去。

生：“单”由一个“八”一个“日”和一个“十”组成。

师：“单”上部的“丷”，像不像“八”字倒个头？

生：像。

师：所以这个偏旁叫“倒八”，也是今天要认识的新偏旁。跟老师读：倒八。

生（读）：倒八。

师：把这个词放进句子还会读吧？老师请同学来读。

（指名读句子，全班读句子）

师：（出示一棵树的图片）这就是那棵很孤单的树（在“树很孤单，喜鹊也很孤单”句子下出现“一棵树”），读。

生：一棵树。

师：（“一棵树”下出现“一个鸟窝”）树上有——

生：一个鸟窝。

师：“窝”是生字，上下结构穴宝盖，从“穴”字头你来猜出这个字什么意思？

生：是动物居住的地方。

生：是动物的家。

师：对，小鸟住的地方叫——

生：鸟窝。

师：老鼠住的地方叫——

生：鼠窝。

师：小狗住的地方叫——

生：狗窝。

生：小鸡住的地方叫——

生：鸡窝。

师：鸟兽昆虫住的地方就叫作窝，那我们人住的地方叫什么？

生：房子。

生：房屋。

师：那就不能叫“人窝”了。

（生笑）

师：“窝”还有一个意思，就是凹陷的地方。你看（手指班上一女孩），这个小娃娃的脸腮两边有两个——

生：小酒窝。

师：好漂亮的小酒窝！“小酒窝”名字好听，样子好看，有了两个小酒窝，人就更好看了。

生：更好看了。

师：怎么记“窝”呢？读读这个顺口溜。

（出示：穴下有什么？原是半个锅。鸟儿飞出来，留下蛋几颗。）

（生读）

师：鸟窝里有（“一个鸟窝”下出现“一只喜鹊”）——

生：一只喜鹊。

师：“只”（zhī）读得好，像他这样一起读。

生（读）：“只”（zhī）。

师：除了一只喜鹊，还可以说一只？

生：一只小鸭。

生：一只小鸟。

师：这是个多音字，还可以读成“zhǐ”。组词——

生：只有。

生：只好。

生：只是。

师：（出示："鸟窝里只有一只喜鹊。"）一句话里有两个"只"，你会读吗？

（指名读，全班读）

师："只"这个字，表示数量词的时候读作第一声"zhī"，表示唯一一个，没有别的时候读作第三声"zhǐ"。记住了吗？

生：记住了。

师：（手指屏幕）"一棵树""一个鸟窝""一只喜鹊"，发现三个词一样的地方了吗？

生：都是几个什么。

生：都有一个"一"字。

师：这三个"一"呀，在不同的地方还读得不一样呢。你看。

（出示：从前，这里只有一棵树，树上只有一个鸟窝，鸟窝里只有一只喜鹊。）

师：自己试着读读这段话。

（生自由读）

师：请小朋友们来读，要注意读准"一"的变调。

（指名读，全班读，教师点评。）

[教学意图] 这是由第一句带有树和喜鹊的话引出的教学内容。这个部分的学习，内容还是比较丰富的。首先是"孤单"的读音与字形认识，尤其强调了"单"的新笔画"倒八"，这是本课生字学习的新知识。接着是"窝"的书写，调动形声字的已有知识，从部首"穴"猜测"窝"的意思，并引申出其他小动物住所的名字"鸡窝""狗窝""鼠窝"，渗透词串学习，再比照人类住所的说法"房屋"，和人脸上的"酒窝"，知道同样是"窝"，用法不同，对"窝"就有了较为完整的认识，写好"窝"字也有了基础。然后结合具体语境，初步了解意思后读准多音字"只"和"一"。从设计方面看，找到"树很孤单，喜鹊也很孤单"，就从"树"引出"一棵树"，再从"一棵树"引出"一个鸟窝"；又从"喜鹊"引出"一只喜鹊"。如此步步展开，渐次聚焦，逐

点深入，自然而巧妙。这样的设计，基于对文本内容和表达特点的发现。

师：找到的第二个句子是——

生（读）：“树有了邻居，喜鹊也有了邻居。”

（出示这句话）

师：这句话也有两个生字。（手指屏幕上的“邻居”）这个词读作“邻居”，特别注意“邻”是前鼻韵母，不容易读好，先请个小朋友读。

（指名生读）

师：“邻”的前鼻韵母读得好，我们一组一组读“邻居”这个词。

（生分组轮流读“邻居”）

师：谁是你们的邻居呀？

生：我家楼上王爷爷就是我的邻居。

生：我家对面住着李阿姨，她就是我的邻居。

师：家离得近的人或人家就叫作“邻居”，以前的说法叫“街坊”。怎么记“邻居”这两个字？

生：我用加一加的办法。“令”加“阝”就是“邻”，“尸”加“古”就是“居”。

生：我用换一换的方法。“冷”字两点水改成“阝”，就是“邻”字。

师：看这个“居”字（出示田字格的“居”），左上方的“尸”表示房屋，写得扁平一些，右下方“古”的长横压在横中线上，竖改短撇。写一写这个字。

（生写）

师：树有了邻居，是因为它的旁边种了好多好多树。（“树有了邻居，喜鹊也有了邻居”下出现“种了好多好多树”）读准“种”的翘舌音。

（指名读，男女生读，全班读）

师：给“种”组个词。

生：种田。

生：种瓜。

生：种地，种粮。

生：种太阳。

师：很有想象力的一个词，“种太阳”是一首歌曲的名字。课文说种什么？

生：种树。

师：每棵树上有好多好多的鸟窝，还有好多好多喜鹊。

（“种了好多好多树”下分行出现“都有鸟窝”“都有喜鹊”）

师：这两个词都出现了“都”字，请你读。

（指名读，全班读）

师：“都”左右结构，刚才学过的一个字也是双耳旁，哪个字？

生：“邻”字。

师：对。一起读一下这三个词语。

生（读）：种了好多好多树　都有鸟窝　都有喜鹊

师：三个词语里都有一个表示“多”的词，分别是什么？

生：第一个是“好多好多”，后面两个是“都有”。

师：是的，“好多好多”“都有”都表示数量多，但用词不同。把这三个词带到这一段中读，读给同桌听。

（出示：后来，这里种了好多好多树，每棵树上都有鸟窝，每个鸟窝里都有喜鹊。）

师：哪个小朋友第一个读？

（指名读，全班读）

［**教学意图**］这个环节的教学与前面基本相同。以“树有了邻居，喜鹊也有了邻居”为基点，借助拼音读“邻居”，结合经验说“邻居”，辨识字形写“邻居”，一气呵成。再由“树”出发，引出“种了好多好多树”，给“种”组词；再延展出“都有鸟窝”“都有喜鹊”，发现三个词语都表示“多”的意思，用词却不尽相同。这样，既初步了解了段落意思，又积累了语言。

师：还有最后一个句子。

生（读）：“树很快乐，喜鹊也很快乐。”

师：这句话中，“乐”也是个多音字呢，在这儿读作“lè”，读好它。

（生读）

师：除了“快乐”，还可以说——

生：欢乐。

生：喜乐。

生：乐呵呵。

生：乐趣。

师：这个字还有个读音是“yuè”，组词是——

生：音乐、乐器。

生：乐队、乐团。

师：读“yuè”表示声音，读“lè”表示心情。快乐的喜鹊们正互相——（“树很快乐，喜鹊也很快乐”下出现“打着招呼”）谁来读？

（生读“打着招呼”）

师：“招呼”是轻声，要读好。

（指名读，学生带读）

师：老师跟同学们打个招呼：“孩子们，你们好！”你们也跟老师打个招呼吧。

生：老师，您好！

师：真好。这就是——

生：打着招呼。

师：你看，我们打招呼要用到手，也要用到嘴，所以“招”是提手旁，“呼”是口字旁。（出示田字格的“招”“呼”）观察一下这两个字。

生：“招”提手旁，右边一个“刀”一个“口”。

师：注意“扌”和“召”的位置与高低。

生：“招”左窄右宽，“扌”写得长点，“召”写得短点。

师：“刀”的撇穿过田字格的中点，通到左下格一点。说说“呼”字。

生：“呼”也是左窄右宽，右边是“黑乎乎”的“乎”。

生：“乎”的横在横中线上。

师：把这两个字描一个，写两个。

（生描红，写字）

师：写好了字，我们再读读这个词吧。

（生读“打着招呼”）

师：快乐的喜鹊们还在——

（“打着招呼”前一行出现“叽叽喳喳叫几声”）

生（读）：叽叽喳喳叫几声。

师：“叽叽”读轻声，“喳喳”读第一声，先听老师读。

（师范读）

师：我们开火车读。火车火车哪里开？

生：火车火车这里开。

（开火车读“叽叽喳喳”）

师：快乐的喜鹊们到了夜晚就——（“打着招呼”下一行出现“安安静静地睡觉了”）

生（读）：安安静静地睡觉了。

师：“觉”在这里读——

生：“jiào”，睡觉。

师：还有读音是——

生：jué，感觉，觉得。

生：妈妈说我做事很自觉，也是这个 jué。

师：小朋友们知道得真不少。注意屏幕上的这三行词，说说喜鹊的快乐表现在哪里。

生：表现在打招呼。

生：表现在叽叽喳喳叫几声。

生：表现在安安静静地睡觉。

师：说得好。我们把这些词语放回课文中，你还会读得这么好吗？

（出示：每天天一亮，喜鹊们叽叽喳喳叫几声，打着招呼一起飞出去了。天一黑，他们又叽叽喳喳地一起飞回窝里，安安静静地睡觉了。）

（学生自由读，指名读，全班读）

[教学意图] 与前两个环节类似，也是从句子引出词语，也有多音字朗读，也有生字书写指导，但也略有不同。依据“招呼”的字形、字义特点，进行“打招呼”的情境学习，并借助从句子中引申出现的三个词语，初步了解喜鹊的快乐就表现在“打招呼”“叫”“睡觉”三个方面。有了这样的认知，

后续的课文学习自然就顺畅了。

师：现在我们加大一点点难度，好不好？

生：好。

师：（屏幕出现“开始”“后来”“最后”）我们用这三个词语，把找到的三句话连起来说，自己先练习一下。

（生练习说话）

师：你很积极，你先说。

生：开始，“树很孤单，喜鹊也很孤单”；后来“树有了邻居，喜鹊也有了邻居”；最后，“树很快乐，喜鹊也很快乐”。

师：不用老师的这几个词语，你自己选几个词语来连接，会吗？

生：开始，“树很孤单，喜鹊也很孤单”；然后，“树有了邻居，喜鹊也有了邻居”；最后，“树很快乐，喜鹊也很快乐”。

生：起先，“树很孤单，喜鹊也很孤单”；接着，“树有了邻居，喜鹊也有了邻居”；最后，“树很快乐，喜鹊也很快乐”。

师：学到这儿，老师发现，小朋友们都很了不起，不但找到了三个句子，还认识了生字，读了词语和课文，把掌声送给自己。（生鼓掌）读到这里，我们就明白了，课文中的树和喜鹊都在不断地变化呢。刚开始的时候，一起读——

生（读）：“树很孤单，喜鹊也很孤单。”

师：后来——

生（读）：“树有了邻居，喜鹊也有了邻居。”

师：最后——

生（读）：“树很快乐，喜鹊也很快乐。”

［教学意图］前面的学习是分散的，逐句的，点状的，这个环节就有必要来个整合的、集中的、面上的。先用“开始”“后来”“最后”把三句话连起来说，既是说话练习，也是对课文内容的整体了解，还是对树和喜鹊从孤单到快乐的变化过程的初步把握，为完成课后第一道练习做好初步准备。

学习任务二：了解词语意思，学习“了解”方法

师：生字认识了，课文中的重点词语我们还得弄懂它。让我们一起走进课文，走近树和喜鹊。

（出示活动要求：

朗读课文第 2 自然段，圈画出重点词，了解词语的意思。）

（学生读书，圈画）

师：先请一个小朋友读读这句话。

生（读）：“树很孤单，喜鹊也很孤单。”

（出示这句话）

师：你认为这句话的重点词是什么？

生：孤单。

师：为什么你认为是重点词？

生：因为“孤单”写了两次。

生：因为这两个词语是说树和喜鹊是什么样的。

师：有道理。一句话，一段话，一篇文章中，反复出现的词语或句子，一般都是很重要的。其他小朋友找到的也是这个词语吗？

生：是。

师：刚才我们是边读句子，边圈画出重点词。

（板书：找）

师：你觉得“孤单”是什么意思呢？谁来猜猜？

生：就是很孤独的意思。

生：就是一个人的意思。

生：就是独自一个人，找不到别人了。

师：是啊，“孤”表示一个，“单”也表示一个，合起来还是表示一个。这是我们抓住重点词，猜它的意思。

（板书：猜）

师：小朋友们猜得对不对呢？（出示课文中的小泡泡）让我们到课文第 1

自然段中去找答案。

（出示：从前，这里只有一棵树，树上只有一个鸟窝，鸟窝里只有一只喜鹊。）

师：这段话有表示“孤单”的意思吗？

生：有。一棵、一个、一只，都只有“一”，是孤单。

生：这里用了三个“一”字，就是说很孤单。

生：这句话写了树、鸟窝和喜鹊，每一样东西都只有一个，当然是孤单了。

师：除了用数量“一”表示孤单，还有别的依据吗？

生：只有，“只有一个”就是除了这一个外，就没有第二个了。

生：“只有一只”也是就这一只，再也找不到别的了。

师：是啊，“一棵”“一个”“一只”本来就孤单了，加上“只有”，把两个表示孤单的词语连在一起写，不就更孤单了吗？读读这三个词语。

生：只有一棵。

生：只有一个。

生：只有一只。

师：老师发现，把“只有”“一”都读得重一些，能读出了孤单的意思。（屏幕上的“只有”“一”变红）试着把整句话读一读，注意变红的字，体会树和喜鹊的孤单。

（生读这句话）

师：刚才我们从第1自然段去找表示“孤单”意思的依据，确认了我们的猜测是对的，“孤单”就是一个、孤独、没有别人的意思。这个方法叫联系上文。跟老师说一遍。

生：联系上文。

（板书：联）

师：如果你就是这一棵树，看看前面，没有树；看看后边，没有树；看看左边，也没有树；看看右边，还是没有树。此时，你的心情如何？

生：我的心情很紧张，担心有什么坏人出来。

生：我觉得好孤独，好害怕。

生：我会觉得我好可怜，怎么就连一个伙伴都找不到呀！

生：我会想，一只小兔子，快来陪我啊。

师：是啊，“孤单”不仅仅表示一个、孤独，它表达了人的心情。带着这种心情再读读这句话，看谁读得好。

（指名读，比赛读）

师：读课文，如果还把自己当作文中的人或物，就会体会得更深，带着这个体会就能读得更有味道。

（板书：读）

师：小朋友，“孤单”一词是怎么理解的呢？我们一起梳理一下整个过程和步骤。第一步是？

生：边读边找“孤单”。

师：找。第二步？

生：猜猜词语的意思。

师：猜。第三步？

生：联系上文理解。

师：联。第四步？

生：把自己的体会读出来。

师：读。刚才，我们就是按照这四步，了解“孤单”意思的。这种方法有个名字，叫“联系上文了解词语的意思”。以后学习词语，就可以采取这个“四步法”了。

［**教学意图**］“联系上文了解词语的意思”是单元语文要素，自然也是本文的学习重点。“孤单”的意思如何了解，课文小泡泡的话为我们提供了基本路径，那就是“联系第一自然段”，这是对“联系上文”的具体化，一年级小朋友读了小泡泡里的这些字，自然也懂得应该怎么了解“孤单”的意思。但问题是，“联系第一自然段”只是一个基本方向，至于怎么“联系”，还得需要教师的细致指导。于是，在找到第一自然段之后，我们就用“这段话有表示‘孤单’的意思吗？”“如果你就是这棵树，你的心情如何？”的问题导向，一步一步地帮助学生了解词语意思。更重要的是，每学完一步，就及时总结出这一步的名字，最后再连起来总结，就提炼出了解词语意思的方法。由于

有具体的操作步骤，使得“联系上文了解词语的意思”的方法不再是空洞的概念，宽泛的说法，而成了实实在在，可学可用的学习支架。

学习任务三：写好新学笔画，正确书写生字

师：看到小朋友们学得这么认真，小喜鹊们把“单”作为礼物送给了我们。

（出示活动要求：

观察“单”字，把这个字写正确、写工整。）

师：我们要把这个字写正确、写工整，要注意什么呢？一看结构。

生：“单”是上下结构。

师：二看位置。

生：“单”上窄下宽，上部倒八要写得扁扁的。

师：三看关键笔画。

生：倒八的两个点分在竖中线两边，“日”的最后一横压在横中线上。

师：四看起笔收笔。

生：“单”的长横从左下格的三分之一处起笔，在右下格的三分之二处收笔。

师：这样，长长的横就能稳稳地托住上方，让“单”变得好看。

生：竖笔从“日”的横笔开始，沿着竖中线直直写到下格三分之一处。

师：对。看老师写这个字。

（教师在田字格里范写“单”字，边写边强调关键笔画的位置和起收笔。）

师：小朋友拿出笔，在课后的生字格里描红 1 个，练写 1 个。注意写字姿势。

（学生练写）

师：请这几个小朋友把写的拿上来。

（投影学生的作品，从结构、位置、关键笔画、起笔收笔四个方面引导学生加以评点，并示范修改。）

师：（展示写得好的学生作品）请大家学着这位同学的字，把这个字在后

面再写一次。

（学生再写）

［教学意图］把字写正确，写规范，写工整，是一年级生字书写的指导重点。尤其是新出现的笔画、部首、偏旁，更要格外重视。为此，本环节的教学就在这些方面下功夫，突出书写位置、笔画、起笔收笔等。当然，先观察，后提醒，再范写，最后练写、评改，这是基本的生字书写步骤。

第二课时

学习任务四：试用“了解”方法，学习词意了解

师：上节课，我们读到了一种了解词语意思的“四步法”。

（出示：找、猜、联、读）

师：一起说说。

（生说）

师：这节课，我们就用这个方法再来学习课文的重点词语。

（出示活动要求：朗读第 3、4 两段，学着用“四步法”来学习重点词语。）

（出示：后来，这里种了好多好多树，每棵树上都有鸟窝，每个鸟窝里都有喜鹊。

树有了邻居，喜鹊也有了邻居。）

师：老师来帮你，我们一步一步地来。第一步是“找”。第 4 段中有一个重点词，找到了吗？用笔圈画出来。

生：找到了，“邻居”。

师：很好。第二步是什么？

生：是“猜”。

师：对，就是猜猜“邻居”意思。

生：邻居就是住在一起的人。

生：邻居就是家离得很近的人。

生：邻居就是在同一个小区的人。

师：小朋友们猜得对不对呢？到哪里找依据？

生：到前面那段话。

生：到第 3 自然段找。

师：是的，这是第三步“联”。这一步最重要了，可要花点时间好好读读，想想，不懂的还可以跟同桌交流一下。

（生读书，思考，交流）

师：你们找到答案了吗？说说看。

生：第 3 自然段说“种了好多好多树”，“好多”就是很多，两个“好多”表示树非常非常多。

生：“好多好多树”，就是树的邻居很多。

师：这两位小朋友注意到了“好多好多”这个叠词，知道了树很多，读得很好。但是，树很多很多就是邻居很多吗？

生：树多当然就是邻居多了。

生：以前，就一棵树，现在有很多很多树，他们就成了邻居啊。

师：这位小朋友把这一段的“很多很多”和第 1 自然的“一棵”联系起来思考，读出了树的数量变化。可是，如果这很多很多的树，种在像大海一样大的地上，这儿一棵，那儿一棵，零零散散，离得很远，他们还是邻居吗？

生：不是，这些树种在一起才是邻居。

师：是啊，原先孤零零的那一棵树，看看前面，有许多树；看看后边，有许多树；看看左边，有许多树；看看右边，有许多树。这些树好多好多，而且靠得很近，离得不远，他们就是邻居。所以，我们读到“好多好多”这个词，只是知道树的数量变多了还不够，还要想象一下，这些树都种在最早的那棵的旁边，一棵挨一棵，一棵靠一棵，这样就能读出“邻居”的意思来了。谁来读读这句话？

（生读，重音突出“好多好多”）

师：还找到其他依据吗？

生：我找到的是“都有”，就是每棵树都有，每个鸟窝都有。

生："每棵树上都有鸟窝，每个鸟窝里都有喜鹊"，也是说鸟窝多，喜鹊多。

师：联系"种了好多好多的树"，想想鸟窝有多少？

生：好多好多。

师：喜鹊有多少？

生：好多好多。

师：那怎么不用"好多好多"来写鸟窝和喜鹊？

生：因为前面有"好多好多"，后面再写就啰唆了。

生：因为这里有"每棵树"和"每个鸟窝"，树有好多好多，鸟窝就有好多好多，鸟窝好多好多，喜鹊就有好多好多。

师：这个小朋友会读书，他先联系"好多好多树"，再抓住"每棵树""每个鸟窝"，知道了"都有"就是数量多，树有多少，鸟窝就有多少，喜鹊也就有多少。给他掌声。

（生鼓掌）

师：这很多的鸟窝和喜鹊是邻居吗？

生：是，因为好多好多的树是邻居，树上的鸟窝，鸟窝里的喜鹊肯定也是邻居。

师：思路清晰，表达清楚，真棒。也送给他掌声。

（生鼓掌）

师：这段话不像第 1 自然段那样，直接把意思写出来。不过，我们抓住"好多好多""每一棵都有""每一个都有"还是能找到正确的答案，所以，读书思考一定不能不注意语言文字。读读第 3 自然段。

（生读）

师：最后是第四步"读"。把自己想象成原先的那一棵树或那一只喜鹊，心情如何？

生：我觉得很开心，因为我旁边种了好多好多的树，我再也不孤单了。

生：我再也不害怕了，有那么多的邻居，有什么可怕的呢？

生：我不孤独了，我想找人说话，就叫住在我旁边的喜鹊，和我聊聊天，一起唱唱歌，多好玩呀。

师：读出这种心情来。

（指名读，全班读）

师：小朋友，你看，这样一步一步读，一点不难吧？下面，大家四人一小组，用这“四步法”学习最后两个自然段。

［**教学意图**］话说千遍，不如手过一遍，此话强调了练习与实践的重要性。任何方法的熟悉掌握与运用，都离不开一次一次的练习。“孤单”的意思了解，以及由此学到的“四步法”，自然不能束之高阁。“邻居”一词的学习，就为“四步法”的运用提供了非常好的平台。对于一年级小学生来说，这样的“四步法”还是有难度的，因此，第一次运用只能停留在“尝试”阶段，需要教师的全程陪伴，细心帮扶，重点指导。这个环节的重点指导在于“很多很多”，这本是一个表示数量的叠词，跟“邻居”的意思风马牛不相及。无论学生怎么用“四步法”，都无法解决这一学习难点。该出手就出手，于是，先反问“树很多很多就是邻居很多吗？”再假设“这儿一棵，那儿一棵，零零散散，离得很远，他们还是邻居吗？”又用“看看前面”“看看后面”“看看左边”“看看右边”的情境创设，很好突破了“很多很多树”就是表示树有了邻居这个理解难点。由此，两个“都有”也是表示邻居多，也就瓜熟蒂落，水到渠成了。

学习任务五：运用“了解”方法，自主了解词语

（出示活动要求：

朗读第 5、6 自然段，和同伴一起，学着用“四步法”了解重点词语。）

（学生同桌或四人一组合作学习）

师：第二组最先举手，我们把机会先给他们。

生：我们找到的重点词语是“快乐”。

师：这是第一步“找”。

生：“快乐”就是开心、高兴的意思。

师：这是第二步“猜”。

生：然后就到前一段找“快乐”，找到“打着招呼一起飞出去了”。早晨，

喜鹊们一见面就打招呼，心情很好。

师：这一组同学还有要说的吗？

生：上节课老师和我们打招呼，老师很开心，我们也很开心，所以打招呼就是心情快乐。

师：能联系生活经验来体会，真好。其他组有要说的吗？

生：我们觉得“一起飞出去”也是快乐，不快乐就不会跟伙伴们一起飞出去飞回来。

生：那么多喜鹊在一起飞，就不孤单了。

师：这是第三步“联”。第四步“读”。第二组同学继续分享。

生：我来读这一段。

（生有感情地朗读这一自然段）

师：从你的朗读中，我们感受到了你的快乐。第二组同学一起读。

（生读）

师：第二组同学开了个好头。再请其他组同学，这回分享的时候，如果跟第二组一样的，就不重复了。

生：我们这一组，“找”和“猜”跟他们一样。在第 5 自然段中找到的理由不一样。（读）“每天天一亮，喜鹊们叽叽喳喳叫几声，打着招呼一起飞出去了。”喜鹊们“叽叽喳喳叫几声”，说明他们心情非常愉快。

生：我们还知道是“每天”，天天叽叽喳喳，像天天都在唱歌，每天都是快乐的。

师：对“叽叽喳喳叫”其他组也可以发表自己的意见。

生：从“叽叽喳喳叫”我想到了在公园看到的情景，好几只鸟儿你说一句，我说一句，很热闹，很开心。

师：如果把“叽叽喳喳叫”改为“叽喳叫”你觉得还热闹、开心吗？

生：不热闹不开心了。因为“叽叽喳喳”就是声音很多，你说我也说，“叽喳”好像只有一两声。

师：对呀，“叽”一声，“喳”一声，怎么会热闹、开心呢？看来“叽叽喳喳”这个词很重要，喜鹊的快乐也藏在这个叠词中。能说几个像这样的词语吗？

生：开开心心，快快乐乐。

生：平平安安。

生：来来往往，摇摇摆摆。

生：工工整整，整整齐齐。

……

师：不同的词语有不同的特点，也有不同的作用，这就是汉语言文字的美妙之处。请位女生来读读这个句子，读出“叽叽喳喳”的感觉来。你来。

（生读，“叽叽喳喳”读得短促而有节奏）

师：像她一样，读读这句话。

（生读）

师：这段话中两处用到了“叽叽喳喳”，如果把“叽叽喳喳”变成说的话，早上出去的“叽叽喳喳”和天黑回来的“叽叽喳喳”会一样吗？

生：早上会说：早上好，快乐的一天又开始啦！天黑回来时说：快快告诉我们，你今天有什么新的收获呀！

生：早上说：今天天气这么好，一定可以玩个痛快啰！天黑时说：辛苦了一天，你们早点休息，做个好梦吧！

生：早上说：你知道吗？昨晚我梦见了我们躺在草地上看天上的星星呢，你做梦了吗？天黑时会说：今天我们衔回了许多干草，可以搭窝过冬啦，想想就开心。

……

师：是啊，尽管早上和傍晚喜鹊们说的话不同，但快乐的心情是一样的。现在是你们展示读的时候了。

（生有感情朗读）

师：读到这儿，老师发现，“安安静静地睡觉了”没有一个小朋友说到。“安安静静地睡觉了”到底是什么意思？

生：就是安静睡觉的意思。

生：睡觉时不乱动，很安静。

师：和“安安静静地睡觉”相反的，就是不安安静静，就是睡不着，你们什么时候会翻来覆去睡不着？

生：听说爸爸快回来了，我一直想着他什么时候回来，就睡不着了。

生：做错事被老师批评了，很烦就睡不着了。

生：我和好朋友闹别扭了，心里不舒服。

师：看来，睡不着就是因为有惦记的事，有烦心的事。而喜鹊们能“安安静静地睡觉”是因为——

生：它们没有什么烦心的事。

生：没有不开心的事。

师：是啊，喜鹊们天天在一起，飞出去又飞回来，热热闹闹，开开心心的，所以他们睡得好，睡得香，睡得甜，“安安静静”这个叠词非常生动地表达了这个意思。“安安静静睡觉”的喜鹊们可能做些什么美梦？

生：梦见自己和同伴们比赛谁飞得快，飞得远。

生：梦见自己在蓝天上和月亮、星星做游戏。

生：梦见自己搭了个温暖舒适的窝，非常非常得意。

生：梦见自己陪着年老的爸爸妈妈，到草地、大河游玩的欢乐情景。

师：孩子们，这样一读，你读出什么了？

生：原来这句话也是写喜鹊们很快乐的。

生：叽叽喳喳叫是快乐，安安静静睡觉也是快乐。

师：第 5 自然段字字是快乐，句句是快乐，让我们带着这份快乐读好这段话。自己先试读一两遍。

（学生练读，指名读，男女生读）

师：刚才，这几组同学用上了“四步法”了没有？你是不是也是这样学的？给自己、给同学加颗星。

生：这几个同学是用这种方法，我给他们各加五颗星。

生：我也是这么学“快乐”的，也可得五颗星。

师：学到了解词语意思的方法，很快乐；得了五颗星，也很快乐，就像树和喜鹊一样。老师配上音乐，我们再快乐地读读第 5 自然段。

（学生配乐读）

［教学意图］有了两次的学习经历，学生对如何用好“四步法”了解词语的意思就有了感觉和体会，此时让学生自主运用这一方法了解“快乐”的意

思就有了基础和可能。显然，这里的“运用”是前两次学习的提升，体现了从教到学到放的完整过程，这也是语言学习、能力培养的基本程序。鉴于一年级小学生的学习能力，虽然说是“运用”，但还不能像高年级那样完全放手，必要的帮扶、指点还是非常有必要的。更何况这部分内容中，还有认识、学习、积累“叽叽喳喳”“安安静静”这类由意思相对的词语构成的叠词，这是一年级学生不可独立承担的任务，也离不开教师的帮助。

学习任务六：练说话学写字，丰富语言积累

师：孩子们，树和喜鹊起初很孤单，后来变得快乐了，这是为什么呢？

（出示活动要求：树和喜鹊后来为什么很快乐，用上下面的词语，说一说。）

（出示课后练习“读一读，记一记”。

以前　喜鹊　孤单　叽叽喳喳

后来　邻居　快乐　安安静静）

（学生自主练习）

师：请这位小朋友分享你的成果。

生：以前，这里只有一棵树，一只喜鹊，很孤单。后来，树和喜鹊有了好多好多邻居，他们天亮叽叽喳喳一起飞出去，晚上一起回来，安安静静睡觉，所以就很快乐。

师：用上了这些词，挺好。

生：以前，树和喜鹊没有一个邻居，他们很孤单。后来，他们都有了自己的邻居，天天在一起玩，白天叽叽喳喳地叫，很热闹，晚上安安静静地睡觉，做美梦，所以变得很快乐。

师：“叽叽喳喳地叫”“安安静静地睡觉”是书上的话，“很热闹”“做美梦”是自己的话，把自己的理解也说进去了，棒！

生：以前，树和喜鹊连一个邻居都没有，孤单地过日子。后来，树多了，喜鹊也多了，他们叽叽喳喳地叫，安安静静地睡，生活得很幸福，很快乐。

师：你跟其他同学不一样的是，把“邻居”这个词语放到前面说，“孤单

地过日子”“生活得很幸福，很快乐”把树和喜鹊当作人来写了。点赞!

……

[教学意图] 课后安排的这道练习，只是要求“读一读，记一记”，目的在于词语积累。但是，略加分析就能发现，练习中的两行词语，分别指向课文的第一部分和第三部分内容，如果用这些词语说说课后第一道练习“想想树和喜鹊为什么很快乐”，是不是既能理解树和喜鹊从孤单到快乐的变化过程，完成第一道练习，又能以说话的方式促进词语积累？毕竟运用是最好的积累。这样处理，可谓是一举双得，两全其美。

师：说得好，还要写得好。下面是写字时间。

（出示活动要求：观察“种”“招”等生字，把它们写正确、写工整。）

师：小朋友们观察这三个字（出示：种　快　乐），发现结构特点吗?

生：我发现“种”“快”都是左右结构的字。

生：“种”左右等宽，“快”左窄右宽。

生：“种”就是种庄稼，左边“禾”字，右边“中”字。

师：“禾”表示农作物。“禾”作偏旁时，最后一笔捺要变点。

生：“快”是竖心旁，也跟心情有关。

师：是的。右边呢?

生：就是“一块”的“块”的右边。

师：利用学过的字来学、来写生字，就更容易写对写好了。

生：“乐”是独体字，第一笔是撇，第二笔竖折。

师：竖折这一笔提醒得好，而且要写在横中线位置。小朋友想象一下，这个“乐”字像不像一样东西呀，下面这个是木架子，架上放着一样乐器，所以“乐”字跟音乐有关，弹琴唱歌多快乐呀，“快”和“乐”都与情绪有关，难怪“快乐”表示开心、高兴的心情。写写“种”“快”“乐”这三个字。

（生描红，练写，投影，点评后再修正）

[教学意图] 这回的生字书写指导，是三个字的比较分析。多个结构相同、笔画类似的生字，运用对比是比较合适的。比较可以发现相同点，也可以突出差异处，尤其是那些重要的笔画，不比不知道，一比更鲜明。“快”“种”的结构比较，部首的笔画比较，都有助于学生把字写正确，写好看。

【特色解析】

一、教理解，更教方法

理解是阅读的基础，这是不言而喻的。试想，连最基本的字词句都不知道什么意思，阅读何从谈起？或许正因如此，长期以来，理解占据了语文课堂的统治地位，成了阅读教学的主角。受其影响，内容至上，理解为王，成了语文课的基本常态，低年级课堂尤甚。老师们的理由是，低年级孩子年龄小，见识少，理解水平弱，接受能力差，只能教一些浅白明显的、通俗易懂的内容。这样的思想认识，成了低年级少学语言、不教方法的挡箭牌，更加剧了理解泛滥的广度与深度。

其实，理解固然重要，教给学生的学习方法比传授知识、理解知识更重要。古人说："授人以鱼，不如授之以渔"，这是因为，授人以鱼只救一时之急，授之以渔则可解一生之需，故而哲人才作出"最有价值的知识是关于方法的知识"的结论。阅读教学要引导学生"自能读书"，实现从"学会"到"会学"的转变，这是阅读教学的基本任务，也是提高阅读能力的关键所在。当今社会已进入信息时代，海量的知识和信息，任凭你有再好的脑子，再强的记忆力，无论怎么都学不完，记不住，唯有科学的学习方法，正确的阅读方法，方能遇水架桥，逢山开路，无往而不胜。如果教师不能与时俱进，必然在时代进程中落伍，该放手时要放手。一个称职的教师，不但要给学生以知识，更要教会学生学习的方法，培养学生自主学习的能力。

纵观语文教材中的单元语文要素，不少都是方法类、策略类的语文核心知识。《树和喜鹊》所在单元的语文要素"联系上文了解词语的意思"就是这样。有些老师教学这篇课文只满足于让学生知道"孤单""快乐"等词语的意思，就是没有读懂这个语文要素的含义与要求。"联系上文了解词语的意思"归属于"联系上下文理解"的训练项目，这是阅读理解最为常见、使用最为普遍的一种方法，任何一篇文本的阅读几乎都要用到这种方法，"联系上文"只是其中的一个部分，而且是最为基础的部分，安排在一年级下册显然是合适的，符合学生的年龄特征和接受水平。"联系上文了解词语的意思"有三层意思，一是了解词语的意思，二是用联系上文的方法了解词语的意思，三是通过了解词语的意思，学习联系上文的理解方法。以此分析，不难看出，了解词语意思不是目的，只是手段，只是途径，只是过程，学到联系上文来了解词语意思才是根本，才是目标。明白了这一点，学习任务自然就非常明确而清晰。于是，就可以看到，学生猜想“孤单”是“孤独”“孤零零”“只有一个”时，我们并不作停留，而是让学生阅读第 1 自然段，从这一段话中找出表示“孤单”意思的词语，学生找到了“一只”“一棵”“一个”，找到了三个“只有”，以此证明自己的猜想是正确的，这样不仅了解了“孤单”的意思，而且经历了如何了解“孤单”意思的全过程。有了这样的学习经历，再引导学生回顾刚才的学习过程，自然就能总结并呈现出了解“孤单”的具体步骤，这些步骤就构成了“联系上文了解词语的意思的”词语理解方法，从而让方法不再是一种概念和名词，而成了可以操作、可以运用的具体步骤。学生运用这样的步骤，慢慢就化为能力。

这里特别提醒的是，低年级教材没有直接写明单元语文要素，我们也可以借助课文中的助读系统，如练习、小泡泡等加以准确把握。像《树和喜鹊》在第 1、2 自然段中间就安排了一个泡泡，上面写着“读了第一自然段，我知道了‘孤单’的意思”，这是“联系上文了解词语的意思”的具体描述，教什么的提示更为明显。

二、学内容，更学语言

文章是内容与形式的统一体，这意味着：第一，内容和形式相互依存，没有内容的形式是空洞的形式，没有形式的内容是一堆文字的堆砌。第二，内容和形式是相互作用的，内容决定形式，形式反作用于内容，或者说服务于内容。第三，内容和形式的区分是相对的，也是复杂的，同一形式可以容纳或表现不同的内容，同一内容也可以有多种表现形式。这就决定了，课文学习既要学内容，也要学语言。但是，“内容人人看得见，内涵只有有心人得之，形式对于大多数人是一种秘密”，大人如此，小学生更是这样。因此，语文教学要更加重视语言形式学习，让孩子们发现大多数人难以发现的“秘密”，这是语文课程的性质决定的。即便是低年级教学，也当如此。

《树和喜鹊》虽然篇幅不长，但语言也很生动。如带“一”字的词语“一棵树、一个鸟窝、一只喜鹊、天一亮，天一黑、一起”等，出现频次高，而且变调，读音不同，意思也不一样，“一”的用法自然也不相同。又如“只有一棵树”“只有一个鸟窝”“只有一只喜鹊”，词语结构相似，语言反复中透露出浓浓的画面感，强烈的孤独与寂寞扑面而来。“树很孤单，喜鹊也很孤单”“树有了邻居，喜鹊也有了邻居”“树很快乐，喜鹊也很快乐”，三个相同的句式，贯穿了全文，既写出了树与喜鹊亲密无间的关系，又表现了树和喜鹊从孤单到快乐的变化过程，巧妙地把生活需要朋友的道理隐含其中。“叽叽喳喳”“安安静静”这两个叠词，“叽”与“喳”意思相近，“安”与“静”意思相近，属于意思相对的叠词形式，它们在课文中的使用，营造了一种热热闹闹、快快乐乐的生活氛围，进一步说明有了朋友才有快乐。叠词是本文的学习内容，课后练习就安排了“读一读，记一记”，是词语积累的内容，还用“像‘安安静静’这样的词语我还能说几个”的泡泡形式，要求进行 AABB 结构的词语积累。

如此众多的语言现象，丰富的语言形式，理所当然要成为教学的重点内容之一。教学上主要有两种用法：一是作为教学主线，贯穿两课时教学。我们用“树很孤单，喜鹊也很孤单”“树有了邻居，喜鹊也有了邻居”“树很快乐，喜鹊也很快乐”这三句话，设计成了三个学习任务板块：导学“孤单”，学习了解词语方法；扶学“邻居”，迁移了解词语方法；放学“快乐”，应用了解词语方法，推进整个学习进程，呈现出结构化、进阶式的课堂样态。二是成为学习重点，落实单元语文要素。我们抓住“孤单”“邻居”“快乐”这三个关键字词，借助多种策略，引导学生了解词语的意思，学习如何联系上文了解词语的意思，让“联系上文了解词的意思”的训练重点落到实处。三是化成学习情境，促进语言理解与积累。像“叽叽喳喳”，我们创设生活情境，想象喜鹊叽叽喳喳的画面，让学生化身喜鹊进入这个热闹的场景中，天亮时相互打招呼，天黑时聊一天的收获，通过“叽叽喳喳”与“叽喳”的对比，体会“叽叽喳喳”中的热热闹闹和快快乐乐，真切感受意思相对的叠词形式及其表达作用，并由此进行 AABB 式词语的拓展，丰富语言积累，完成课后练习。

三、重结论，更重过程

在一般的认知里，肯定是结果更重要。生活中，我们常常听到“我不管你的过程如何，我只要结果”这样的话，时间一长就形成了“要有结果思维”的固有认识。这种固有认识带到阅读教学中，带到语文课堂上，就表现为只要学生知道课文讲了什么，懂得故事告诉的道理，解答出题目的正确答案，就万事大吉、高枕无忧了。殊不知，得到结论只能成为学习的一部分，而不是全部，更不是终点，因为对于学习来说，对于能力培养来说，对于学生发展来说，过程比结论更重要。

首先，经验来自于过程。我们知道，一个结论的获得，会受到许多因素的影响，其中可能就含有非个人能力的因素，如运气不错，偶然发现，受人暗示，甚至是教师直接告诉，这些都是不可复制、不可迁移的，也难以守株待兔，期待奇迹再次发生。而过程就不一样，因为有了经历，有了参与，有了思考，就有了经验的积累，就有了学习的体验。经验并不来自于结果，而是来自于你做事的过程，即使是同样的结果，只要你做事的过程不同，积累的经验就不同。哪怕最终结果失败了，你也能从这段失败的过程中吸取教训，获得启示，发现正确的方法，其收获自然更多，下回再做这样的事情的时候，自然就可以避免错误，少走弯路。这就是“失败是成功之母”的深刻含义。其次，学习过程的展开，可以使捉摸不定的思维、暗箱里的思想，让人看得到、听得见，从而知晓自己的想法对不对，好不好，哪些地方错了，应该如何调整，其他人的想法与自己有何不一样，这样，就产生了思维碰撞，形成了思维风暴，在深度学习中发展思维、进阶能力。为此，现代教学特别强调学习过程的演进，让学生的学习真正发生。

本课教学，我们特别关注学生的学习过程，主要表现在两个方面。一是了解词语意思的学习过程。从猜说“孤单”的意思，到联系上文圈画相关语句，再到转换角色，体会“孤单”的心情，再到读出自己的感受，最后到总结了解“孤单”的理解方法，整个过程围绕着“孤单”，有联系生活猜想，有深入文本阅读，有主要信息提取，有心情体会与朗读，环环相扣，步步深入，学生就能明白自己是怎么了解词语的意思的，从中获得了学习经验。二是迁移了解词语方法的学习过程。学完了“孤单”，获得了了解词语的学习经验，我们就让学生尝试运用这样的方法和步骤，了解“邻居”的意思；接着，再次运用这样的学习方法学习“快乐”的意思。在这个学习过程中，“孤单”的学习，以教师指导为主；“邻居”的学习，以学生尝试为主；“快乐”的学习，以学生自学为主。学生经历了从教到扶到放的完整学习过程。试想，如果每堂课都能这样重视学习过程，学生的学习经验怎么能不丰富，学习能力怎么能不增强？

也许有人会说，《树和喜鹊》一文句式上反复的文本特征，为教、扶、放的学习过程提供了必要的支持，如果其他课文没有这样的有利条件，是不是就不要强调学习的过程呢？答案当然是否定的。任何一个重点知识的学习，即使只是一个词语，一个标点，学生也会有不同的思考，不同的理解，把学生的不同观点和认识展示出来，也是学习必不可少的。所以，重结论，更重过程，并不因为课文条件的有与无、好与差而受到限制和影响，关键在于教师的教学理念。

2. 乐玩重复讯息的语言魔方

——《纸船和风筝》课堂实录与教学解码

【背景解说】

我所领衔的名师工作室每一学期都要承担送教下乡任务，三年的新冠疫情对送教活动的影响还真不小。原来定好的时间，因疫情的突发而延时、改期，甚至取消。明天就是本学期的最后一次送教日，一切都很正常，我们正暗自松了口气，没承想，临近下班，接到电话，一个送教上课的工作室成员明天参加不了了，原因是其所在单位出现了新冠感染者，单位中的所有人都必须居家观察，不得外出。情况突然且紧急，此时又到了2022年底了，马上就要进入复习时段了，延期就意味着取消。为了这次送教，承办学校早早就把《纸船和风筝》一课留着，也为明天的送教做了精心准备，老师们真切盼望送教团队的到来，临时取消显然会辜负了他们的期待，也伤了他们的心。权衡利弊之后，我们决定送教活动照常进行，这个示范课就只能由我亲自披挂上阵了。

工作室成立十余年，这样的情况还是十分少见的。临时准备已经来不及，那就索性上"裸课"吧。所谓"裸课"，我的理解就是，事先没有试教，不用写教案，也不做课件，这是一种毫无修饰，临场应变，随着课堂学生的情况走，结果可能并不完美的家常课。这种课，对于纠正当前公开课教学不顾学生感受、过于追求教师表演、偏重舞台效果，可能更具有积极的现实意义。在农村小学课堂，尤其适合。好在自己一直倡导语用教学，形成了自己的教学主张，具备了自己的教学风格，四十余年的教学一线实践，也积累了较为丰富的教学经验，具有灵活驾驭课堂的能力，对上好这堂课还是有底气、有把握的。

问题在于，如何上出新意，上出语用教学的个性特征，上出新课标提出的学习任务群理念，成了需要考虑的问题。从以往教学看，《纸船和风筝》的教学更多关注学生的阅读体验，而且主要集中于内容理解方面的阅读体验，比如学习第 1 自然段，教师让学生读后思考：这是个什么样的地方？随着学生的回答，教师板画表现这段话的意思，知道松鼠和小熊的家分别住在山顶和山脚。又如学习第 3、第 5 两个自然段，抓住重点词语“乐坏了”，理解其意思，进而想想松鼠和小熊为什么这么高兴，体会松鼠和小熊开心的原因，指导学生用轻快的语气读出高兴之情。如此教学，看似也注重了语言学习，但更多停留于语义理解的层面，对本文中非常重要的语言现象，反而忽略了。

那么，这篇课文非常重要的语言现象是什么呢？就是重复出现的词句，我们姑且称之为“双胞胎”，这样的句子在本文中比比皆是。比如：“折了一只纸船，放在小溪里。纸船漂哇漂，漂到了小熊家门口”和“他想了想，就扎了一只风筝。风筝乘着风，飘哇飘，飘到了松鼠家门口”；“小熊拿起纸船一看，乐坏了”和“松鼠一把抓住风筝的线一看，也乐坏了”；“小熊很难过”和“松鼠也很难过”；“山顶上再也看不到飘荡的风筝”和“小溪里再也看不到漂流的纸船了”；等等。像这样的“双胞胎”语句，其他课文也有，但没有如此之多，且几乎分布在全文的所有语段中，因而构成了本文的语言个性特征。聚焦这些语言展开学习，既可以让学生感受到语言表达的魅力，习得语言经验，又有助于学生理解故事，体会人物心情，是不可多得的学习材料，怎么可以轻易放过呢？

【课堂解码】

第一课时

学习任务一：看字猜读音

师：（板书：风筝）这是什么？

生：风筝。

师：你怎么知道这个字读 zhēng?

生：这个下面有个“争”字。

生：我扎过风筝，也放过风筝，知道这个字读 zhēng。

师：结合字的偏旁和生活中见过的事物来猜字，这叫会读书。

师：（出示：抓住　愿意　哭　松鼠　祝你幸福）你也能猜猜带点字读什么吗？先读给同桌听。

（个人猜，同桌互读）

生：“抓”应该读 zhuǎ。因为“抓”的右边是爪子的爪，所以我猜读 zhuǎ。

生：不对，我在课外书上见过这个字，应该读抓（zhuā）。

师：正确读音是 zhuā，第一个同学用形声字的方法来猜，这个思路是正确的。这个词语读两遍。

生（读）：抓住，抓住。

生：我发现“愿”（yuán）也是形声字，上部是“原因”的“原”，所以我猜它读 yuán。

师：很接近了，但“原”加上心字底后读音有点小变化，读 yuàn。跟老师读愿 yuàn，愿望。

生（读）：愿 yuàn，愿望。

生：“哭”这个字读 kū，因为它有点像哭脸。

生：妈妈常常对我说，你别把妹妹弄哭了，我也觉得这个字读 kū。

师：看字形，结合生活中听到的话来猜，也是猜字音的好方法。

生：这个词语我认识，读“幸（xìng）福”，我家门口的春联就有这个字。

生：祝你幸福，生日的时候经常听到。

师：这两个小朋友都是结合生活经验来猜字的。还有这个词（“松鼠”）没人猜。大家看课文第 103 页右上方的插图，这是什么？

生：松鼠。

师：对，猜出这个字读什么了吧？

生：知道了，读 shǔ。

师：对，原来借助图片也可以猜字音呢。一起喊出这个小可爱的名字。

生：松鼠，松鼠。

师：我们一起把屏幕上的几个词读一读，注意读准带点字的读音。

（生读）

［**教学意图**］“自主识字，自主阅读”是本文所在单元的语文要素，也是低年级识字写字教学的重点。在统编语文教材中，就把看图片猜字音，看字形猜字音作为自主识字的一种基本方法，安排在一、二年级的课文中。从一年级上册第八单元《小蜗牛》的“在图画的帮助下，猜一猜下面加点字的读音”开始，一年级下册第八单元《咕咚》的“在课文中找出不认识的字，猜猜它们的读音”，《小壁虎借尾巴》的“在课文中找出不认识的字，猜猜它们的读音和意思，再说说你是怎么猜出来的”，到二年级上册第八单元，又连续安排了两篇猜字音练习，一是《纸船和风筝》的“猜猜下面加点字的读音，和同学交流你是怎么猜出来的。说说你用这些方法还认识了哪些字”，二是《风娃娃》的“不认识的字先猜一猜，再和同学交流，并查字典验证”，要求相应有了提高。这一环节教学，就是集中完成看字形猜字音的学习任务。具体操作上，对课后练习出现的加点字的顺序作了微调，先进行“筝”“抓”“愿”三个形声字猜读，再进行“哭”“幸”“鼠”象形字猜读，有意识地构成猜字音的方法归类，便于学生总结与梳理自主识字方法。

师：读得真好。（出示“纸船”图片）这是什么？

生：纸折的船。

生：纸船。

（板书：纸船，在“纸船”“风筝”中加一个“和”字）

师：加了个“和”字，你知道了什么？

生：我知道了纸船、风筝是有关系的。

生：我知道了课文写的是纸船和风筝之间的事。

生：我知道了纸船离不开风筝，风筝也离不开纸船。

师：说得都很好。读读课题。

生（读）：纸船和风筝。

［**教学意图**］从写作角度说，“题好一半文”；从阅读角度说，就要引导学

生好好品读文题的“好”与“妙”。因此，如何巧妙地呈现课题，是有讲究的。本环节，结合猜加点字的读音，出现了“风筝”，再借助图片板书“纸船”，两者之间加“和”字，并问学生“加了个‘和’字，你知道了什么”，无形之中暗示“和”是重点词，它表示两个原来不相关的事物有了联系，它们之间发生了故事。这样的文题品读，学生感受到了文题的秘密与作用，既对故事人物的关系有了猜想，也无形中渗透了初步的审题意识训练。

学习任务二：试着学默读

师：现在开始读课文。

（出示活动要求：1. 默读课文第1—6自然段，试着不出声。2. 读完想一想，课文写了哪几个人物？他们做了什么？）

师：默读课文，试着不出声，小朋友有学过吗？

生：有。

师：哪篇课文学过呀。

生：《雪孩子》。

师：对，还记得当时是怎么读的呀？

生：只用眼睛读，手不能指着字读。

生：也不能发出声音。

师：是的，不指读，不出声，但要动眼看，动脑想，这就是默读。我们来看看小朋友会不会默读了好不好？读完了举手告诉老师。

生：好。

师：开始。

（学生默读，教师进行巡查，适时提醒、指导。）

师：很多小朋友都举手了。刚才老师看了一下，班上的小朋友大部分都懂得默读了，表扬一下大家。（生鼓掌）默读是嘴巴不动，但脑子还得想，我们问问大家，这一遍读下来，你知道这个故事讲了谁呀？

生：松鼠和小熊。

师：（出示松鼠和小熊的彩色图片）你能把这两个小动物贴在黑板的课题

下面吗？注意，别贴错了。

（生上台，把松鼠贴在“纸船”下面，小熊贴在“风筝”下面）

师：说说看，你为什么这么贴？

生：课文说，纸船是松鼠折的，风筝是小熊扎的。

师：大家说他说得对不对？

生（齐）：对。

（在“纸船”和“松鼠”间画一直线，线边写上“折”字；在“风筝”和“小熊”间画一线，写上“扎”字）

师：这个字读——

生：折。

（师拿出纸张，指名学生上台折）

师：这个字读——

生：扎。

师：（从学生笔盒中取出三支笔，手做“扎”的动作）这就是扎的意思。风筝的骨架就是把几根竹条用线扎成的。

师：观察一下这两个字，你有什么发现？

生：都是提手旁，都跟手有关。

生：都是左右结构，左边提手旁，“折”右边是“斤”字，“扎”右边是竖弯钩。

生：两个都是左窄右宽。

师：（“纸船”和“松鼠”中的线）松鼠做了什么？

生：松鼠折了一只纸船。

（师指“风筝”和“小熊”）

生：小熊扎了一只风筝。

师：（在“纸船”和“松鼠”之间画条线）加点难度看看还能不能说。

生：松鼠折了一只纸船送给小熊。

生：松鼠折了一只纸船，送给好朋友小熊。

师：（在“风筝”和“小熊”之间画条线）小熊呢？

生：小熊扎了一只风筝送给松鼠。

师：（屏幕出示：山顶，山脚）加上这两个词语来说一说。

生：住在山顶的松鼠折了一只纸船，送给山脚的好朋友小熊。

生：山顶上的松鼠折了一只纸船，放进小溪，送给山脚的小熊。

生：住在山脚的小熊扎了一只风筝送给松鼠。

生：住在山脚的小熊扎了一只风筝，让风送给山顶的松鼠。

师：谁能把这两句话连起来说？先跟同桌说一说。

（学生同桌互说）

师：你来说。

生：松鼠折了一只纸船送给小熊，小熊扎了一只风筝送给松鼠。

生：住在山顶的松鼠折了一只纸船，送给山脚的小熊；住在山脚的小熊扎了一只风筝，送给山顶的松鼠。

师：如果加上“他们是好朋友”这几个字就更好了。

生：住在山顶的松鼠折了一只纸船，送给山脚的小熊；住在山脚的小熊扎了一只风筝，送给山顶的松鼠。他们成了好朋友。

师：一个比一个说得好，掌声表扬。

（生鼓掌）

师：我们再读课文。

［教学意图］ 默读是重要的阅读能力，也是统编教材特意安排的训练项目。从教材编写情况看，默读训练第一次安排在二年级上册第七单元的《雪孩子》，要求“默读课文，试着不出声”，本文是第二次，要求不变。二年级下册第八单元的《羿射九日》提高到了“默读课文，不要指读”，到了三年级上册第八单元，则作为语文要素“学习带着问题默读，理解课文的意思”明确提出，默读成了阅读理解的一大手段，并贯穿于今后的文本阅读之中。“试着不出声”并不意味着只要努力做到不动唇就是默读了，还应该明确，如果只是读，读无所获，也不是真正的默读，因为默读只是手段，而不是目的。默读的目的是读懂、理解文本内容。因此，这一环节我们将“试着不出声”作为训练重点，在此基础上，也顺带着进行“你读懂了什么”的有意渗透。当然，鉴于这是学生刚刚学习默读，因此在读懂上不作高要求，只提出“故事讲了谁”“松鼠做了什么”“小熊做了什么”“他们分别住在哪里”这样的简

单信息提取。这样做，一方面让学生从一开始学习默读就知道，读懂很重要，另一方面顺应学情，不让学生觉得默读是件很困难的事，从而望“默”生畏。此外，还有一个隐藏着的用意，那就是把提取出的信息作为说话的支架，进而了解故事的基本内容，达到感知全文的阅读效果。

学习任务三：学懂反复句

（出示活动要求：

课文第2—5自然段有些句子写得一样，一边默读，一边把这些句子画出来。）

（生默读、画句）

师：谁先来说说你找到的句子？

生：我找到的句子是：“松鼠折了一只纸船，放在小溪里。纸船漂哇漂，漂到了小熊家门口。”还有一句是：“他想了想，就扎了一只风筝。风筝乘着风，飘哇飘，飘到了松鼠家门口。”

（投影出示：

纸船漂哇漂，漂到了小熊家门口。

风筝乘着风，飘哇飘，飘到了松鼠家门口。）

师：一样在哪里？

生：都是说纸船、风筝怎么样，都到了对方的家门口。

生：两句话都有“漂哇漂，漂到”“飘哇飘，飘到”。

生：都有三个“漂”（飘）。

师：眼睛真尖。为什么用三个呀？“漂哇漂”“飘哇飘”去掉可以吗？

出示：

纸船漂哇漂，漂到了小熊的家门口。
纸船漂到小熊的家门口。

风筝飘哇飘，飘到了松鼠家门口。
风筝飘到了松鼠家门口。

生：不可以。因为“漂哇漂”“飘哇飘”是说纸船、风筝漂（飘）得很慢，经过好久对方才收到，没有了就是很快就收到了。

生：对呀，松鼠住在山顶上，小熊住在山脚下，他们离得很远，不可能一下就收到对方的礼物的。

生：我看到课文中的插图，小溪弯弯曲曲的，纸船要绕好几个弯才会到小熊的家门口。

生：它们可能在“漂”（飘）的过程中，遇到了一些小麻烦，风筝被树叶挂住了，纸船被小石子挡住，后来好不容易才到了对方家门口。

生：不论遇到什么困难，纸船和风筝都要送到对方的手里，不然，主人会很伤心的。

师：是啊，纸船和风筝可是松鼠和小熊送给朋友的礼物呢，代表着他们的感情，遇到再大的困难，也要送到对方的手里。

生：“漂哇漂”“飘哇飘”，漂（飘）的样子一定很好看。

师：体会得很好呀。了不起，给你们一个大拇指。（做动作）

师：请两位小朋友，一人一句，注意节奏的慢，读出它们的美，感受一样句子的不一样。

（指名读，男女生读）

师：有不一样吗？

生：有。纸船用的是“漂”，风筝用的是“飘”。

生：一个三点水，一个风字旁。

师：对呀，为什么会不一样呢？

生：因为纸船是在小溪上，靠水漂，所以要用三点水的“漂”。

生：风筝是用风送上山顶的，所以用风字旁的“飘”。

师：原来，“漂”和“飘”的不同，是因为事物不同呢。你认为下面两句话该用哪个“piāo”？为什么？

[出示：漂　飘

几片羽毛（　　）在水面上。

几片羽毛在空中（　　）动。]

生：第一个用三点水的“漂”，因为是在水面上；第二个是风字旁的“飘”，因为它是在风里。

师：加大难度。

[出示：

一片树叶从树上（　　）落下来，（　　）浮在小河上，顺着水（　　）向远方。]

生：前面两个括号都是风字旁的“飘”，最后一个是三点水的“漂”。

生：第二个说错了，应该是三点水的“漂”。

师：意见不同，说说理由。

生：因为树叶是漂浮在小河上，河里有水，当然用三点水的“漂”。

生：我也认为用三点水的“漂”不是风字旁的“飘”，因为这时候树叶不在空中，而是在河里，与水有关。

师：有道理。现在明白了吧，用“漂”还是“飘”要看事物所在的地方，与风有关的用“飘”，与水有关的用“漂”。再读读这两个句子。

（生读）

[教学意图] 这是本课第一次学习“双胞胎”的句子。“纸船漂哇漂，漂到了小熊家门口”，“风筝乘着风，飘哇飘，飘到了松鼠家门口”，两个句子几乎一样，对于此类语言现象的阅读，比较无疑是最佳策略，但需要做几个层面的比较。第一层面是两句比较：先比相同，即两句话同样都写了谁，做了什么，目的是什么，还都用上了“漂（飘）哇漂（飘）”，但比同不是重点；再比差异方为重要，就是发现同样是“piāo”，为什么一个用三点水的“漂”，一个是风字旁的“飘”，这是字形、字义的比较，同时也为迁移运用这两个字作好铺垫。第二层是改句比较，即删除了“漂哇漂”和“飘哇飘”后与原句对比，这是整个比较阅读的重中之重，目的是借助对“漂哇漂”和“飘哇飘”的品读，理解松鼠和小熊互送礼物的不易，从而体会他们之间的情意，这是他们成为好朋友的必要前提。同时，品读还能让学生发现语言表达的秘密，感受语言运用的生动与美妙，从而提升语言感受力和表达力。

师：还找到了一样的句子吗？

生：有。第3自然段和第5自然段一样。

（出示：

小熊拿起纸船一看，乐坏了。纸船里放着一个小松果，松果上挂着一张纸条，上面写着：“祝你快乐！”

松鼠一把抓住风筝的线一看，也乐坏了。风筝上挂着一个草莓，风筝的翅膀上写着："祝你幸福!"）

生：两句话都有"乐坏了"。

（出示：

小熊拿起纸船一看，乐坏了。

松鼠一把抓住风筝的线一看，也乐坏了。）

师："乐坏了"是什么意思?

生：非常非常开心的意思。

生：就是很快乐很快乐。

师：可见这里的"坏"的意思不是"不好"，而是"很、非常"。想象一下，松鼠、小熊"乐坏了"有什么表现?

生：他们会一边欣赏礼物，一边唱着歌。

师：这是动作上的"乐坏了"。

生：他们可能会唱歌、跳舞，脸上绽开了花。

师：这是神态上的"乐坏了"。

生：他们还会说："快来看呀，这是好朋友送给我的礼物!"

师：这是语言上的"乐坏了"。你们的想象真丰富，这就是"乐坏了"。读读这两句话，读出"乐坏了"的体会和感觉。

（生读）

［**教学意图**］"乐坏了"三个字，二年级学生都学过。但是，"坏"的潜在含义却不是那么容易明白的，成了阅读理解的难点。这一环节的学习，从"乐坏了"的通俗理解入手，引出"非常"与"开心"，接着指明"乐"就是开心，"坏"不同于以前理解的"不好"，而是表示一种程度，是"非常""特别""极"的意思，这样就化难为易，学生从中明白了"坏"的两种不同意思。至此，对"乐坏了"的理解似乎已经完成，其实不然。"非常开心"只是字义的概念化、表层化理解，只有弄懂了什么样的表现才是"乐坏了"，才能更深一步地感受语言的具体化、生动化和表现力。学生能够从动作、语言、神态等方面说出对"乐坏了"的理解，意味着他们正确使用这个词应该不成问题了。

师：还有一样的吗？

生：有，有。（读句子）

（出示：

纸船里放着一个小松果，松果上挂着一张纸条，上面写着："祝你快乐！"

风筝上挂着一个草莓，风筝的翅膀上写着："祝你幸福！"）

师：自己读读这两句话，说说一样的地方。

生：松鼠和小熊都给对方送好吃的东西，还写了字。

师：松果是松鼠最爱吃的，草莓是很好吃的水果，这些都是物质上的礼物。除此之外，他们还写了什么字？

生："祝你快乐！"

生："祝你幸福！"

师：这是什么文字？

生：祝福的文字。

生：祝贺的文字。

师：对，这是精神上的礼物。是啊，松鼠喜欢小松果，就送给小熊；小熊喜欢草莓，就送给松鼠。他们都把自己最喜欢吃的东西送给朋友，说明什么？

生：说明他们很爱自己的朋友。

生：说明很关心自己的朋友。

师：他们还写了祝福的话，又说明了什么？

生：希望朋友过得快乐，过得幸福。

生：写了祝福的话，就是想让朋友知道自己的愿望。

师：把这两句话放进一段话里，你能用"因为……所以……"说说他们为什么"乐坏了"吗？（在两段话下出现"因为________________，所以________________。）

生：因为松鼠收到了小熊最喜欢的草莓，所以乐坏了。

生：因为松鼠把自己最爱吃的小松果送给小熊，还写了祝福的话，所以小熊乐坏了。

生：因为小熊很爱松鼠，把草莓送给他，还希望他幸福，所以松鼠乐坏了。

师：松鼠和小熊都想着对方，不但送好吃的，还送来美好的祝愿，所以课文第 6 自然段才这么说——

生（读）：纸船和风筝让他们俩成了好朋友。

师：读到这里，你知道什么是好朋友吗？

生：就是要关心对方，希望他过得好。

生：就是心里想着对方，把自己最喜欢的东西送给他。

生：见到好朋友，还可以说祝福的话，让对方开心。

师：如果小朋友也像松鼠和小熊这样做，一定会有越来越多的好朋友。那么，这对好朋友之间又发生了什么事呢？等下节课就知道了。

［**教学意图**］这部分的“双胞胎”句子的学习，比较异同不作重点，而在所送的礼物上下功夫，从小松果、草莓读出这是松鼠和小熊最爱的东西，从纸条上的字读出这是美好的祝愿，从而明白松鼠和小熊都把对方当作自己的好朋友，风筝和纸船成了友谊的象征，进而理解了故事的深层内涵，对什么是好朋友有了深入的感悟。而用“因为……所以……”的句式说话，既检测学生对语句的理解，又避免了逐字逐句理解的琐碎繁杂，还进行了语言表达训练，可谓一石数鸟。

师：下面来写三个生字。

（出示：折　扎　抓）

师：这三个字的结构一样，偏旁一样，都是左窄右宽，这是前头认识过的。有哪些笔画容易写错，需要提醒同学的？

生：“扎”左长右短，“折”左短右长，“抓”两边长短差不多。

生：三个字的“扌”都比右边的字略高一点。

生：“折”和“抓”的右边都有两个撇，一个平撇，一个长撇。

师：看老师写这两个笔画。

（教师边范写边提醒）

师：“扎”的右边是竖弯钩，不是竖钩，要写舒展一些，才好看。

（指名学生上台写这个笔画）

师：小朋友拿起笔，在课后生字表上描一个，写两个。注意，写的时候，先把这个字的样子、在田字格的位置、关键笔画记在心里，然后再写。

（学生描红、练写，指名投影，师生评点，学生对写得不好的字再写两遍。）

［**教学意图**］如果说课文中的一些句子是“双胞胎”，那么，“折”“扎”“抓”则是生字的“三胞胎”。除了都是左右结构，都是左窄右宽，都是提手旁，都是动词外，重点放在左右结构的高低、长短和关键笔画的位置，起笔收笔等细节指导上，这样才能保证每个字都写得正确、规范，还比较好看。只有这样，书写指导才有针对性，也会比较到位。

第二课时

学习任务四：学用反复句

师：前面学到，因为纸船和风筝，松鼠和小熊才成为了好朋友。课文是这么说的——

（出示：

松鼠折了一只纸船，放在小溪里。纸船漂哇漂，漂到了小熊家门口。

小熊想了想，就扎了一只风筝。风筝乘着风，飘哇飘，飘到了松鼠家门口。）

（指名读）

师：还记得“漂”和“飘”的不同吗？

生：“漂”跟水有关，“飘”跟风有关。

师：给“漂”和“飘”各组个词语。先说三点水的“漂”。

生：漂流。

生：漂动。

生：漂浮。

师：风字旁的“飘”。

生：飘荡。

生：飘扬。

生：飘香。

师：可是有一天——

（出示：山顶上再也看不到飘荡的风筝，小溪里再也看不到漂流的纸船了。）

师：这句话也有“漂”“飘”的词语，用笔圈画出来。

（生圈画）

师：读一读这两个词。

生（读）：飘荡，漂流。

师：继续读。

（屏幕上“飘荡的风筝”“漂流的纸船”变色）

生（读）：飘荡的风筝，漂流的纸船。

师：男生读前面的，女生读后面的。

（屏幕上“再也看不到”再变色）

男生（读）：再也看不到飘荡的风筝。

女生（读）：再也看不到漂流的纸船。

师：你发现了什么？

生：两个句子是一样的。

生：都是说“再也看不到”了。

师：老师把这句话改一下，看看有什么不同。

（出示：山顶上再也看不到飘荡的风筝，小溪里再也看不到漂流的纸船了。

山顶上看不到飘荡的风筝，小溪里看不到漂流的纸船了。）

生：没有了“再也”。

师：没有“再也”可以吗？

生：不可以。“看不到”只是说没有看到，“再也看不到”是一直看不到。

生：我也认为不可以。因为“看不到”可能只是这时候看不到，过了一会儿就看到了，“再也看不到”是不管什么时候都看不到。

师：从“再也看不到”你能读懂背后的意思吗？

生：松鼠再也看不到风筝，说明小熊不扎风筝给松鼠了。

生：小熊再也看不到纸船，就是说松鼠也不给小熊折纸船了。

师：如果用一句话来说，你会怎么说？

生：他们不再是好朋友了。

生：他们谁也不理谁了。

生：他们不再像以前那样来往了。

师：他们不来往，你的心情如何？

生：不开心。

生：有点难过。

师：带着这种体会读读第 7 自然段。

（指名读，全班读）

［教学意图］ 本环节学习，依然抓住“双胞胎”展开，只是重点落在“再也”两个字上。看似简单的两个字，其实蕴含着丰富的内涵。“再也”并不是暂时、一时，而是一直、长久，意味着松鼠和小熊双方一个不放纸船，一个不放风筝已经很久了，背后的意思就是他们很长时间互不来往了，再也不像以前那么互送礼物，互致问候了。这也是他们“难过”的原因。琢磨、推敲“再也”，训练了学生推想语言背后隐含信息的能力，这也是阅读理解中的一项重要能力，拥有了这项能力，中高年级的阅读才有扎实的基础。可见，同样是比较阅读，此处重在比相同点。这就告诉我们，比同还是求异，取决于文本语言的表达意图，取决于阅读理解的训练重点，不好一概而论。

师：不但你们难过，松鼠、小熊也难过呢。

（出示活动要求：

课文第 8、9 两个自然段还有相同写法的句子，一边默读一边用笔画出来，并想想你从中读到了什么？）

师：读完了吧。你先说。

生：“小熊很难过。”“松鼠也很难过。”这两句话写得一样。

师：联系第 7 自然段，用“因为……所以……”说说难过的原因。

生：因为在山脚下再也看不到漂流的纸船，所以小熊很难过。

生：因为在山顶上再也看不到飘荡的风筝，所以松鼠也很难过。

师：只说松鼠自己的心情，就不用“也”字。不用书上的话，用自己的话还能说吗？

生：因为松鼠再也不折纸船给自己了，所以小熊很难过。

生：因为小熊觉得松鼠再也不理自己了，所以很难过。

师：“再也”这个词用得好。继续。

生：因为松鼠觉得小熊不把自己当作好朋友了，所以心里很难过。

生：因为只是一点儿小事吵了一架，小熊和松鼠再也不来往不送礼物了，所以他们都很难过。

师：表扬你，把两个小动物的难过连起来说了。

［**教学意图**］由于“难过”一词的意思对于二年级学生来说，理解起来并不太难，加上之前已有“乐坏了”一词的学习经验，所以，此时的阅读理解并不在词义本身上做文章，而是调换一个角度，从说“难过”的原因，借助语言表达，检验学生理解词语的情况。这样做，避免了整堂课从头到尾理解的单维度、单一性的学习方式，让理解课文有了不同的、丰富的手段与方法，学生学起来不觉得单调乏味，实现了有意注意与无意注意有机融合与转换，提高学习效率。更重要的是，理解的目的是为了运用，运用是最好的理解，学生能够说出原因，自然表明他们已经正确理解了。

师：还有别的句子也写得一样的吗？

生：一样的还有这两句。（读）“他还是每天扎一只风筝，但是不好意思把风筝放起来，就把风筝挂在高高的树枝上。”“他还是每天折一只纸船，他也不好意思把纸船放进小溪，就把纸船放到屋顶上。”

（出示：

他还是每天扎一只风筝，但是不好意思把风筝放起来，就把风筝挂在高高的树枝上。

他还是每天折一只纸船，他也不好意思把纸船放进小溪，就把纸船放到屋顶上。）

师：全班小朋友一起读这两句话。

（生读）

师：找到句子还不够，还要说自己的发现。这一回，老师和小朋友做个对对碰游戏，老师读句子，你对相同的句子，看谁对得好。准备好了吗？

生（齐）：准备好了。

师：他还是每天扎一只风筝。

生：他还是每天折一只纸船。

师：但是不好意思把风筝放起来。

生：但是不好意思把纸船放进小溪。

师：就把风筝挂在高高的树枝上。

生：就把纸船放到屋顶上。

师：都对上了，很棒很棒。从这些句子中，你读到了什么？

生：松鼠还是在折纸船，小熊还是在扎风筝。

生：他们都在像原来一样每天折纸船，每天扎风筝。

师：想想看，不是不来往了吗，为什么还要像原来一样折纸船，扎风筝呢？

生：我知道了，虽然小熊和松鼠不来往，但心里还是想着对方的。

生：他们俩都没有忘记自己的朋友。

师：没有忘记朋友，就是没有忘记什么？

生：没有忘记友情。

生：没有忘记两个人的感情。

生：没有忘记对方对自己的好。

师：说得真好。继续谈自己的理解。

生：我从“不好意思”中看出他们心里很想送，但都不好意思送。

生：他们只是扎了风筝、折了纸船，但都没有勇气给对方送去。

生：他们扎风筝、折纸船是偷偷的，对方都不知道。

师：如果你就是故事中的小熊、松鼠，你心里是怎么想的？

生：我是小熊，我想：风筝扎好了，我要不要让风送给松鼠呢？算了，还是不送了，不然会被人取笑的。

生：我是松鼠，我看着折好的纸船，心里想：还是放进小溪，让纸船漂到小熊的家门口吧。可是，如果这样他会不会笑话我呢？

师：你看，想送又怕被笑话，想着朋友却又不表现出来，这就叫作“不好意思”，读好这两句话，读出这种矛盾、犹豫的心情。

（指名读，学生读得很有感觉）

［**教学意图**］在之前的“双胞胎”句子学习中，基本上都采取学生发现两个句子的相同和不同的写法，目的在于训练学生的语言意识，培养敏锐的语感。但是，由于本文此类句子实在太多，如果每一处都采取相同的学习方法，时间一久，“审美疲劳”难免产生，进而影响学习兴趣和发现热情，特别对低年级孩子来说，尤为如此。故而，这里又变换了学习方式，采取学生喜闻乐见的对对子的游戏方法，增加了学习的趣味。在此兴味盎然的基础上，学习转入了深度思维，即“不好意思”背后的复杂心态：心想，却不做；心里想着对方，却不主动表现；不好主动显示，每天却又都在行动。这样丰富的词语内涵，矛盾的人物行为，二年级学生并不见得能理解，或者能有较好的理解。为此，这里通过反问：“不是不来往了吗，为什么还要像原来一样折纸船、扎风筝呢？”以及换位思考：“如果你就是故事中的小熊、松鼠，你心里是怎么想的？”帮助学生由浅入深地展开思考，从而借助对“不好意思”的理解，实现走进角色心里，感受语句的独特表达目的。

师：小朋友们，你们知道吗，生活中，许多误会就是这样产生的，所以让对方知道自己的想法太重要了。你遇到过这种事情吗？当时是怎么做的？

生：有一回，我和同桌因为一点小事吵架了，两个谁也不理谁。后来还是同桌主动找我，我们才和好了。

生：我跟表妹也闹过一次矛盾，是因为她不经过我的同意，动了我的玩具，我很生气，就不理她了。妈妈知道了，就找我聊，我又和表妹一起玩了。

师：人与人闹点小误会、小矛盾是很正常的，主动让让步，互相宽容，事情就能得到很好的解决。故事中的小熊和松鼠又是怎么化解他们之间的矛盾的呢？

［**教学意图**］《纸船和风筝》虽然是篇童话故事，却是引导学生在生活中、学习中如何与人相处的极好素材。故事还告诉我们，当我们的感情和友谊产生“裂缝”的时候，赌气只能使“裂缝”扩大，容忍和谅解才是最好的解决办法，敢于率先伸出友谊之手的人，是令人敬佩的。所以，联系生活实际就成了教学必须考虑的问题。此环节设计目的有二：一是结合自身经验，谈对矛盾解决的看法；二是形成教学过渡，为了解故事中的人物如何化解矛盾作

铺垫。

学习任务五：抓词辨异同

（出示活动要求：

默读第 10、第 11 两个自然段，找出写法相同的句子。）

（生读书，找句子）

生：都写了心情，“松鼠再也受不了啦”，松鼠心里很着急、很难受；“高兴得哭了”，是说松鼠很开心。

生：这是心情的变化。

师：“哭”一般是什么情况下？

生：难过，痛苦。

师：“高兴”怎么还“哭了”？

生：因为松鼠看到了小熊送给他的风筝，说明小熊没有忘记他。

生：松鼠开始不知道小熊会不会再理他，现在看到风筝，知道小熊还愿意当好朋友，所以才高兴得哭了。

师：是的，只有高兴到极点，很激动、很惊喜的时候，才会“高兴得哭了”。现在知道“哭”的两种用法了吗？

生：知道了。

师：还有一样的写法吗？

生：有。两段话都写松鼠把纸船放进了小溪。

师：把句子读出来。

生（读）：“他把这只纸船放进了小溪。”“他连忙爬上屋顶，取下纸船，把一只只纸船放到了小溪里。”先放一只，后来放很多只。

师：“一只”和“一只只”有什么区别吗？

生：有区别，数量不一样。

生：放一只纸船是为了表达自己和好的愿望，“一只只”是把以前折的纸船全送给小熊。

生：放一只是想知道小熊是不是还想当朋友，因为他还写了这句话：“如果你愿意和好，就放一只风筝吧！”

师：这叫“试探”，试探一下小熊的态度。

生：“一只”是松鼠主动放的，表示愿意和小熊做好朋友。“一只只”是看到美丽的风筝，知道小熊也愿意和好，心里特别开心，就一只接着一只地放。

师：你觉得这一只只纸船还只是小船吗？

生：不是，是松鼠对小熊的感情。

生：是松鼠激动、喜悦的心情。

生：是松鼠希望两人重归于好的美好愿望。

师：是呀，“一只”和“一只只”不仅数量不一样，更是松鼠内心情感的不同。你们都读出了这样的不同，真厉害。如果把点赞送给故事中的他们，你会送给谁，为什么？

生：我会送给松鼠，因为，他先放纸船给小熊。

生：我发现，他们成了好朋友是松鼠先放纸船的，吵架之后，也是松鼠先放纸船，他们才又成了好朋友。

师：你的眼睛真尖，老师也送你个赞。

生：我也是送给松鼠的，两个人有意见，他能主动提出和好，非常不容易。

生：我觉得也要把点赞送给小熊，因为小熊一收到纸船，就马上放风筝给松鼠，他没有拒绝松鼠的好意。

生：两个都要给点赞，因为两个人都希望继续当朋友，如果一个人不想，他们就做不成朋友了。

［**教学意图**］这是全文少见的不是“双胞胎”的两个句子，出现在故事的结尾。从写法上看，之前的每段话几乎都是写了松鼠，又写小熊，或者两者同时出现，这里却不是这样，只写松鼠的行为表现，从放一只纸船，到放一只只纸船；从看到一只风筝飞来，到高兴得哭了。小熊看似没写到，其实却躲藏在“一只美丽的风筝朝他飞来”之中。如此隐秘的写法，丰富了故事的叙事表达，也是低年级课文较为少见的，显示出独有的文本价值。于是，本部分内容学习，就抓住“高兴得哭了”，以及“一只”与“一只只”的不同，

读出数量背后的情感起伏，知道这样的变化是因“一只美丽的风筝朝他飞来”而起，也就明晰了小熊的意愿，也对不直写人物的曲笔写法有了个粗浅、初步的印象。

师：当小熊看到一只只纸船载着松鼠深深的情意顺流而下，他可能会有什么样的表现？

生：小熊看到一只只纸船向他漂来，高兴得哭了。

生：小熊看到这么多的纸船向他漂来，高兴地说：“太好了，太好了，我和松鼠又成好朋友了！”

生：小熊看见一只只纸船向他漂来，高兴得哭了。他连忙爬上树，取下风筝，在风筝上写上一句话：“小松鼠，我愿意和好，我们再也不吵架了！”他把一只只风筝放到了天空中。

师：这位小朋友替小熊写了一句话给松鼠，如果你来替小熊写，你会写什么？拿出本子，把它写下来。

（学生练写）

生：我写的是：小松鼠，是我不好，不该和你吵架，我们和好吧！

生：我写的是：小松鼠，我又收到你的礼物了，我太开心了！

生：我写的是：小松鼠，我很想你，我们再也不吵架了，祝你天天快乐！

生：我写的是：小松鼠，我会永远记住我们的友情，我们永远是好朋友！

……

师：每一句话，都表达着对朋友深厚的情谊。我们也应该像小熊和松鼠这样，用一颗真诚、宽容的心去对待朋友，呵护友谊，这样，我们就能成为永远的朋友。

［**教学意图**］“小熊也想写一张卡片，挂在风筝上送给松鼠，请你替他写一写吧”，是课后练习的“选做”题。既然编者将此作为“选做”，可能觉得这有一定的难度吧。为此，这环节的教学出现了几个层次：一是想象小熊看到纸船的表现，为写卡片做情意上的准备；二是学生说的“我愿意和好”，是对松鼠“如果你愿意和好”的回答，原来写卡片可以这么简单；三是顺着学生的回答，顺势让学生替小熊写几句话，顺理成章，水到渠成。就这样，“选做”题也就成了人人可做、生生能做的“必做”题了。

师：书读好了，字也要写好。请看第一组字。

（出示：吵　哭）

师：发现特点了吗？

生：两个字都有口字，“吵”左右结构，口写小点，少写大点。

生：“少”的最后一撇是长撇，写到左下格才收笔。

生：“哭”上下结构，上面两个“口”并排，下面“大”字多一点。

师：拿起笔，写写这两个字。

（生描红，练写，评点）

师：再看第二组字。

（出示：张　祝　但）

生：都是左右结构，左窄右宽。

生：三个字都有一个笔画是穿插的。

师：具体说说。

生：“张”的右边一长横，伸到左边的“弓”边上；“祝”的右边一长撇靠近左边“礻”的竖；“但”右边“旦”长横伸到左边“亻”的竖边。

师：左右高低呢？

生：“但”“祝”左高右低，“张”左低右高。

师：关键笔画？

生：“张”的竖提写在竖中线上，最后一笔撇写得舒展。

生：“祝”是示字旁，只有一点。

生：“但”最后一笔横要写长。

师：开始写这三个字，注意结构、高低和关键笔画。

（生描红，练写，评点）

［**教学意图**］生字书写分类指导，是基本、普遍的做法。这样做的好处在于，归类便于记忆，也便于书写。先是带“口”字的左右结构和上下结构的“吵”和“哭”，再是同样都是左右结构的“张”“祝”“但”。对于每个字的具体书写来说，相同中的差异才是重要的。因此，指导每个字的关键笔画，位置比例，起笔收笔，关系到字写得对不对、好不好的问题。

【特色解析】

一、任务明确

“学习任务群由相互关联的系列学习任务组成，共同指向学生的语文核心素养发展，具有情境性、实践性、综合性。”《义务教育语文课程标准（2022年版）》的这句话告诉我们，学习任务是任务群的核心，也是任务群教学的基石，没有了学习任务，任务群就成了无源之水，无本之木，新课标理念的落实也就成了一句空话。因此，学习任务的确定至关重要。

《纸船和风筝》是刘保法的一篇拟人体童话，原名《四十九只风筝和四十九只纸船》。文章所在的单元的主题是“相处”。课文主要讲述了发生在小熊和松鼠之间的友情故事，内容贴近学生生活，语言简洁生动，可爱的人物形象承载着丰厚的情感和内涵。综合考察单元语文要素和课后练习，就不难发现本文的学习任务。可能有的教师会说，一、二年级教材不像中高年级那样，特意安排了单元导读页，自己也记不住单元语文要素，那如何确定学习任务？答案很明确，那就要看课后练习和课文语言。

“默读课文，试着不出声”是第一道练习。显而易见，这是“默读”练习，练习点是“不出声”，但因为是刚开始练习，对“不出声”不作硬性规定，允许学生在某些地方出点声，这就是“试着”的意思。“试着不出声读”当然就成了一个任务了。

“猜猜下面加点字的读音”，一读到课后练习中的这几个字，就自然知道这是识字学习内容，只不过用的是看字形猜字音的方法。与《雪孩子》的“默读课文，试着不出声”相比，《纸船和风筝》全文不带拼音，至此，自主识字、自主阅读的要求真正成为阅读的基本常态。看字猜音，无疑又是一个学习任务。只不过，它可以和生字认读、生字书写、课文默读等，共同成为课文的常规任务。

“读一读，比一比”，这是语言训练题，具体地说，就是增删比较，有无“飘哇飘”“漂哇漂”，句子表达的意思有什么不同，体现了语言学习的学科属性，自然也成为非常重要的学习任务。

至此，本文学习的三项任务基本完成。完成了这三项任务，本文的学习重点就落实了，教材的编写意图也就实现了。

二、活动赋能

任何一项任务，倘若没有一个个读写活动作平台，任务的完成将不可想象。换句话说，语文学科能力只有在任务情境下的丰富多样的学习活动中，才能得以形成和发展。因此，活动的设计就显得重要且必要。

比如“默读课文，试着不出声”的任务，就有几个活动：一是读第1—6自然段，学生不带问题，只要努力做到“不出声”就可以了。单一的活动要求，学生自然就容易做到。二是说说试着不出声读，读到了什么。阅读是眼、口、脑、心等多种器官综合运用的过程，尽管学生为了“不出声”而读，但在读的过程中，多多少少也会读到一些明显的信息。这个活动就是检查学生默读的收获，也让其懂得默读的目的是为了有所得。三是串连信息，了解故事。学生读到的信息，连起来说成一两句话，就是这篇故事前半部分的主要内容了。三个活动看似独立，其实颇有关系，前一活动是后一活动的铺垫和准备，如此环环相连，层层递进，学生的不出声读、读中获得信息等默读能力就会慢慢得到培养。

又如“句子比较”任务，也有几个活动：一是“漂”“飘”两个句子的异同比较，发现句子表达形式的特点。二是“漂哇漂”“飘哇飘”的有无对比，借助具体语境体会这样写的好处，已经从语言现象走到了内涵理解。三是用“漂”“飘”说话，这是语言的迁移应用，是更深层次的语言学习了。三个活动同样互为关联，又螺旋上升，共同促进学生语言学习能力的提高。

三、方法适切

不同的学习内容、文本材料、语言性质，决定了学习方法的差异。对于语文学习来说，适切与否可能更为重要，换言之就是，适合的，才是最好的。

仅就语言现象来说，本文的许多段落都出现了重复使用的语句或词语，造成了两个语句具有颇高的相似度，我们戏称其为“双胞胎”，虽为戏称，对二年级学生来说，却是非常形象的说法，也符合此类语言的特点。也就是说，两个语句虽有重复，也不是完全重复，有点像一对双胞胎，看起来一样，细看还有些不同。比如下面两句话：“他还是每天扎一只风筝，但是不好意思把风筝放起来，就把风筝挂在高高的树枝上。”“他还是每天折一只纸船，他也不好意思把纸船放进小溪，就把纸船放到屋顶上。”这是用行为表现写关系紧张的，但与前面的“再也看不到飘荡的风筝”“再也看不到漂流的纸船”有所不同，不同在于：虽然关系紧张，却还依然跟以前一样，每天扎风筝或折纸船，只是不好意思放。这样写的妙处在于：既写出了两个都抹不开面子主动和好，又写出两个心中都有对方。这种矛盾的心态非常逼真，颇具生活化，也更感人，同时，又为后来的和好如初作了有力的铺垫。对这两句话的比较阅读，就要把“同”而不是“异”作为重点，甚至是唯一目标来展开，不光是语言使用相同，语句特点相同，而且人物心理相同，情感相同，只有这样，才能读出句子所要表达的丰富内涵。

同样是语言，课文最后两段话就不能这样了。因为这两处是全文为数不多的不采取重复式写法的句子，一方面让课文的写法不那么单调，另一方面，表面上来写松鼠，其实第二段还暗写了小熊。松鼠高兴得哭了，是因为收到了小熊的风筝，这是和好的信息，也是友好的回应。同时，同样写松鼠，还不一样，第一段话放的是“一只纸船”，这是试探，第二段是“一只只纸船”，这是情感的宣泄，意味着两人的和好如初，但又不直接明写，结尾非常含蓄、动人，这在低年级课文中并不多见。除此之外，不写小熊，自然也留下空白，即小熊会在风筝上写什么呢？学生有了一次填补空白、笔头练笔的机会。因此，在学习方法上就得采取角色替换的方式，揣摩松鼠和小熊的心理，替小熊写卡片送给松鼠。这体现了余文森教授倡导的“读思达”教学思想，也展现了语用教学的基本理念和策略运用。

3. 看似寻常却奇崛

——《雷雨》课堂实录与教学解码

【背景解说】

《雷雨》是篇老课文了，早在人教版小学语文教材中就有了，因此，第一次教学这篇课文应该有些年头了，如果没有记错的话，上课地点应该是在某市的一所乡村小学。当年，当地一名师提出，希望把其领衔的名师工作室作为福建省小学语文刘仁增名师工作室的一个流动工作站。这是个不错的建议，与我长期以来倡导并坚持的深入基层学校，培养农村教师的理念非常吻合。流动工作站的成立，既可以帮助当地一线教师，促进教师的专业成长，又能扩大省名师工作室的服务范围，充分发挥辐射、引领和带动作用，我自然乐见其成。就在流动工作站的成立仪式上，我上了这篇课文，还作了专题讲座。

不知多少教师教过这篇课文，基本教学思路都是按照课文描写的雷雨前—雷雨中—雷雨后的顺序，逐段学习，借助重要词句、课文插图和有感情朗读，体会雷雨的发生、变化、发展过程，感受雷雨前、中、后的不同景象，了解夏天雷雨的特点。教学策略的选择上，主要是唤起生活经验，运用视频音频，注重图文对照，调动学生的学习兴趣，促进课文内容理解。这样的教学，基本上以内容理解、知识掌握为目的，对于文中出现的语言现象关注不多，品味不够，是典型的“得意忘言”的教学。尽管语文课程性质定位为“语文是一门学习语言文字运用的综合性、实践性课程”，但在具体的课堂教学中，理解至上、“得意忘言”的痼疾并未得到根本性的改变，仍不同程度地存在着。

在我看来，这样停留于文本理解，沉湎于概念识记的教学，早已不能适应现代语文教育的价值取向和目标追求。学习语言，习得语言，发展语言，运用语言，是语文教学的根本任务，也是实现学生语文能力发展的重要保证。为此，我长期致力于语用教学的研究与实践，并取得很好的成效。因此，我来教学这篇课文，自然要把“学习语言文字运用”的课程理念体现在文本解读、教学设计和课堂实施的全过程，体现我极力倡导并践行的语用教学主张，于是，就有了现在大家看到的这个教学版本。

记得上完这节课，不少听课老师感到非常新奇，他们说《雷雨》一课，他们或自己教过，或听别人教过，却从来没有人像我这样教过的。也就是说，以语言学习为重点，板块教学为主线的教法，他们是第一次见识。于是，他们问我为什么要这样教，如此处理的原理是什么，我就结合接下来的讲座，一一回答了老师们的疑问。

几年过去了，现在回看这篇课文的教学实录，你会有个很有意思的发现，那就是当时的教学似乎颇有些任务群的模样。的确，那时《义务教育语文课程标准（2022 年版）》还没颁布，学习任务群的概念还未提出，自然并不存在任务群的理念、设计与教学了。为什么会有任务群教学的感觉呢？原因就在于，语用教学讲求板块教学，一个板块就是一个知识点或能力点，几个板块组合在一起，构成了一堂课或一篇课文的教学。这里的一个板块相当于一个学习任务，几个板块组合，相当于几个任务组成的任务群。

【课堂解码】

第一课时

学习任务一：品读，探寻动词秘密

师：今天，我们学习一篇新课文，名字叫——

生：雷雨。

师：从题目中的“雷”“雨”两字，你发现了什么？

生：两个都有“雨”。

师：两个“雨”有什么不同吗？

生：“雷”字的雨字头要写得扁一点，下面是“田”字。

生：“雨”字第二笔竖，第三笔是横折钩，作为雨字头的雨第二笔变为点，第三笔变为横钩。

师：“雨”中的四个点，表示雨点，雨点被风一吹，不是正的，是斜斜的，所以要这样写。

（教师范写“雷”和“雨”，边范写边强调结构、位置和关键笔画写法）

师：请大家拿出笔，在课后的生字表中描一个“雷”，写两个。

（生描红、练写，再投影点评）

师：再读课题，还有发现吗？

生：雷雨是有雷，有雨。

师：打雷声是——

生：轰隆隆，轰隆隆。

师：下雨声是——

生：哗啦啦，哗啦啦。

师：雷神轰隆隆，雨神哗啦啦，这叫雷雨交加。还会有什么？

生：还有风。

师：风声是——

生：呼呼呼，呼呼呼。

师：雨神哗啦啦，风神呼呼呼，这叫风雨交加。来，一起来看看雷电交加、风雨交加的雷雨。

（播放雷雨视频）

师：看了雷雨，你的感觉是？

生：打雷，刮风，下雨，可热闹了。

生：好可怕哦。

生：好响的雷声，好大的雨，看着就害怕。

师：一起读课题。

生：（齐读）雷雨。

［**教学意图**］从文字结构看，文题“雷雨”比较特别。一是两个字都与“雨”有关，但“雷”是“雷”，“雨”是“雨”，两者又不一样；二是把两个

字组合一起，就成了一个词“雷雨”，雷雨是一种自然现象，一般发生在夏季；三是雷雨这种自然现象，有雷有雨，先打雷后下雨，雨来得急，也去得快，呈现出独特的、多属于夏天的自然景象。为此，导入环节就从“雷雨”的这一文题特征出发，融字形识记、题目发现、声音模拟、视频播放于一体，营造了生活化、情境化的学习场景，在了解雷雨的过程中，也为感受雷雨景象作了很好的铺垫。

师：小朋友预习过了，课文怎么写雷雨的，请几个小朋友读出来给大家听。

生（读）：“哗，哗，哗，雨下起来了。”

师：“哗”是生字，你读得很正确。

生（读）：“雨越下越大。往窗外望去，树啊，房子啊，都看不清了。”

生（读）：“渐渐地，渐渐地，雷声小了，雨声也小了。”

师：这三个自然段写雷雨，我们说是雷雨中（板书：雷雨中），前三个自然段就是——

生：雷雨前。

（板书：雷雨前）

师：后两个自然段是——

生：雷雨后。

（板书：雷雨后）

师：看板书，说说这篇课文是怎么写雷雨的。

生：先写雷雨前，再写雷雨中，最后写雷雨后。

师：这样按前、中、后的顺序就把雷雨的过程写清楚了。小朋友把“雷雨前”“雷雨中”“雷雨后”分别写到相关段落的旁边。

（生写）

［教学意图］课文是按雷雨前、雷雨中、雷雨后的顺序来写的，这对二年级学生来说，是有一定难度的。怎么样让他们较容易地了解这一写作顺序呢？以往的做法一般是由教师直接告诉，或者在教师引导甚至暗示下知道的，但这里并不作这样的处理，而是抓住文题中的“雨”字，自然引申到课文中去，在寻找文中描写雷雨的三个语句后，就很容易明白这几句话是写雷雨时的情

景，进而区分出这几句话前的内容当然就是雷雨前，后面的就是雷雨后，从而轻而易举地梳理了课文的写作顺序。

师：我们先来看看雷雨前是个什么样的景象。

（出示活动要求：

轻声读课文1—3自然段，想想雷雨前写了哪些自然景物，这些景物怎么样，用笔圈出景物名称和描写景物的动词。）

（学生读书，圈画）

生：写了乌云、叶子、蝉、大风、蜘蛛。

生：还有闪电和雷声。

师：一个不落，找得非常完整。“蜘蛛”在《蜘蛛开店》中认识了，“蝉”认识吗？

生：认识，就是知了。

生：夏天，蝉就“知了知了”地叫。

生：“蝉”是虫字旁，是昆虫。

师：是啊，蝉是虫字旁，一个“单”字。读的时候，翘舌音，前鼻音，读准它。

（指名读，全班读）

师：蝉跟蜘蛛同为昆虫，但本领不同，蜘蛛织网捉虫，蝉大声鸣叫。雷雨前的蝉和蜘蛛可不是这样的。你来读。

生（读）：“蝉一声也不出。”

生（读）：“一只蜘蛛从网上垂下来，逃走了。”

（出示这句话，全班读）

师：蜘蛛不在织网、捉虫，而在干吗？

生：垂下来，逃走了。

师：“垂”是生字，让你想到了哪个字？

生：“睡”字。

师：去掉目字旁就是“垂”字。“垂”跟“蝉”一样，都是翘舌音，注意读准。

（生读）

师：“一只蜘蛛从网上垂下来，逃走了”，这里的“垂”啥意思？

生：掉下来。

生：从上面直接掉下来。

（师出示柳树的图片）

师：看到了什么？

生：湖边的柳树。

生：柳枝垂下来，弯着腰。

师：柳枝下坠但没有掉落的样子，就是“垂”。

（教师板画：一棵树上，挂着几粒小果子）

师：你看到的果子是什么样的？

生：挂在树上。

师：掉下来了吗？

生：没有。

师：为什么没有掉？

生：有个小果柄给拉着。

师：对，这就是“垂”，古字“垂”（出示：），上部是下坠的草木花叶，直直地垂向地面。“垂”字横画很多，写好了横画，“垂”就写好了。哪一笔横最长，哪一笔最短？

生：中间一横最长，最后一横最短。

师：对，长的这一横呀，有点像横着的木杆，挂住下垂的东西。中间这一竖是直的，写在竖中线上，贯穿第一笔和最后一笔。

（教师边说边范写“垂”，学生练写）

［**教学意图**］课文对雷雨前的景物描写，使用了不少的动词。在这些动词中，为什么重点聚焦“垂”字来展开呢？这是因为，像“吹”等词学生学习过，也了解其意思，而“垂”字却不同，不仅不常见，而且字形难记难写，更重要的是“垂”还富有深意。因此，与其面面俱到地教学，不如突出重点，抓住关键，进行有针对性的学习。这个环节的“垂”字教学，主要指向读音、字义与写法，为后续的内涵理解扫清障碍。

师：有东西拉住就是“垂”，没东西拉住就是“落”或“掉”。蜘蛛为什么“垂”不是落?

生：因为蜘蛛身上的丝。

师：想知道蜘蛛是怎么垂下来的吗？一起去看看。

（播放动画视频，一只蜘蛛从蜘蛛网上非常快地垂下来）

师：再来看一遍。

（再播放）

师：蜘蛛是怎么“垂下来”的?

生：是直直地垂下来。

生：我还看到蜘蛛是一下子垂下来的，很快。

师：对，蜘蛛为什么要快速地、直直地垂下来，而不是这样走呢?

（师边说边做曲折爬行的手势）

生：因为直直地垂，会逃得很快。

生：如果弯弯曲曲地跑，速度太慢了。

生：直直地跑比绕来绕去地跑要快得多。

师：对，直线距离最短嘛，这是一个原因。还有别的原因吗？联系前文想一想。

生：我知道了，因为“忽然一阵大风，吹得树枝乱摆”，蜘蛛在树上觉得不安全，就想赶紧跑。

生：风那么大，树枝乱摆，根本就待不住了，不跑很危险的。

师：这是第二个原因。还有吗?

生：前面说“满天的乌云，黑沉沉地压下来”，蜘蛛有感觉的，觉得雷雨快来了，再不跑可能会没命的，所以垂下来，逃走了。

师：此时不走，更待何时。这个时候蜘蛛的心情一定是怎样的?

生：害怕的。

生：紧张的，恐惧的。

生：它非常担心，焦急。

师：怎么读出这种恐惧、紧张的心情呢？谁来试试看?

（指名读）

师：这位小朋友重音读“垂”和“逃”，让人感受到了蜘蛛的心情。谁比她读得还要好？

（学生举手，指名读）

师：听出来了吗？这位同学是怎么读的？

生：他读“垂”“逃”的时候，速度加快了。

师：就这么一加快，慌乱、急忙的心情更表现出来了。一起读读这句话。

（全班读）

师：一个“垂”，一个“逃”，让我们看到了蜘蛛在雷雨前的惊慌失措、着急害怕的样子和心情。看来，“垂”“逃”不只表示动作，还可以写出心理。

（板书：动作　动物心理）

［**教学意图**］与前一环节相比，同样教“垂”字，这里的重点已突破了字义理解。借助其表面意思，通过为什么要“垂”与“逃”的原因探讨，带出描写“风”“树枝”的语句，进一步明晰“垂”字背后所包含的环境危险、内心恐惧、行动慌忙的深层含义。如此，学生就会明白，原来一个看似简单的动词，其实并不单纯地表示蜘蛛的行为表现，而且还写出了内心想法，以后写话也可以学着这样写。这样一来，大大突破了学生对动词就是表示动作的原有认识，感受到了语言的丰富表现力。

师：你觉得这部分还有哪个动作词也用得很好？

生：压。

（出示：满天的乌云，黑沉沉地压下来。）

师：说说你的理解。

生：压就是这样。（做用力向下压的动作）

师：你用动作解释“压”的意思，挺好。还可以从字形上理解。“压”是厂字头，表示什么？

生：工厂倒下来，压到土上了。

师：你看，“厂”表示一座山崖，两横表示从山崖上不断落下的泥土，一点好比石头，被一层又一层的泥土给压住了。（边板画边说）记住这个字了吗？

生：记住了。

师：它读——

生（读）：“yā”。

师：组个词。

生：压倒。

生：压死。

生：压力。

师：你看，“压”组成的词是不是都给人一种力量感、威迫感？这句话用“压”字好在哪里？

生：如果压在我的头上，会很痛的。

（生笑）

师：那一定是很重很重的乌云，乌云重吗？

生：重啊，“黑沉沉”就是说乌云很重。

师：是的，一个“沉”还不够，还要加个“沉”，那就重上加重了。你来读这个词，读出它的重。

（生读）

师：除了云重，你还从“黑沉沉地压下来”读出什么样的云？

生：云很多，“满天的乌云”，就是说天空都是乌云，云很多。

师：联系“满天”，理解就跟别人不一样了。

生：我觉得云还很厚，一层又一层，好像会压死人。

（生笑）

师：看着这样又多又重又厚的乌云，你的心情什么样？

生：很害怕，想快快跑开。

生：不想看到这样的乌云。

师：能读出来自己的体会吗？

（指名读，全班读）

师：“黑沉沉”的“沉沉”说云重、多、厚，那么“黑”呢？

生：说乌云的颜色是黑的。

生：乌云很黑很黑。

师：这句话中还有个字也说黑，这个字是——

生：乌。

师：对，乌就是黑，黑就是乌，所以连起来的一个词是——

生：乌黑。

师：你写这个词，会注意什么？

生："乌"和"鸟"很像，在田字格中的位置一模一样，只要把"鸟"的点去掉就可以了。

生："黑"字有好几个点，四点底我们写过了，上面两个小点别忘了。

师：这两个点在田字格的位置呢？

生："黑"的竖在竖中线上，两个小点就在这一竖的两边，就是在竖中线的两边。

师：天上的云很黑，课文说乌黑的云，那么，一个人头发又黑又长，就可以说——

生：乌黑的长发。

师：一个孩子的眼珠子很黑，可以说——

生：乌黑的眼睛。

师：晚上，伸手不见五指，可以说——

生：乌黑的夜晚。

师：（出示乌云密布的图片）看，这就是乌黑乌黑的云，黑沉沉的云，你愿意站在这样的乌云下吗？为什么？

生：我不愿意。因为乌黑乌黑的云太可怕了。

师：读出心里的害怕。

（生读）

生：我也不愿意，看到这么黑的云，我心里会不开心的。

师：你也来读读。

（生读）

生：我如果站在这样的乌云下，会感到喘不过气来。

师：读出这种沉闷的感觉来。

（指名读）

生：这样的乌云，看久了，会觉得郁闷。

师：带着这样的心情读。

（生读）

师：一个“压”字，不仅写出了雷雨前的景象，还写出了心情的沉闷、压抑，同时，它也预示着马上要来一场大雨。一起读读课文的前三个自然段，读出这种感觉来。

（全班读）

［**教学意图**］二年级学生对动作词的运用并不陌生，但是，动词能够表达人物的内心情绪可能是新的知识，因此，重点品读“垂”“逃”，从字面读到内涵，让学生从动作中读出心情，读出与以往不一样的对动作词使用的认识。“垂”“逃”字的学习经历，为学生尝试自主理解“压”“黑沉沉”“满天的乌云”的深层意思，提供了方法支撑。方法的迁移应用，使得学生可以透过文字的表层意思，体会这些词语所传递出的人物心理、自然环境，自然就不会有太多的困难了。在这个过程中，学生不仅感受到了雷雨前的景象，更学到了如何借助语境、结合生活经验等手段理解关键字词的丰富内涵的阅读方法。

师：读着读着，能不能背一背？

（学生试背）

师：老师说景物名称，你背这个景物怎么样？

生：好。

师：满天的乌云——

生：黑沉沉地压下来。

师：树上的叶子——

生：一动不动。

师：蝉——

生：一声也不出。

师：忽然一阵大风——

生：吹得树枝乱摆。

师：一只蜘蛛——

生：从网上垂下来，逃走了。

师：闪电——

生：越来越亮。

师：雷声——

生：越来越响。

师：真不错。这回老师不帮忙了，你们自己完整背一次。

（生背）

［**教学意图**］背诵最忌死记硬背，可在实际操作中，不少教师就是布置一下背诵任务，任凭学生怎么背，结果是，绝大多数都是死记硬背。其实，理解是背诵的基础，这是不言而喻的，但是，在理解的基础上，为学生提供一些背诵的思维支点，更有利于学生快捷、顺畅地背诵的。这个环节就是回扣先前的圈画事物和动词的要求，从事物与动作两个方面提出背诵的支点，教师说事物，学生接背行为表现，有了这样的支点，学生背诵起来无疑大大降低了难度。

学习任务二：自读，体悟动词秘密

师：雷雨前的景象如此可怕，雷雨后的景象又有什么不同呢？

（出示活动要求：

轻声读 7—8 自然段，用横线画出景物的词，用波浪线画出描写景物动作的词。）

（屏幕出示：

天亮起来了。打开窗户，清新的空气迎面扑来。

雨停了。太阳出来了。一条彩虹挂在天空。蝉叫了，蜘蛛又坐在网上。池塘里水满了，青蛙也叫起来了。）

（学生读书，圈画）

师：说说你画了哪些景物和动词。

生：天、空气、雨、太阳、彩虹、蝉、蜘蛛、水、青蛙。

生：天是亮，空气是迎面扑来，雨是停，太阳是出来，彩虹是挂，蝉是叫，蜘蛛是坐，水是满，青蛙是叫。

（学生说出景物名称和动词，屏幕上的文字也相应变色）

师：在这个部分内容的描写中，也有用得很好的动词，自己读读，一起来找找吧。

师：你找到的是？

生：扑。

师：说说好在哪儿。

生：“扑”是速度很快，门窗一打开，清新的空气就进来了。

师：所以这个字是什么旁？

生：提手旁，表示动作。右边是个“卜”，萝卜的“卜”。

生：门窗原来是关着的，现在打开了，清新的空气一下子就冲了进来，好想让人早点闻到呢。

生：雷雨前的空气是沉闷的，关在屋子里很难受。雷雨后清新的空气迎面扑来，我感觉舒服，“扑”字写出了我对清新空气的喜爱。

师：说得真好，把清新空气的样子都说出来了。你想想，窗户原来是关着的，现在一开，风直接向着你的脸扑来呀。一个“扑”一个“迎”写出了人们的独特感受。你来读读你对它的喜欢吧。

（生读）

师：还找到了哪个词？

生：挂。

师：具体说说。

生：彩虹挂在天上，弯弯的，好像一座七彩桥，很好看。

生：彩虹有七种颜色，又是弯弯的，颜色美，形状美，看起来好美。

生：彩虹从天的一边，到天的另一边，好像是人把它挂上去的。

生：彩虹挂在天上，我真想上去看看。

师：（出示图片）对，你看，这就是挂在天空中的彩虹，喜欢吗？读出你的喜欢吧！

（生读）

师：还有吗？

（生摇头）

［教学意图］ 这部分内容的学习，重点依然是动词，只不过是雷雨后表现景物特点的动词，使用的教学策略依然是相同的词句理解方法。有了前两个

环节的动词品读，学生学会了理解方法，这里的动词理解就更为开放，更多地让学生自主品读，体现了从“扶”到“放”的学习过程，让学生在读法迁移中，培养了从语义层向内蕴层的阅读理解能力。

师：小朋友发现了吧，雷雨前和雷雨后都写到了蜘蛛，请看这两句话。

（出示：

一只蜘蛛从网上垂下来，逃走了。

蜘蛛又坐在网上。）

师：注意到蜘蛛动作的变化了吗？

生：蜘蛛是坐着的。

师：对，“坐”字用得怎么样？

（学生沉默不语，说不出）

师：想想，雷雨前的蜘蛛表现是怎样的？

生：从网上垂下来，逃走了。心里很慌乱、很害怕。

师：雷雨后坐在网上会做些什么？

生：把被风吹破的网补好。

生：会边补边看风景。

生：会听蝉的歌唱。

师：是啊，这时候的蜘蛛还慌张、害怕吗？

生：不会，很开心了。

生：安心做事。

生：心情很舒畅。

师：是的，一个看似不起眼的“坐”字，就把蜘蛛当作人来写了，也把雷雨后蜘蛛的悠闲、开心的心情写出来了。谁来读读这句话？

（生读）

师：刚才，我们一起欣赏了雷雨前、雷雨后的不同景象，不同的景象是通过不同的事物和动作来表现的。同时，我们还体会到动词不仅表示动作，还表达了心情。雷雨前是沉闷的，心情是慌乱的；雷雨后，景象是美丽的，心情是安闲自在的。（屏幕两边分别出现雷雨前的三段和雷雨后的两段话）让我们用朗读表现出这样的变化来，男生读雷雨前的，女生读雷雨后的，开始。

（男女生分读）

［**教学意图**］这个环节是一种特殊的安排。“坐”是一个非常不起眼的、极容易被人忽视的动词，课后练习也并没有要求体会“坐”字。但是，看似平常的“坐”字，跟“垂”“压”一样，都同样表现人物的心情，进而表现自然景象。同时，“坐”与“垂”都写的是蜘蛛，不同时候同一事物的不同表现，非常直观地反映出了雷雨前与雷雨后完全不同的景象，是课文极为难得的学习资源，怎么可以轻易放过？因此，紧抓“坐”，联系“垂”，在前后勾连中，进一步体会动词的表达作用。而雷雨前、雷雨后的对比朗读，在不同语气、语调的朗读中，表现出不同时段的雷雨景象，也加深了对课文内容的理解。

师：接下来我们写几个字。

（出示：新　迎）

师：说说怎么把这两个字写好。

生：“新”左右结构，“亲”和“斤”一左一右写在竖中线两边。

生：“迎”是半包围结构，左下包右上。右上部分的第一笔是撇，第二笔是竖提。

生：不能写成“柳”的右边“卯”。

师：这个提醒很重要。在生字表上描一描，写一写。

（生描红，练写，投影，点评）

［**教学意图**］二年级的生字书写，不必再像一年级那样，一笔一画地细细分析，而是重在部件观察。这是因为他们已经学习、掌握了不少的基本字，部件分析更能提高识字、写字效率。当然，一些难写、易错的关键笔画，也还是要着重提醒和指导的。

第二课时

学习任务三：比读，发现“变化”写法

师：上节课，我们知道了《雷雨》这篇课文是按什么顺序来写的，一起

说——

生：雷雨前，雷雨中，雷雨后。

师：是的。还记得吗，在“雷雨前”的描写中，还有这么一种景象还没有学，请你读。

生（读）：“闪电越来越亮，雷声越来越响。”

（出示这句话）

师：这句话是什么意思呢？

生：闪电起先没有那么亮，后来变亮了，雷声起先也是小的，后来变大了。

师：想看看吗？看到这样的景象，你有什么感觉？

生：好可怕。

师：读出你的感觉。

（生读）

生：好恐怖，感觉闪电快要闪到我身上来了。

师：你也读出这种恐怖的感觉吧。

（生读）

师：孩子们，如果老师把这句话改一下，你觉得好吗？读读这两句话，自己体会体会。

（出示：

闪电越来越亮，雷声越来越响。

闪电亮了，雷声响了。）

生：不好。

师：为什么？

生：第一句是说闪电从不怎么亮到很亮，雷声从不怎么响到很响，第二句没有。

生：第一句写了闪电由弱到亮，雷声从小到大的变化过程，第二句没有。

师：体会得真好，这样的变化过程就是通过什么来表现？

生：“越……越……”

师：这是非常重要的发现！读读这句话，读出这样的变化来。

（生自由读、指名读）

［教学意图］ 这一节课，学习重点从动词转向了句子。什么样的句子呢？就是表示事物变化的句子。“闪电越来越亮，雷声越来越响”这个句子，是以“越……越……”的句式，表现闪电和雷声从弱到强、从小到大的变化过程的，暗示着雷雨即将到来。为了让学生发现这个句式特点，采取的是增删的对比方法，即删除“越……越……”后与原句比较，发现两者从语言形式到语言含义的差别，从而体会这个句式的表达目的。

师：这样的句子在“雷雨中”也有，找找看。

（出示活动要求：

自由读 4—6 自然段，找出表示雨变化的语句。）

生：雨越下越大。

（投影出示这句话）

师：“雨越下越大”是什么意思？

生：就是说雨起先是小的，后来变大了。

师：说得对。哪个句子是写雨起先是小的？

生（读）：哗，哗，哗，雨下起来了。

师：“哗”是形声字，怎么读，怎么记？

生：读“huā”，有点像“华”的音。

生：“口”加“华”就是哗。

师：“哗”是个拟声词，表示下雨的声音。一起读一下这个生字。

生：哗。

师：你怎么知道这句话说雨是小的呢？

生：这句话说“雨下起来了”呀。

师：“雨下起来了”没有说雨是大还是小呀，也有可能一下就是很大的雨，不是小雨。

（生沉默）

师：联系一下前后文再想想。

生：前一句“闪电越来越亮，雷声越来越响”，还没下雨。后一句“雨越下越大”，是大雨，从没雨到大雨，中间就是小的雨。

师：有道理。这是联系前面和后面的句子来理解的。如果我们只读“哗，哗，哗，雨下起来了”，你能读出雨小吗？

（学生摇头）

师：老师把这句话改一下，你读读看，有什么不同。

（出示：哗哗哗，雨下起来了。）

师：请两位同学读，一位读课文原句，一位读改的句子。

（指名读）

师：听出不同了吗？

生：没有逗号，哗哗哗三个字连在一起读，感觉雨是连续下，中间都没停。

生：没有了逗号，雨就下得很快，好像一下子倒下来。

生：“哗哗哗”是说雨很大，“哗，哗，哗”雨就小很多了。

师：是啊，如果没有这逗号，哗哗哗连起来，那是什么样的雨？

生；倾盆大雨。

师：体会得真好。女生读原句，男生读改句，我们再体会一下不同。

（男女生分读）

师：人多了读，雨大雨小的不同就更明显了。如果把逗号改成句号，你觉得可以吗？

（出示：哗。哗。哗。雨下起来了。）

生：不可以，停了太久，变成一阵一阵地下。

生：变成雨下了一阵，过了好久，再下一阵。

师：有意思吧，一个看似不起眼的标点符号，原来还有这么多的讲究，以后读书可不能忽略。现在应该知道这句话的雨小还隐藏在哪里了吧？

生：藏在逗号里。

师：对，在这里，逗号表示出雨还小，并不大。再读读这句话，体会雨的小。

（生齐读）

师：听大家读“哗”，雨声是小了，但都一样小。其实，小雨也会有变化的呀，不然雨就大不起来了。

（出示：哗，哗，哗，雨下起来了。）

师：看到了什么？

生：三个“哗”字一个比一个大。

生：三个“哗”字从小到大。

师：表示什么？

生：声音从小到大。

师：对，但要注意，这时候的雨是小的，只是小中有点小变化。自己试着读一读，读出由小到大的小小变化。

（生试着读）

师：你来读，其他小朋友注意听。

（指名读）

师：他读得怎么样？

生：读出了“哗”的声音变化，但都太大声了，好像下大雨。

师：说得好，这句话既要读出雨的小，还要读出小中的小变化。你再来试试。

（刚才那位同学再读）

师：这回好多了吧？你也来读读。

（指名读）

师：很好。全班读。

（生齐读）

［**教学意图**］从同样带有“越……越……”的“雨越下越大”，很自然地带出写雨小的句子“哗，哗，哗，雨下起来了”。这个句子同样也是写事物的变化，但其表现方式不仅与“越……越……”不同，而且显得非常独特，即用三个拟声词“哗”和三个逗号来表现，这对二年级学生来说，又是一个新知识，一个新的语言现象，体现了语言表达的多样性。这里采取了层层推进的多重朗读比较，先是去掉逗号，三个“哗”字连读；再是改逗号为句号，读三个“哗”字，两次比较朗读，学生就会发现有逗号与无逗号、逗号与句号的区别，从而体会课文这样写的妙处。要特别说明的是，这里不用改句与原句的文字比较，而是采用改句与原句的朗读比较，是因为文字相对抽象，

二年级学生不好感受两者的不同，而有声朗读，就要读出无逗号、逗号、句号的停顿差异，从而直观、形象地发现三句话的不同，非常适合低年级学生的阅读特点和心理规律。

师：“雨越下越大”，写雨大的句子呢？

生：往窗外望去，树啊，房子啊，都看不清了。

师：说说大在哪里？

生：树啊，房子啊，都看不清了。

师：用我们学过的一个四字词语来说，就是——

生：隐隐约约。

生：模模糊糊。

生：朦朦胧胧。

师：如果雨再大点，什么也看不见了？

生：高楼呀，旗杆上的红旗呀，都看不见了。

生：远处的山啊，山上的塔啊，都看不见了。

师：高处、远处的景和物都看不见了，说明雨更大了。孩子们，起先雨是小的，后来连树啊，房子啊，都看不清了，难怪课文写道“雨越下越大”。看来，“越……越……”是表示事物的变化过程。

（板书：“越……越……”事物变化）

师：老师读“雨越下越大”，你们读雨小和雨大的句子，好吗？

生：好。

师：开始雨是小的。

生（读）：哗，哗，哗，雨下起来了。

师：雨越下越大。

生（读）：树啊，房子啊，都看不清了。

［教学意图］依然用“雨越下越大”引出描写雨大起来的语句，形成了结构化的教学设计。课文中写雨大的句子，不直接写雨，而写雨中的物，通过写“树啊，房子啊，都看不清了”，反过来说明雨大。这一写法，改变了描写角度，运用的是反衬的手法，对于二年级学生而言，是陌生的，新奇的，也是值得学习的新知识。对于这句话的教学，运用的是词语概括和想象补充两

种方法。学生能够用“隐隐约约”“若隐若现”等词语来概括，说明他们是理解的，也是知道这是拐着弯写雨大的；而补充事物，是从另一方面更好地理解雨的大。两种方法的融合使用，共同作用于句意的理解，写法的渗透。

师：后来雨怎样了？

生：雨小了。

师：课文里说——

生（读）：渐渐地，渐渐地，雷声小了，雨声也小了。

（出示这句话）

师：这句话有写变化吗？

生：有，“渐渐地，渐渐地”。

师：“渐渐地”就是——

生：慢慢地。

师：这句话“渐渐地”用了几次？

生：两次。

师：为什么要用两次？

生：用两次，是说雨是很慢很慢变小的。

生：只用一次，雨的变小就不够慢了。

师：所以，读这句话，关键要读好“渐渐地，渐渐地”，这样才能读出雨慢慢小了，雷声也慢慢小了的变化过程。你来读。

（指名读）

师：全班一起读。

（全班读）

[教学意图] 又是一个表现事物变化的句子，但写法又有了变化，即重复使用词语，写出雨的变化。采用的也是比较的方法，删除一个与原句比较，学生就很容易体会到了。

师：大家发现了没有，这篇课文写雨的变化用了不同的句子，不同的地方是——

（出示：

“哗，哗，哗，雨下起来了。”

“雨越下越大。”

“渐渐地，渐渐地，雷声小了，雨声也小了。”）

生：第一句三个“哗”有逗号。

生：第二句用“越……越……”。

生：第三句用两个“渐渐地”。

师：真会发现，一个用标点，一个用关联词，一个用两个叠词，虽然写的不同，但都是表示慢慢变化的意思，中国的汉字就是这么神奇。一起读出这种感受来。

（生读）

［教学意图］“越……越……”的句式学习，是本课时教学的另一重点任务。先以改句与原句的比较，让学生发现这个句式表达的意思，用它可以表示事物的变化过程；再用描写雷雨中的句式，进行知识强化；接着借用“渐渐地”丰富认识，如此层层递进的不断深化，目标的达成就有了充分的保证；最后把三个语句合在一起，意在让学生发现同样描写事物变化的语句，写法却不一样。如此进行知识整合，更能实现知识的结构化和系统化，从而更好地内化与运用。

学习任务四：迁移，仿写“越……越……”句子

师：学到这，我们知道，课文中有好几个地方用到了“越……越……”这个句式，看来这个说法很有趣，也很重要。下面老师要来考考你，看看你会不会懂得使用它了，好吗？

［出示：

往窗外望去，树哇，房子啊，越（　　）越（　　），最后都看不清了。］

生：往窗外望去，树哇，房子啊，越来越模糊，最后都看不清了。

生：往窗外望去，树哇，房子啊，越来越朦胧，最后都看不清了。

师：祝贺你，学会了，掌声送给他。

［出示：渐渐地，渐渐地，雷声越（　　）越（　　）了，雨声也越（　　）越（　　）了。］

生：渐渐地，渐渐地，雷声越变越小了，雨声也越变越小了。

生：渐渐地，渐渐地，雷声越来越小了，雨声也越来越小了。

师：再来一句。

[出示：满天的乌云，越（　　）越（　　），黑沉沉地压下来。]

生：满天的乌云，越来越多，黑沉沉地压下来。

生：满天的乌云，越积越多，黑沉沉地压下来。

生：满天的乌云，越积越厚，黑沉沉地压下来。

师：越积越厚，太可怕了，这个词用得好，掌声响起来。这是雷雨前的，再来个雷雨后的。

[出示：池塘里水越（　　）越（　　）了，青蛙也越（　　）越（　　）了。]

生：池塘里水越来越多了，青蛙也越叫越响了。

生：池塘里水越积越多了，青蛙也越叫越大声了。

生：池塘里水越积越满了，青蛙也越叫越欢了。

师：越积越多、越叫越欢，池塘里一片热闹的景象，说得好极了。课内的难不倒你们，课外的来一句试试。

[出示：春天来了，花园里的花越（　　）越（　　），越（　　）越（　　），吸引了许多人来观赏。]

生：春天来了，花园里的花越长越茂盛，越长越迷人，吸引了许多人来观赏。

生：春天来了，花园里的花越开越鲜艳，越长越美丽，吸引了许多人来观赏。

生：春天来了，花园里的花越长越美，越开越香，吸引了许多人来观赏。

[教学意图] 学以致用，是语文学习的基本路径。当学生学习到“越……越……”可以表现事物的变化特点后，自然就要创设语境，进行迁移运用。但是，迁移运用也是有讲究的。这里的句式迁移分两步走：首先是以课文内容为说话材料，直接借用课文中的内容，如雨中的树、房子，满天乌云，泥塘中的水，这些内容学生已有很好的理解，说起来就相当简单；接着以课外事物为说话材料，提供生活中的事物，如公园里的花，让学生联系生活经验

加以表达。在要求上同样分两步走：先是只用一个“越……越……”，表现事物一个方面的变化；接着说两个“越……越……”，从两个角度表现事物的变化。如此从易到难，由浅入深，从课内到课外的训练思路，对学生内化语言积累、丰富语言图式有所助益，使得每一个学生都有话可说，从而完成迁移说话练习，提高学生语言表达能力。

学习任务五：拓展，完成课后练习

师：是啊，被你们这么一说，老师都被深深吸引住了。课文中的雷雨是这样的，生活中的雷雨你见过吗？是什么样的？

生：我看见过。有一天我在家里做作业，天突然黑了，不一会儿，雷声响起来，还有一道道闪电，吓得我赶紧关上门窗。接着雨下了起来，雨点打在玻璃上，一直响着。

生：我先看到刮风，听到打雷的声音，又看到闪电，非常吓人，然后雨就下起来，没下多久，雨就停了。

师：两位同学都说出了雷雨的特点，雷电交加，风雨交加。生活中，你还见过什么样的雨？想想当时的情景。

（出示活动要求：生活中，你还见过怎样的雨？想一想，说一说。

毛毛雨　暴雨　阵雨）

生：毛毛雨就是很细很细、很小很小的雨。

师：对，就是春天的毛毛雨。当时是怎样的？

生：雨从天上飘落下来，洒在身上好像没什么感觉。可是，时间一长，头发湿了，衣服也湿了。妈妈怕我感冒，赶紧帮我擦干头发，换上干衣服。

生：我知道毛毛雨落在地上没什么声音，不像雷雨那样“哗哗哗”的。它落在绿叶上，落在小花上，滋润着花草树木。

师：这就叫润物细无声。毛毛雨小又细，那暴雨呢？

生：暴雨很大很可怕。好像天漏了一个窟窿，好多好多的雨就从这个窟窿里倒下来，只一会儿时间，地上全是水，走都不能走了。

生：暴雨不细，很粗，打在玻璃上，啪啪直响，打在地面上，会溅起一阵阵水花。我就喜欢看这样的水花，可好玩了。

生：暴雨打在我家楼下的树上，树叶被打得快碎开了，树枝快被打弯了腰。树下的小花更可怜，被打得都抬不起头了。

师：暴雨的特点就是雨量多，雨点大，雨势猛。这几位小朋友怎么介绍暴雨的？

生：说了暴雨的样子和声音。

生：还有花草树木被暴雨打的情景。

师：这是从看到、听到的角度来说暴雨的，很棒。谁见过阵雨？

生：我见过。有一次，我们几个小伙伴在小区里玩，刚刚还天气晴朗，突然乌云来了，接着就下起了雨。不一会儿，乌云散了，天上又出太阳了。

生：有一回，妈妈准备带我出门。突然，天色变了，雨一下子下来了。我不开心地说，哎，怎么这么倒霉呀，这下出不了门了。妈妈笑着说，不急，等会儿雨就停了，我半信半疑。果然，没多久，雨突然就消失了，让我不敢相信。

师：阵雨嘛，不就是来得快，去得也快吗？两个小朋友讲出了阵雨的这个特点，而且用自己的亲身经历来说，非常棒。掌声送给这些小朋友。

（掌声）

［教学意图］生活中的雨是多样的，雷雨只是其中一种，而这多样的雨，学生并不陌生。为此，教材特意安排了让学生说“毛毛雨”“暴雨”“阵雨”的课后练习，目的就是勾连文本与生活的联系，强化学生的观察意识，学习课文关于雷雨的写法，提高学生的语言表达能力。这一设计固然用心良苦，但由于学生平时少有观察、积累的习惯，说起这些雨或三言两语，简单带过，或乱说一气，说不出不同雨的特征来。为此，需要教师进行有针对性的指导，比如强调“毛毛雨是春天的雨”“润物细无声”，“暴雨的特点就是雨量多，雨点大，雨势猛”，“阵雨来得快，去得也快”等，还要引导学生回忆当时的生活情境，从看到、听到等角度展开来说。这样的细致指导，为学生说得好提供了表达的支架。

师：孩子们，这节课我们一起欣赏了雷雨中的不同景象，学习了事物变化的三种写法，还说了生活中见到的雨，真是收获不少啊。回家做一件事，请大家看屏幕。

（出示：课后，留心观察天气的变化，写一篇日记，注意用上动词和“越……越……”这个句式。）

［**教学意图**］语言表达能力的提高并不可能一蹴而就，只有不断练习，方有可能。教学即将结束时的作业安排，要求以日记的形式，在生活中继续运用本课学到的动词和句式，是对课堂学习的延伸，也是对学习重点的巩固与内化，对于学生语言素养的发展，颇有助益。

【特色解析】

一、强化语言训练

学习语言文字运用是语文课程的学科性质和根本任务，语文教学一定要加强语言文字训练早已成为广大语文教师的集体意识。但是，一段时间以来，“训练”一词备受争议，认为训练就是枯燥分析，就是机械练习，就是反复操练，就是题海战术，弱化甚至丧失了语文教育的情感体悟与人文素养，违背素质教育理念，与语文核心素养要求背道而驰，完全不合时宜，必须坚决摒弃。于是，一谈“训练”就色变，置课文中非常多彩的语言现象于不顾，一头扎进“内容理解”中，一头埋进“情感体验”中，不能自拔，致使语文学习“空壳化”，患上语言“软骨病”，学生的语言素养大幅下滑，严重到连最基本的遣词造句都不过关。

何谓“训练”？不妨分别对“训”和“练”两个词素作个分析。“训”是训导，指的是教师的指导；“练”是练习，指的是学生的实践。合起来就是“训练”。这样看来，语文学习的过程应当就是师生相互协调、积极互动的过程。只有教师的讲，没有学生的练习，或只有学生的练，没有教师的导，都称不上是训练。语文学习之所以需要学生“练”，是因为任何一种能力不经过学习主体的反复练习是不可能掌握的，语文能力的形成与发展自然也是如此，只听不做，只看不练，能力形成简直就是天方夜谭。语文学习之所以需要教师“训”下的学生的“练”，是因为汉语言文字内涵广博，语言表达丰富精彩，小学生刚刚学习语言，尽管他们生活在母语环境中，也不可能无师自通，需要教师系统、专业的指导。教师的指导与学生的练习只有高度统一和完美融合，才能实现“学得”与“习得”的并驾齐驱，比翼双飞，从而获得语言能力的高品质发展。

正是基于这样的理念，《雷雨》一课的教学就把语言学习作为主线，贯穿教学始终。从动词的学习，到事物变化语句的学习；动词学习从表层义，到深层义；事物变化语句学习，从“越……越……”到标点符号的使用，再到叠词的反复运用；“越……越……”的学习，从句义理解，到迁移运用；从雷雨的语言学习，到毛毛雨、暴雨、阵雨的语言讲述，语言的训练过程非常完整、充分和扎实，有力地促进了学生语感和表达力的提升。在这一过程中，又非常重视语境在语言学习中的重要价值。语境就是语言环境，一个精妙的用词，一个精当的修辞，一处精彩的描写，一句内涵丰富的话语，是不可以离开它赖以生存的语言情境而孤立地存在着的，这也是语用学极为重视语境对于话语理解重要性的根本原因。为此，本课中的“垂”“压”“黑沉沉”“坐”等关键字词教学，在了解其本来意思的基础上，引导学生结合具体语句，理解其背后的意思，从而读懂了这些词语不仅表现了暴雨前或暴雨后的景象，而且读出了不同时候事物的不同特点和内心情绪，为动词学习打开了一片新的天地。

二、显化语用特色

熟悉、了解我的老师都知道，我是专门研究语用教学理论与实践的，迄今已逾 20 年，相关成果也屡次获国家级、省级奖项。语用教学的研究不断冲击着以往以语法学和语义学为核心的语文教学观。我们所说的“语用”，并不是真正语言学意义上的“语用”，即研究静态的语言，而是学生学习语文后的“语用”，即能在一定的语境中正确、合理、妥帖地进行表达，并将已学过的字、词、句、篇等内容，根据语境的需要加以规范、恰当、个性的运用。这是基于小学阶段学生语文学习特点决定的。

语用教学的基本观点，一是语用教学的价值指向在于培养学生的母语情感，促进基本言语能力的形成与发展。语文即言语，语文课就是言语课，已成共识。因此，着眼于言语活动的语用教学，实际是对传统的语言分析、语言赏读甚至语言研究的路子的改变与重建，它以语言运用为学习语言的起点与终点，让学生在学习语言运用中运用语言，从而形成言语能力。二是讲求以语言带动内容。语言学习过程是一个理解语言文字和理解内容相统一的过程。这个过程是由两个相互联系的阶段构成的：第一阶段是借助语言理解课文的思想内容，第二阶段是在理解内容的基础上，体会课文内容的语言表达特点和规律。上述过程的出发点是语言，落脚点仍是语言。也就是说，课堂教学以语言应用为主线，带动对课文内容、情节和思想的理解，即教师强化学生对语言的表达特点及语言对思想内容的表现力的认识，引导他们学习语言表达的方式。这种“以语言带动内容”的总体策略使语用教学区别于以内容学习为主的教学。三是语文学习的本质是能力建构，而不仅仅是知识传授。语用能力的形成渐进而漫长，是一个能力一个能力不断积累、丰富、统整、优化的建构过程，是需要每一节语文课都着力强化和培养的。

在本课教学中，我们就是以“用”的观念设计教学、实施教学的。首先，动词的理解并未局限于传统的词义理解，尤其低年级的动词教学，一般的做法就是让学生知道这是动词，动词就表示某个具体的动作，仅此而已。我们引导学生透过动作，看到了动作给人的心理感受。如“压”给人的沉重感、压迫感，感受到了雷雨前的沉闷的氛围；“垂”“逃”给人的慌乱感、恐惧感，这是从另一角度表现雷雨前的景象；“挂”“坐”给人的愉悦感、轻松感，表现了雷雨后的美丽与自在。这样的动词教学，让学生惊奇地发现，原来动词还有这样的表达作用呢。其次，用语言发现带动内容学习。如找到描写雷雨的三句话，自然带出雷雨前、雷雨中、雷雨后的写作顺序；用“雨越来越大”带出雨小的语句，学习“哗，哗，哗”的语言描写，带出雨大的语句；学习“都看不清了”的衬托描写，带出了“越……越……”的句式特点，并迁移运用。而在这样具体的语言训练和语用学习过程中，实现了语文能力的建构与发展。

三、优化内容重构

不管是语用教学，还是任务群学习，都对板块设计提出很高的要求。一个板块，一般只承载一项学习任务，这项学习任务直指课文教学的重点，这个重点可能是重要的知识点，可能是关键的能力点，也可能是浓郁的情感点，还可能是综合性的发展点。这些知识点、能力点、情感点、发展点，在一篇课文中的存在基本上不会是孤立的、独立的，往往隐秘地分布在不同的地方，这就需要教师对课文内容进行二度开发，进行教学内容重构，甚至是大开大合的整合重组。这对教师的文本解读和教材处理能力提出了新的更高的挑战。

《雷雨》一文用精练的文字，为我们描绘了雷雨前、雷雨中、雷雨后的自然景象，这是从课文内容和写作顺序的角度来说的。写作顺序显然不是二年级的教学内容，那么，什么才是这篇课文的学习重点呢？第一次接触此文，我的发现是，第一，作者运用了大量不同的事物表现雷雨前和雷雨后的景象，其中还有一些事物，如天空、蜘蛛等，前后两处出现，这样写的好处在于用事物表现不同的景象；第二，大量不同的事物，自然需要运用大量不同的动词，如雷雨前的“压”“吹”“摆”“垂”“逃”等，雷雨后的“亮”“扑”“挂”“坐”等，其中有些动词都是描写不同时候的同一个事物，如天空的“压”与“亮”，蜘蛛的“垂”与“坐”等，形成了鲜明的前后对比；第三，雷雨中的部分，出现了“越……越……”的句式，这是一种表现事物变化的语言表达，与此相仿的还有“哗，哗，哗”的由小变大，“渐渐地，渐渐地”的由大变小，于是构成了事物变化描写的三种不同方式；第四，课后要求说生活中见到的“毛毛雨”“暴雨”“阵雨”，主要讲的是它们的下雨情景或雨中景象。

有了这样的发现，内容重构就变得不是一件困难的事了。这里所说的内容重构，不仅是课文内容重构，更是语言内容重构，即把暴雨前和暴雨后两个内容合在一起，作为一个课时的教学板块，学习重点是两部分课文中的动词，知词义，明内涵，悟心情，晓景象；暴雨中的内容可以跟课后的讲述不同的雨的练习合二为一，作为另一个课时的教学板块，学习重点是三个描写事物变化的语句，以及学着这样讲述生活中的毛毛雨、暴雨、阵雨，学以致用。如此重构教学内容，改变了这篇课文一直以来所采用的逐段学习、线性设计的教学弊端，彰显了语用教学的板块特色，更重要的是，统整式教学，让语文知识和能力学习更为集中，更为聚焦，有利于同类知识的梳理、归类与内化，形成结构化的知识体系，从而形成言语图式，为日后的调取、迁移、应用提供便利。从这个意义上说，这样的理念与设计，契合当下倡导的语文任务群学习，可视为单篇任务群学习的雏形与范例。

4. 沉醉于阳光般的文字

——《火烧云》课堂实录与教学解码

【背景解说】

《火烧云》是著名女作家萧红的作品，出自萧红 1940 年在香港写的《呼兰河传》的第一章第八节。统编语文教材五年级的《祖父的园子》同样出自这本自传体小说。

稍微了解萧红的读者都知道，萧红的一生并不快乐，更不幸福。因为出生于端午节那一天，又是女孩，被视为“命贱不祥”，受到父亲的嫌弃。她幼年丧母，母爱与温暖也从此与她无缘。成年后的她，简直就是水中的浮萍一般，在那个乱世漂泊不定。追求美好的爱情，也一波三折，狼狈不堪，直至 1942 年 1 月，病逝于香港，终于熬完了她那艰辛酸涩的一生，享年仅仅 31 岁。伴随她一生的，除了孤独，还是孤独，仿佛“孤独”就成了她的宿命，难怪萧红会留下“半生尽遭白眼冷遇，身先死，不甘，不甘”的遗言。

可是你读《火烧云》，你读《祖父的园子》，你感觉不到一丝一毫的沮丧、颓废、悲伤的气息，字里行间跳跃着欢快、自由、奔放的思想与情绪，那些文字，那种画面，那样生活，有着阳光一样的灿烂美丽，也如同燃烧的火焰一般，炽热，鲜活，光彩照人。萧红虽然一生不幸，但每每回忆起和祖父在一起的日子，她的眼睛就会发亮，她的心里生起温暖，于是，我们才能看到那么美丽的文字，那么深深的情感。可以说，是童年的那段经历，是一直爱她的祖父，为她的人生抹下了亮丽的底色。不管是《火烧云》，还是《祖父的园子》，写的虽然是景，是事，其实是情，是作家对童年生活的留恋之情，是热爱家乡的浓烈之情；也是爱，是作家对一生难以忘怀的最温馨的家园的爱，是对给了她自由欢乐、幸福童年的祖父的爱。阅读如此经典的课文，就像揭开一坛陈年的老酒，越久越香，芬芳四溢。教学如此经典的课文，不妨也用经典的方法，揣摩咂摸，品析欣赏，含英咀华，永记心间。

《火烧云》也听别人教过，像第 3 自然段，就听过三种教法：一是内容理解式。学生阅读这段话，思考“火烧云有什么特点？你是从哪些语句读出来的？”学生感受到火烧云颜色多、变化快后，播放火烧云的视频，学生欣赏后进行有感情朗读。二是语言积累式。学生围绕“火烧云有哪些颜色？列出来并归归类”“你为什么分成这几类？这些写色彩的词在结构上各有什么特点？”“你能再写几个这几种结构的词语吗？”等几个渐次深入的问题展开学习。三是言语体验式。改写这段话为“这地方的火烧云变化极多，有的红彤彤，有的金灿灿，有的半紫半黄，有的半灰半百合色，还有葡萄灰、梨黄、茄子紫”，与原句对比，体会课文写得好。

此文我也教过，这回再教，纯属偶然，用“临时起意”来形容，一点也不为过。两年前的 5 月下旬，一所学校约请我听课评课。我素无事先打听听什么课的习惯，校方主动告知就主动告知，不说我也不问。这回也是一样，到了听课的时候，才知道上的是三年级下册的《火烧云》。按正常的教研流程，听课后便是组织老师们聊这节课，评这堂课。不知为何，那天我突然心血来潮，决定改变一下原有计划，让语文教研组长带一个三年级班级上来，我也要上这篇课文，之后再结合两节课进行比较式的评课活动。因为临时决定，自然就没有课件，没有资料，完全回到了三四十年前那种一本课本，一支粉笔，一块黑板的“原始”教学状态。这是我非常熟悉的，倍感亲切的，也一直保持的教学状态。在这种状态中，我心无羁绊，游刃有余，上得酣畅淋漓，十分快意。课毕，掌声四起。上课，成了我纯美的人生享受，让我获得了幸福的生命体验。

那么，这回我是怎么教的呢？跟上述的三种教学有何不同呢？

【课堂解码】

第一课时

学习任务一：画结构图，了解课文内容

师：今天，我们要学习的课文是《火烧云》。作者是一个女作家，名字叫萧红。

（板书课题和作家，生读课题）

师：我们是临时决定上这个课，大家没有预习过，对于什么是火烧云大家没查过资料。不过没关系，看这个课题，也可以大致猜出火烧云是什么样的。谁先说？

生：这是一种像火一样的云。

师：区别于乌云、白云。

生：我从“烧”中猜出这种云应该会动，会跑，会变化。

生：“烧”字还告诉我们这种变化应该是很快的，变得快。

生：“烧”让我想到了山火、火灾，火势很猛，而且范围很大。

师：大家猜得对不对呢？课文有这么一句话就给了我们答案。

（出示：天上的云从西边一直烧到东边，红彤彤的，好像是天空着了火。）

师：这句话的“彤”是生字，表示“红”的颜色。一起读读。

生：彤（tóng），红彤彤。

师：哪里猜对了？哪里没猜到？

生：像火一样猜到了，但说是“好像天空着了火”没有猜到。“天空着了火”好像一幅画。

师：范围大猜到了，这句话说“从西边一直烧到东边”，就是火烧云的范围大，是会变化的。

生：“红”是红颜色，“彤”也是红，“红彤彤”三个字都是红，可见火烧云的红不是一般的红，而是红到了极致，红到了不能再红了，火烧云的这种

颜色我们没猜到。

师：大部分我们都猜到了是吧？现在再读这句话，火烧云给你什么感觉？

生：非常非常鲜艳美丽。

生：“烧”的速度非常的快，非常壮观。

生：看到这句话，我仿佛看到了一幅巨大无比的绸缎，从这一边飞快地向那一边铺展开去，天空一片红，夺目耀眼。

生：如果看到这样的火烧云，心里一定很震撼的。

师：我们还没读课文，就对火烧云的不同凡响有了初步的感觉。好好地读读这句话。

（指名读）

［**教学意图**］这个导入从课题入手，而且抓的是关键字“烧”。生活中，“烧”的现象并不少见，如火灾、火烧纸、生火、垃圾燃烧等；古诗中也读过烧，“野火烧不尽，春风吹又生”。有了这样的生活经历和学习体验，学生对“火烧云”就有了一个基本的、大致的认识，猜出“火烧云”可能像火一样会动，会跑，会变。再联系“天上的云从西边一直烧到东边，红彤彤的，好像是天空着了火”，就对火烧云的颜色、画面、气势有了更深刻的了解。这样就为课文学习，景象感受，情感体会，积淀了丰满的底色、生动的基调。

师：让我们就带着这样的感觉走进文字，进一步感受火烧云的独特美。

（出示活动要求：

1. 朗读课文，读准文中的生字词，把课文读通读顺。

2. 这篇课文是从哪几个方面写火烧云的？画出内容结构图。）

（学生读书，找句，画图）

师：可以分享交流了吧？你先来。

生：课文前三个自然段写火烧云的颜色，后四个自然段写火烧云的形状，整篇课文从颜色、形状两个方面写火烧云。（生边说边画）

火烧云｛颜色
　　　　形状

师：这是整篇课文的结构图。颜色、形状这两部分呢？谁补充？

生：颜色部分也分为两部分，一是变化多，二是变化快。

生：写形状也一样，变化多，变化快。

师：我们一起把这个结构图补充完整。

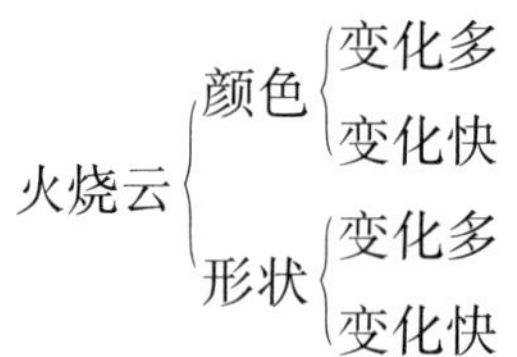

师：有了这张结构图，我们就明白了，课文的最大特点就是一个“变”字，课文从哪几方面写“变”的，也就一清二楚了。

［**教学意图**］感知课文内容，是阅读的基础，也是阅读教学的基本环节。这里的整体感知，是以画结构图的方式进行的，其好处有三：一是切合本文以“变”为主线的写作特点；二是改变了口头回答这篇课文写什么的固有做法，动手画代替了口头说，画得对说明对全文内容了解得清楚；三是结构图直观、形象、具体，能够将整篇到语段是如何写“变”的，清晰地表现出来，也可以检测学生是否“了解课文是从哪几个方面把事物写清楚的”，让单元语文要素真正落地。

学习任务二：抓语言现象，习得言语经验

师：我们先来体验火烧云颜色的变化。

（出示活动要求：

朗读课文第 3 自然段，抓住变化多、变化快的词句，说说火烧云的美，试着读出这种美。）

（投影出示课文第 3 自然段，学生做阅读准备）

师：先一起读读这段话。

（生读）

师：开始分享自己的学习感受吧。

生：火烧云的颜色真是多，有：红彤彤、金灿灿、半紫半黄、半灰半百合色、葡萄灰、茄子紫、梨黄。

（屏幕上这些词语变红）

师：这些颜色有不认识的吗？

生：百合色没看到过。

师：百合花，见过吗？

（生七嘴八舌，有说见过，有说没见过）

生：我见过。

师：吃过莲子炒百合吗？

生：吃过。我知道百合色就是像百合花那样的颜色。

师：是的，真聪明，百合色有点淡淡的米色，接近白色的那种。那你知不知道半灰半百合色是一种什么样的颜色？

生：就是一半是灰色，一半是百合色。

师：有可能。还可能是——

生：也可能灰色多一点，百合色少一点。

生：或者灰色少一点，百合色多一点。

生：还可能是灰色和百合色混合在一起。

师：可见这里的“半”是一半的意思吗？

生：不一定。

师：真了不起，一个“半灰半百合色”就让同学们组合出了这么多的色彩，看来火烧云的颜色真的极为丰富。同样的道理，“半紫半黄”呢？

生：可能是真的紫、黄各一半，也可能紫多黄少或黄多紫少，还可能紫黄混在一起，也是颜色非常多。

师：读着这些表示颜色的词语，你脑海里浮现出什么样的画面？

生：火烧云是五彩缤纷的。

生：好多好美的颜色，我都看得头晕目眩。

师：看来，文字写出来的是 7 种颜色，其实有无数的颜色，这就是火烧云迷人的地方。读读这句话。

（生读）

［**教学意图**］认识第 3 自然段中的颜色词，意在了解不同颜色的不同色彩，进而感受火烧云的颜色之多，之美，之绚丽多彩。由于临时上课，自然就无法利用图片、视频等资料帮助了解。好在有些汉语言文字本身就是一幅

画，看文字就能想到相关的画面和颜色，这或许比直观的图片和视频更具有想象性，不同的学生对文字的想象不一样，脑海中呈现出的颜色或许也不尽相同，这就是琢磨文字、品味语言的好处吧。

师：给这些颜色的词分分类。

生：红彤彤、金灿灿是一类，ABB 式的；半紫半黄、半灰半百合色是一类，都是半什么半什么；葡萄灰、茄子紫、梨黄是一类，都是事物加颜色。

师：事物加颜色的，有个说法，叫比喻色。生活中还见过哪些比喻色？

生：橄榄绿、翡翠绿。

生：玫瑰红、高粱红。

生：苹果绿、孔雀蓝、宝石蓝。

生：玛瑙红、柠檬黄、象牙白。

师：说 ABB 式的词。

生：黄澄澄、绿油油、红扑扑。

生：白茫茫、黑乎乎、白花花。

生：香喷喷、黑漆漆。

师：把这些 ABB 的词语代入课文，说一说。

生：这地方的火烧云变化极多，一会儿黄澄澄的，一会儿绿油油的……

（众笑）

师：笑什么？

生：老师，火烧云没有黄澄澄、绿油油的。

师：是的，那就奇怪了，同样是表示颜色的 ABB 的词语，课文的红彤彤、金灿灿可以，黄澄澄、绿油油却不行，知道这是为什么？

（学生面露难色）

师：这是告诉我们，说话写文章不能随便用词语，要考虑具体的事物，具体的情境，这才叫用词准确、得当。读读这句话。

生（读）：这地方的火烧云变化极多，一会儿红彤彤的，一会儿金灿灿的，一会儿半紫半黄，一会儿半灰半百合色。葡萄灰、梨黄、茄子紫，这些颜色天空都有。

［教学意图］ 给表示颜色的词语分类，是为了认识同类词语不同的构词特

点，以丰富语言积累。同时，把自己的话代入课文，就不局限于语言理解，也不同于一般的语言使用，而是在代入中发现用词错误，进而产生认知矛盾：同为颜色词，同为ABB，为什么课文可以我就错了？并在教师的解释中获得语言使用时语境、语用等方面的规则认识，而且是在潜移默化、不知不觉中。这样的语言体验性学习，大大超越了用词写句之类的训练，也比直接告诉来得更有切身体会，言语经验就此得以习得。

师：读得真不错，读出了颜色的丰富多彩。继续交流。

生：四个“一会儿”表示颜色变化多。

生：“一会儿”是说时间很短，用“一会儿……一会儿……”表示这么多颜色在不断地变，一会儿变一种颜色，一会儿又变一种颜色，火烧云才很美。

师：如果把“一会儿”改为“有的”还有这样的美吗？

（出示句子：

这地方的火烧云变化极多，一会儿红彤彤的，一会儿金灿灿的，一会儿半紫半黄，一会儿半灰半百合色。

这地方的火烧云变化极多，有的红彤彤的，有的金灿灿的，有的半紫半黄，有的半灰半百合色。）

生：这样改就不美了。“有的……有的……”只是说有这些颜色，但不会变化；“一会儿……一会儿……”不仅颜色多，颜色还会变，这样的火烧云才迷人，让人百看不厌。

生：如果用“有的……有的……”说明天空的这些颜色虽然多，但就这几样，刚看还美，看久了就不美了。

师：这叫审美疲劳。用你的朗读表现这种变化之美。

（生有感情地读）

师：读着读着，听着听着，你的脑海里出现了怎样的画面？

生：我仿佛看到了天空一片红彤彤的，一眨眼的工夫，红变成了金，还闪着耀眼的光芒。正想细细欣赏，金灿灿的云彩上，又出现了紫里有黄、黄中有紫的色彩，看得人眼花缭乱，看也看不过来。

生：此时的天空，就像一位高明的魔术师，把手里的颜料桶一倒，红的、金的、黄的、灰的……不停地向天边流淌，一边流一边变幻着色彩，整个天空就成了五彩斑斓的童话世界。

……

［**教学意图**］这是火烧云变化快的学习内容，如果仅让学生找出哪些词语表现了变化快，找出的“一会儿……一会儿……”无非就是回答这个问题的答案而已，这样的词语认识是干巴巴的，没有活性的。用“有的……有的……”替代“一会儿……一会儿……”，比较中学生就能发现课文写法的好处，体会并列式关联词使用与火烧云颜色变化极多、极快之间的内在关联，也对语言内容与语言形式的不可分离有了真实的体验。

师：读到这里，老师有个发现，没有一个同学说到这段话的最后一句：“还有些说也说不出来、见也没见过的颜色。”这句话到底是不是写颜色呢？

生：我觉得不是，这里没一个表示颜色的词语。

生：我觉得是，这句话最后一个词就是“颜色”。

（学生意见不同，争持不下）

师：我们现在先把这句话删除，火烧云的颜色只有什么？

生：红彤彤的、金灿灿的、半紫半黄、半灰半百合色、葡萄灰、梨黄、茄子紫。

师：虽然“半紫半黄”“半灰半百合色”还表现不同的色彩，但还是有限的，就这么几种颜色变来变去，还会美吗？

生：不美。

师：那就不是火烧云了呀，所以这句话不能删除。那么，为什么会有“说也说不出来、见也没见过的颜色”？

生：没见过，也说不出，说明颜色非常非常的多。

生：不但多，这些颜色平时应该还很少出现。

师：有道理，丰富而罕见，就是这样的颜色出现在了火烧云中，可见火烧云怎么样？

生：非常漂亮，平时很难看得到。

生：可见火烧云的颜色很丰富，很奇妙，很神奇。

师：此时无声胜有声。这句话就是这样的，看似没写颜色，其实比写一种一种的颜色要好得多。第一，说明火烧云的颜色多得说不清；第二，它留下了空白，让人尽情想象，读出自己心中的火烧云。读到这，如果用一个词语概括火烧云的美，会用什么？

生：绚丽多彩。

生：五彩缤纷。

生：美不胜收。

生：鲜艳夺目。

……

［**教学意图**］当学生没有关注到看似不重要，实则不可放过的重点语句时，教师的适时点明就显得必要且重要。“还有些说也说不出来、见也没见过的颜色”这句话到底是不是写颜色呢？这样的问题犹如在静静的湖面上投下了一块石子，一石激起千重浪，再次引发了学生的认知矛盾。接下来的讨论，就是对这句话不同角度写法、用法的品读与欣赏，加上教师画龙点睛式的总结，学生一下子就明白了，原来这样写是如此之好，如此之妙，体会到语言表达之神奇与美妙的同时，又丰富了自己的言语表达经验。

师：这是萧红成年后写的童年见到的火烧云，为什么她还能写得这么美呢？

生：这么久了还能写得这么美，是因为她爱火烧云，爱自己的童年时光。

生：童年时代见到的火烧云一直留在萧红的心里，一直忘不了。

生：火烧云的美给萧红很多快乐，所以她的印象特别深。

生：萧红写火烧云，就是写自己快乐、幸福的生活。

师：是呀，这么美的语言，这么美的画面，寄托着萧红美好的童年回忆，表达了萧红对家乡的深情思念。老师把这段话分一下行，变成一首小诗，让我们在音乐的陪伴下，美美地读一读。（师分行如下）

这地方的火烧云变化极多，

一会儿红彤彤的，

一会儿金灿灿的，

一会儿半紫半黄，

一会儿半灰半百合色。

葡萄灰、梨黄、茄子紫，

这些颜色天空都有。

还有些

说也说不出来、

见也没见过的

颜色。

（学生随着音乐，有感情地朗读）

［**教学意图**］言为心声。体会到课文语言表达之美后，引导学生透过文字表面，去感受隐藏在文字背后的情感和心声，是有必要的。这样的感受不仅让学生触摸到萧红的内心世界，也渗透了文学欣赏、经典阅读的基本方法。

学习任务三：抓写法对比，习得言语经验

（出示活动要求：

比较阅读第 1 和第 3 自然段，寻找两段话的异同点。）

师：第 1 段有三个生字，先请同学读一读。

生（读）："紫檀色""喂猪""笑盈盈"。

师："檀"读"tán"，浅红色，"紫檀色"就是紫红色，色调偏暗些的红色。"笑盈盈"也是个叠词，"盈"（yíng）后鼻音，"充满"的意思。再读这三个词。

（生读）

师：开始带着任务阅读这段话。

（生阅读）

师：读得差不多了，现在是分享时间。

生：两段话都写了颜色多，第 1 段有红、金、紫檀色等。

生：两段话都写颜色变化，比如"大白狗变成红的了。红公鸡变成金的了。黑母鸡变成紫檀色的了"。

生：我发现颜色写的不同，都是红的，第 1 段用"红的""金的"，第 3 段用"红彤彤""金灿灿"，是叠词。

生：写变化的词也不一样，第 3 段是"一会儿"，第 1 段是"变成"。

师：这些都是一眼能看出来的不同，还有不容易看出来的吗？

生：还有一个不同，第 3 段直接写火烧云的颜色变化，第 1 段是通过其他事物写颜色变化。

师：具体说说怎么通过其他事物写。

生：比如说："霞光照得小孩子的脸红红的。大白狗变成红的了。红公鸡变成金的了。黑母鸡变成紫檀色的了。"用小孩子的脸，大白狗、红公鸡、黑母鸡写颜色的变化。

生：小白猪变成小金猪，老爷爷的胡子变成金胡子，也是这样写的。

师：这个发现太重要了。掌声。

（生鼓掌）

师：一起读读这几句话，感受一下这样的写法。

（生读）

［**教学意图**］文学作品的价值就在于独特性、个性化，如果所有的文章都写得千篇一律，众人一面，也就没有了文学精品、文学高峰。相类似的事物，如何写得不一样，如何写得与众不同，是写作者的写作视角所决定的，表现出的却是写作者的才华和智慧。本文的第 1 和第 3 自然段，就是萧红写作才华和智慧的展现。引导学生在这容易被忽略的地方进行比较发现，对培养学生用敏锐的眼光观察生活，用独特的视角表达生活，显然是很有价值的。

师：同学们，在这段话中，还有些句子很特别。

（出示：大白狗变成红的了。红公鸡变成金的了。黑母鸡变成紫檀色的了。）

师：说说你的发现。

生：都是颜色变化。

生：都用"变成"这个词。

师：还有更重要的。

（学生沉默）

师：老师给它变一下。

（出示：

大白狗变成红的了。红公鸡变成金的了。黑母鸡变成紫檀色的了。

大白狗变成红的。红公鸡变成金的。黑母鸡变成紫檀色的。）

师：发现了吧？

生：发现了，课文有“了”，老师这句少了“了”。

师：对，为什么要加“了”呢？试着读读这两句话，品品看。

（学生朗读，比较，品味）

生：没有“了”只是说颜色变了。

生：有了“了”，读起来“了”的读音会向上扬起来。

（生读）

师：每个同学都读读，感觉感觉。

（学生自由读）

师：老师也想读一读。

（师读）

师：听出了什么？

生：“的了”好像在跳动。

生：好像很开心的样子。

师：是有这样的感觉。因为什么开心呀？

生：她发现了大白狗变成红的，红公鸡变成金的，黑母鸡变成紫檀色的，当然开心了。

生：别人没发现，她却发现了，如果是我也很快乐。

生：作者看到大白狗变了，又看到红公鸡变了，又看到了黑母鸡变了，觉得多有意思呀。

师：是呀，有了“了”，不仅语言的节奏变了，而且还表达出作者高兴的心情，真是一字值千金呀。一起来读一读，感受一下这个写法的精妙。

（生读得富有情趣）

［**教学意图**］这一环节的“了”字学习，同样采用比较的方式。但是，如果只是有“了”与无“了”的文字对比，隐含在“了”字后面细微的情绪、场景之差异，学生难以觉察，此时，朗读就派上了用场。对比着读，一读，果然感觉就出来了，“了”的惊喜、欢跃，也就体会到了。

师：感受到了课文用字的美，也要把字写得美。

（出示：必　胡　灿）

师：观察一下三个要写的字，怎样才能把字写正确、写工整？

（学生说，教师点拨，学生练写后点评反馈，再修正）

［**教学意图**］三年级下学期的写字教学，要体现出学生的自主性特征，这是提高学生自主识字、写字能力的必然过程。从观察字形，到说清笔画，到书写练习，再到纠正修改，教师只在关键处点拨就好。

第二课时

学习任务四：析关键词句，学习形状写法

师：火烧云美在颜色与形状，色彩瑰丽无比，形状也毫不逊色。这节课，我们重点欣赏火烧云的形状之美。课文写火烧云像什么？一起回答。

生（齐）：像马，像大狗，像大狮子。

生：还有，“天空里又像这个又像那个”也是说火烧云像什么，只是没有具体写像什么。

师：这么多形状的火烧云，你想不想读一读？

生：想。

师：请大家挑选自己喜欢的段落好好地读一读，注意读准生字，等会儿读给大家听，看谁读得好。

（学生自读，准备）

生：我喜欢像马一样的火烧云。

（生读这段话，教师强调“跪”的读音）

生：我喜欢像大狮子一样的火烧云。

师：这段话的生字词好几个，先解决一下。

（出示：庙门前　一模一样　镇静　）

师：谁来读？

（指名读第 6 自然段）

师：“模”是多音字，这个同学读准了，大家也一起读一遍。

生：一模（mú）一样。

师：第 4 自然段也有一个“模”，“模糊”的“模”读音是——

生：mó。

师：对。除了“模糊”，还可以组什么词？

生：模型。

生：模范。

生：模仿。

师：表示事物的样子，读“mú”；表示可作学习标准或样板，读“mó”。生字词读好了，读这段话就有把握了。

（生读第 6 自然段）

生：我喜欢像大狗一样的火烧云。

（生读第 5 自然段）

师：大家为什么喜欢这样的火烧云呢？让我们走进文字，细细琢磨琢磨。

［**教学意图**］很显然，这是在进行随文识字。只不过，是把识字放在学生喜欢的段落朗读中进行。这样处理，读好生字自然不必多说，还朗读了段落，熟悉了课文内容，为接下来的阅读做准备。

（出示活动要求：

找出第 4—6 自然段中描写火烧云形状的语句，说说课文是怎么写的。）

生：我说的是像马一样的火烧云。句子是：“一会儿，天空出现一匹马，马头向南，马尾向西。马是跪着的，像等人骑上它的背，它才站起来似的。过了两三秒钟，那匹马大起来了，腿伸开了，脖子也长了，尾巴却不见了。”

（出示这几句话）

生：这段话写马的姿态是跪着的。

（“马是跪着的，像等人骑上它的背，它才站起来似的”变红）

师：“跪着的”是看到的，然后呢？

生：“像等人骑上它的背，它才站起来似的”是想到的。

师：先是看到，后是想到，这样写的目的是什么？

生：这样就把马写生动、写具体了。

生：我觉得写出了马听话温顺的样子。

生：也说明作者看火烧云都看入迷了。

师：是呀，把看到的和想到的合在一起写，不仅内容具体生动，而且把火烧云的形状写活了、写美了。还有其他的写法吗？

生："马头向南，马尾向西"写马跪着的样子，马头和马尾都写得那么清楚，就像活的一样。

生：还写了马的变化。跪着的马应该比较小，后来大起来了，"腿伸开了，脖子也长了，尾巴可不见了"，马会变才更美，如果站着不动，就成死马了。

（生笑）

师：这段话在先后顺序方面有什么讲究吗？

生：我发现了。先说"出现"，再写"样子"，又说"变化"，最后讲"消失"。

师：好。老师和同学们合作，用朗读表现这样的写作顺序。马出场了——

生：一会儿，天空出现一匹马，马头向南，马尾向西。

师：样子是——

生：马是跪着的，像等人骑上它的背，它才站起来似的。

师：后来变化了——

生：过了两三秒钟，那匹马大起来了，腿伸开了，脖子也长了，尾巴却不见了。

师：最后消失了——

生：看的人正在寻找马尾巴，那匹马变模糊了。

师：连起来完整地读读这段话。

（生读）

［教学意图］这段话的文字平白如话，通俗易懂，不像前三个段落那样，语言优美，言辞生动，因而在内容理解上不成问题，而把学习的重点放在形状的写法品读上。从写法的角度阅读，改变了繁琐的串问串答，机械的意思理解，从而学习到"马"的多角度写作。

师：还有说其他内容的吗？

生：大狗写得比较简单，先说狗的样子“十分凶猛”，再写狗的动作“跑”。

生：我来说大狮子。大狮子样子很“大”，“很威武很镇静”，“姿态”是蹲着的。

师：“威武”是本课要写的生字，说说这两个字。

生：这两个字都是半包围结构。

生：“威”是左上包右下，“武”是右上包左下。

生：“威”里有个“女”，“女”字上面有个短横。

生：我是这么记的，把“咸”字的“口”改为“女”就是“威”字。

师：“威”由两个部件组成，一是“女”字，本义是丈夫的母亲，在古代，对媳妇来说，婆婆是最有威望的；一是“戌”，是一种兵器，叫大斧。所以“威”字表示一个女人手持大斧，很威风。

生：“武”字里面是“止”字，写时最后一笔变横为提。

生：“威”右边有一撇，“武”字没有。

师：“武”也是两件部件组成，左下角的“止”是脚，表示行动；右上角的字是“戈”的变形，“戈”的一撇移到了左上角，变成短横。“戈”是矛类兵器，表示动武，“止”“戈”就是停止动武的意思。写“武”时，左上一短横别忘了。“威”“武”都表示威风、威严，有气势。写写这两个字。

（学生练写“威武”）

［**教学意图**］有了“马”的段落学习，对于“狗”和“狮子”的写法了解，自然可以更放手进行。由于难度不大，任务不太重，随手也把“威武”的书写加入其中。看似是生字书写，其实由“威武”字形和字义，也反过来帮助学生了解了“狮子”的特征，两者相辅相成。

师：写好了字，我们再回到课文。同样写形状，这些句子有什么一样，有什么不一样？我们来比较一下。

（出示：

一会儿，天空出现一匹马，马头向南，马尾向西。马是跪着的，像等人骑上它的背，它才站起来似的。过了两三秒钟，那匹马大起来了，腿伸开了，脖子也长了，尾巴却不见了。

那条狗十分凶猛，在向前跑，后边似乎还跟着好几条小狗。

跟庙门前的石头狮子一模一样，也那么大，也那样蹲着，很威武很镇静地蹲着。）

师：先说相同的。

生：三段话都写火烧云的形状像动物。

生：都写动物的样子，像马的“跪”，狗的“跑”，狮子的“蹲”。

生：都是按出现、样子、变化、消失的顺序写。

生：都写了性格，马是温顺的，狗是凶猛的，狮子是威武镇静的。“像等人骑上它的背，它才站起来似的”“后边似乎还跟着好几条小狗”“很威武很镇静地蹲着”都是作者的想象。

师：确实，有了想象，画面就形象了，文字也生动了。再说说不同吧。

生：马写得很具体，用三句话写，狗、大狮子写得简单，只有一句话。

生：马有样子、动作，特别是“大起来”“伸开了”“长了”“不见了”可生动了。狮子有大小、动作和神态。而狗只写动作。

生：写出现时，马用“一会儿”，狗用“忽然”，狮子用“接着”，写出了变化多，变化快。

师：也很好地起到了过渡作用，把三段话有条理地连在一起。

生：写狗写它的动，写狮子写它的静，写马有动也有静。

师：这个发现太棒了！为什么要写得同中有异呢？

生：因为火烧云不断地变，不可能全变得一样呀，作者看到的不一样，当然写得不一样了。

师：不能随意胡乱地写，不能不按事实写，是写作的基本要求。

生：如果都写得一模一样，那就不生动了。

生：都一样，谁喜欢看啊。

生：写得不一样，才能把火烧云的变化多样、形态各异写得栩栩如生。

师：说得好。让我们再来读读这三段话，进一步体会火烧云形状的多姿多彩吧。

（生读）

［教学意图］ 前几个环节的学习是分段展开，是零散性地了解“马”“狗”

“狮子”的写法，有分必要合，这里就把三段话的写法来了个集体亮相，集中比较，分析“马”“狗”“狮子”三个段在写法上的相同与不同，这既是归整式阅读，也是梳理性阅读，便于让知识结构化。有了这样的教学，学生进一步感受到火烧云形状的多姿多彩、丰富多样，进一步发现萧红写作的匠心独运，也进一步体会到景物描写的无穷魅力。

师：火烧云的形状变化多、变化快又表现在哪里？

（出示活动要求：

默读第 4—6 自然段，找出表现变化快的语句，说说它们分别是怎么写的。）

（生读书，找句子）

生：有这么几句：“看的人正在寻找马尾巴，那匹马变模糊了。”“跑着跑着，小狗不知哪里去了，大狗也不见了。”“可是一转眼就变了，再也找不着了。”

（出示：

看的人正在寻找马尾巴，那匹马变模糊了。

跑着跑着，小狗不知哪里去了，大狗也不见了。

可是一转眼就变了，再也找不着了。）

生：这三句话都在一段话的结尾。

生：都是说马、狗、狮子消失不见了。

师：注意语言、写法的不同。

生：用的词语不一样。一个是“模糊”，一个是“不知哪里去了”“不见”，一个是“找不着”。

生：“正在寻找”“再也找不着了”都有个“找”字，说明是作者直接看到的，“跑着跑着，小狗不知哪里去了，大狗也不见了”其实也是作者看到的，但不是直接写，而是通过狗的跑来写。

师：马和狮子是直接写，狗是间接写。如果把这三句话跟前一句联系起来，一定还有收获。

生：“看的人正在寻找马尾巴”是因为前面说“尾巴却不见了”，两句话有联系。

生："跑着跑着，小狗不知哪里去了，大狗也不见了"也是一样的，前面说大狗"在向前跑，后边似乎还跟着好几条小狗"，这里就顺着这个意思往下写，小狗不见，大狗不见，它们跑着跑着都消失了，写得很自然。

生：写狮子不是这样。大狮子本来"很威武很镇静地蹲着"，却一下子消失了，所以用"可是"把这两个意思连起来。

师：也就是说，狮子的消失是一转眼，突然间，马和狗的消失还有个慢慢的过程。看似很简单的消失，课文用词不同，写法不同，角度不同，写得富有变化，精彩无比，显示出作家的写作功力，值得我们好好学习。

［**教学意图**］依然是比较发现。这一次不先分段再集合了，而是单刀直入，开门见山，把形状变化快的相关语句一下呈现，让学生联系段落内容，说出写"消失"写"变化"的不同的写法，以体会语言表达的多样化，以及这样写的好处。

学习任务五：插上想象翅膀，迁移写作方法

师：下面就是大家展示才华的时候了。

（出示活动要求：

1. 火烧云还会变成什么？除了动物，还可能有什么？

2. 结合平时观察到的天空云朵的形状，学着课文的写法，把想象的内容写成一段话。

3. 先在四人小组里说，再派出一个代表参加班级故事会比赛，评评看，哪一组最有创意，为什么。）

（学生练写）

师：故事会正式开始。先请出第一组代表。

生：一会儿，天空出现了一座山峰，高高的，险险的，好像你费尽全身力气也爬不上去。正想着，山峰慢慢低了、矮了，成了平地。

师：怎么样？

生："费尽全身力气"可以换成"费尽九牛二虎之力"更好。

生：不写动物写山峰，我觉得很好。

生：用低、矮写消失，写得跟课文不一样，有点创意。

师：第二组闪亮登场。

生：接着来了一只小白兔，它蹲在地上，双手捧着胡萝卜津津有味地吃了起来。不知什么时候，小白兔的背后来了一只大狼狗，正恶狠狠地盯着小白兔。危险，快跑！小白兔好像听到了我的话，蹦着跳着往前跑。等大狼狗回过神，小白兔早就不见踪影了。

师：评评看。

生：出现了两个动物，还编了个故事，很吸引人，我爱听。

生："危险，快跑！"是"我"的心理想法，这是课文没有写到的。

生：结尾也写得很特别，是从大狼狗找小白兔找不到来写的。

生："不见踪影"这个词用得也很好。

师：确实写得有创意。给你个大大的赞！

（学生自发鼓掌）

……

师：我宣布，故事会比赛结束，本次故事会最有创意的组是，一起喊出来。

生：第二组。

师：掌声祝贺这一组同学。

（生鼓掌）

师：欣赏着如此变化莫测、形态万端的火烧云，作者的心情如何呢？请看最后一段。

生（读）："一时恍恍惚惚的，天空里又像这个又像那个，其实什么也不像，什么也看不清了。必须低下头，揉一揉眼睛，沉静一会儿再看。可是天空偏偏不等待那些爱好它的孩子。一会儿工夫，火烧云就下去了。"

师：作者的心情如何？

生：她都看入迷了，眼睛都看花了。

生：变化多、变化快的火烧云让作者眼花缭乱，"一时恍恍惚惚的"，看不真切了。

生：这时候，她的心情一定非常惊喜，多美的火烧云呀！

师：是呀，这段话没有直接写火烧云怎样，但其实是通过“我”的表现进一步写火烧云的绚丽多彩，变幻莫测。读到这里，还有什么问题需要提出来？

生：为什么火烧云这么美？

生：为什么火烧云有那么多的颜色？

生：为什么火烧云只出现在早晨和傍晚？

师：这些问题老师也一时回答不了。怎么办？有一本书可以帮助大家解决这些疑问，这本书的名字叫《变幻的天空》，有兴趣的同学可以找来读一读。另外，课下写写生字，背背第3—6自然段。下课。

［**教学意图**］三年级的仿写，尽量不要停留于简单的一句话。仿写火烧云的形状写法，理所当然要突出“变”的特征，这就不是一个句子能够写得出来的，因此，这里的仿写重在段落，而不是句子。为了让学生写得更好，采取的是小组合作的形式。人多力量大，于是，想象到的事物就突破了动物的界限，想象到的故事情节也生动了，遣词造句也丰富了，大大地提升了仿写的质量。

【特色解析】

一、习得语言经验

重视语言积累，是我国语文教学的传统经验，因为我们坚信，多记好词好句，多背语言素材，量变一定引起质变，学生的语文能力必将得以发展。为此，重感悟、重积累，成了语文教学的重要理念，得到许多教师的认可，并付出艰苦的努力。遗憾的是，学生的语文素养未见实质性的提升。这恐怕不只是词汇量多少的问题，还有语言经验缺乏的深层次原因。不可否认，词句、语段是语言经验形成的重要物质材料，需要不断累积和丰盈，但是，语言感觉的触动，表达意识的唤醒，文字表现力的灵敏感知，可能是更为重要的语言经验。

比如第3自然段写的是火烧云颜色的变化，并不长的一段话，却用上许多表示颜色的词语，这些词语又分为三种形式。有重叠式，如“红彤彤”形容火烧云很红，浓得像化不开了似的；“金灿灿”则写出了火烧云颜色之深，犹如金子一样闪闪发光，鲜明耀眼，光彩夺目。有并列式，如“半紫半黄”“半灰半百合色”，形容火烧云变化的刹那间，两种不同的颜色混为一体，好看又独特。有比喻式，“葡萄灰”“梨黄”“茄子紫”这些词语是在表示颜色的形容词前面加上事物名，形象地写出了火烧云的颜色变化，这些颜色或像葡萄一样灰色，或像梨一样黄色，像茄子一样紫色，鲜明清晰，犹如亲眼所见一般，给人以形象感。可奇怪的是，这段话的最后一句却是“还有些说也说不出来、见也没见过的颜色”，根本就不像前面几句那样，写出具体的颜色，那么这句话到底是不是写颜色呢？教学时，我们就抓住这难得一见的语言材料，引导学生展开品读交流。于是，学生就会发现，这句话是写颜色的，因为如果不是写颜色，就不会与写颜色的这几句话连在一起，合成一段话。是描写颜色，却不写颜色词，恰恰说明火烧云的颜色，有许多是无法用语言来概括的，就连萧红这样的作家，穷尽言辞都无法具体写出来，可见火烧云颜色之丰富、之绮丽、之奇妙。这样的语言表达实在令人叹为观止，拍案叫绝。

再比如，课文第 1 自然段和第 3 自然段都是写火烧云，但是，我们读起来，毫无重复累赘之感，这是因为，两段话的写法各不相同。第 3 自然段采取直接描绘的方法，把火烧云的颜色以及变化明明白白地告诉了读者。第 1 自然段却不一样，采取曲笔的手法，霞光的变化借助地面上的事物，如大白狗、红公鸡、小白猪、小孩子、老人家身体的变化来表现。直接写颜色，三年级学生学习过，也练写过，间接写颜色，是第一次见到，是新知识，也是值得他们学习的语言表达经验，自然需要进行浓墨重彩的设计和教学。更妙的是，在间接描写霞光颜色变化的语句中，出现了几个“了”：“大白狗变成红的了。红公鸡变成金的了。黑母鸡变成紫檀色的了。”这里的三个“了”，不仅强化了色彩的变化已成事实，更表达出看到这种颜色的喜悦、激动的心境，还给读者创设了一个很大的艺术想象空间，令人仿佛看到，一群孩子愉快雀跃，大声惊呼，竞相指点：看呀，“火烧云上来了”；咦，“大白狗变成红的了”；啊，“红公鸡变成金的了”；哈，“黑母鸡变成紫檀色的了”。那一个欢快的场面，那声声惊喜的呼喊，那份独属于自己的发现，那种因发现而生成的骄傲与自豪，细细品味，都从这看似可有可无的“了”字流露出来。假若去掉“了”，虽然意思也在，但句中蕴含的那种惊奇、喜悦、欢快的感情，就会荡然无存。如此用词，表情达意，达到了出神入化的程度。这样独特的语言表现手法，学生不学习岂不可惜?

二、感受经典魅力

所谓“经典”，一般是具有典范性、权威性、经久不衰的传世之作，是经过历史选择出来的最有价值的、最具代表性的、最完美的、最能代表这一个时代的文学作品。作品能被称为经典，一定是有原因的。因此，经典的文学作品必然表现出高超的文学艺术性和语言审美性。《火烧云》一文就是这样。

火烧云的奇幻多彩，秘密在于一个字——“变”。因而，“变”也成为本文构思的一个法宝。从结构上看，全文以“变”字统领全篇，且段段有“变”，使自然之美、人与物之美在“变”中表现得淋漓尽致。课文第1自然段有五个明“变”，一个暗“变”。大白狗、红公鸡、黑母鸡、两头小白猪是明“变”，喂猪老头儿的胡子是金胡子，是暗“变”，不同的“变”，形象地写出了日落时分火烧云的动态之美。课文第2、3两个自然段写火烧云的颜色之“变”，表现出火烧云的瑰丽无比，变幻莫测。课文第4、5、6三个自然段，则写火烧云的形状之“变”，变马，变狗，变狮子，不一而足，令人捉摸不透。说到底，火烧云的美就是“变”的美，这样“变”的美，又为落实单元语文要素“了解课文是从哪几个方面把事物写清楚的”提供了重要依据。

从局部看，第3自然段的“变”，不论是“红彤彤”“金灿灿”“半紫半黄”“半灰半百合色”“葡萄灰”“梨黄”“茄子紫”，还是“说也说不出来、见也没见过的颜色”，写出了色彩变化之多；四个“一会儿”，写出颜色变化之快。第4—6三个自然段的“变”，是形状的变，而且“变”的写法丰富多样：马的“变”是从跪着到大起来，到腿伸开，脖子也长了，尾巴却看不见了，最后是变模糊了；狗的“变”是向前跑，跑着跑着，不知去哪儿了；狮子的“变”，先是蹲着，一转眼就找不着了。三个“变”，写法不同，语言不同，妙处一样，不仅描写了千变万化的天空，同时把自己丰富的内心世界一览无余地展现出来，极富艺术感染力。

更为重要的是，火烧云的“变”只是外在的美，内在的却是萧红那一颗热爱生活、留恋童年的温暖内心，是那一份思念故乡、追求美好的满腔激情，还有种隐藏于细致观察背后的，富有诗情画意的生活感受力、联想力与想象力。因此，教学这篇课文，必然要在“变”上做文章，不仅让学生发现“变”的结构特征，还要深入具体语句，借助重点字词，感受“变”的语言，“变”的表达，“变”的情感，“变”的心灵，体会文字的美妙，作者内心世界的美好，从而提高学生感受美热爱美的文学修养和思想情感。

三、强化学科实践

教师“站而论道”，学生“坐而听道”，是传统的育人方式，它以听讲、记忆、理解、练习、考试为主要活动形态，有专家称其为典型的书本型或认识型的育人方式。这种育人方式在掌握知识和技能上虽有其优势，却不利于创造性人才的培养，不符合核心素养导向的教育发展。

之所以如此强调学科实践，是因为核心素养的培养需要。当下，我们基础教育已经进入培育核心素养时代。核心素养，就是人身上具备的可以真实而持续地表现出来、行动出来的素质，具体点说，就是懂得什么事是正确的事，为什么要做这件事，以及用什么方法才能做成事，这样的素质显然不能靠记忆、背诵、刷题来实现，只有借助实实在在的实践，在具体的行动、创造、体验和感悟中，方能形成、培育与发展。

从语文学科的角度看，语文学科的实践活动当然就是语言文字的理解与运用，语言的感知、理解、分析、发现、比较、品赏、梳理、运用、创新等，是最具常见的语文实践方式。学习《火烧云》一课，也要依据本文语言表达的特点，采取多样的、富有针对性的阅读策略和实践手段，让学生“做中学”“用中学”“创中学”。

《火烧云》不过五百来字，却犹如一幅浓墨重彩的风景画，体现了萧红匠心独具的写作艺术。但在我看来，最具魅力的当数出神入化、炉火纯青的语言艺术。比如这一句：“天上的云从西边一直烧到东边，红彤彤的，好像是天空着了火。”句中“烧”字，用得十分精妙，极富神韵。一是动态描摹。一般的说法是“一直红到东边”，可是，“红”只表示色彩，而且是静止不动的；“烧”却不同，它是动词，而且速度极快，给我们一种动态、飞速的感觉。一个“烧”字，把云写活了，突出了云色彩的变化。正是因为“烧”，才有火烧云的五颜六色和千姿百态。二是气势渲染。“烧”字让人想到了火势的热烈、壮观，所到之处，皆为火光，猛烈而有气势。天空像“着了火”的比喻，形象生动地再现了火烧云的恢宏气势。一个简简单单的“烧”，道出了火烧云的范围之大，气势之宏，色彩之艳。这是天地间的奇观，是大自然的杰作，也是一幅无比壮丽的图画。三是色彩描绘。着火一般的“烧”，不仅写出了天空中火红的色彩，还把火烧云的升腾、飞扬的样子，描摹得跃然纸上，栩栩如生，表现出晚霞如火焰般的红艳，又避免了与“红彤彤”一词的重复，还对“火烧云”这一文题起到点题的作用。教学时，可以结合具体的语言描绘，体会其用词的生动与精妙。

另外，本文在描写火烧云变化时，写法富有变化。比如写霞光，着重刻画其静态，从地面到天空，主要运用侧面渲染，中间插入一个人物的心理活动和另一个人物的说话，看似闲笔，却暗中着色；写火烧云的形状，则从正面落笔，极力描摹它的动态，且从单个的马的形象，幻化为一组狗的形象。此外，笔调灵活也是一大特色，如写变得快，霞光部分用的是几个“变成”，颜色部分用的是“一会儿……一会儿……”，形状部分用的是“一会儿”“两三秒”“忽然”“一转眼”等表示时间短促的词语。又如写火烧云的形态变化，写出现用的是“一会儿，天空出现一匹马”“忽然又来了一条大狗”“接着又来了一头大狮子”，由马而狗，而狮，真是瞬息万变；写消失，尤其富有情趣，“马”是“看的人正在寻找马尾巴，那匹马变模糊了”，“狗”是“跑着跑着，小狗不知哪里去了，大狗也不见了”，“狮”却是“一转眼就变了，再也找不着了”，一为逐渐模糊，一为不知去向，一为倏忽不见，或直写形状的变化，或借助人的行为，毫无单调重复之感，使文章更显活泼、生动。教学这些语言，就得采取对比阅读、比较发现、品词析句等方法，让学生感受其丰富多彩的文字技巧，体会意在笔下的语言艺术，进而培育语言修养、审美素养。

5. 在真实阅读中学会阅读

——《夜间飞行的秘密》课堂实录与教学解码

【背景解说】

此课文由《蝙蝠和雷达》改名而成，原为人教版小学语文第八册第三单元课文。多年前我曾教过《蝙蝠和雷达》，教学实录八年前还被收入福建省特级教师陈宝铝先生编著的《小学语文教法探微——名师同课异教评析》一书中。

犹记得，教材是把《蝙蝠和雷达》视为说明性文章，与《自然之道》等其他三篇课文组成"大自然的启示"单元的，学习重点是抓住文章的主要内容，了解大自然给人的启示。于是，科学家如何做实验，如何得出结论，作者如何写出实验过程，课文给我们怎样的启示等，成为教学的重点。这样，教出说明性文章的特点，教出自然与生活的联系。

统编教材依然保留这篇课文，文章的内容和文字几乎没什么大变动，只有题目做了改动，变为《夜间飞行的秘密》。不过，更大的变化是单元训练重点的改变。众所周知，统编教材从三年级开始，每年都专设一个阅读策略专题单元，且都安排在单册教材，分别为"猜测""提问""提高阅读速度""有目的地阅读"，《夜间飞行的秘密》就是"提问"这一策略专题单元的第二篇课文。这样的调整，表明教材编写意图的重大变化，课文所具有的学习价值自然也发生了变化，随之必然带来教学重点、学习任务、读写活动的变化。

阅读策略专题单元是干什么的呢？其旨在引导学生在感受、理解语言文字过程中，积累阅读策略，并对其灵活运用，学会阅读，形成能力。通俗地说，就是在文章阅读中，学习怎么阅读。就提问而言，有人就认为，只要不是哑巴，有疑就会问，似乎是一件极为正常的事，跟饿了要吃饭，困了要睡觉一样，正因如此，对教材特意安排提问策略单元有些不解，觉得没有必要。其实不然，提问固然是天生、自发的，但天生、自发带来的可能就是盲目的，下意识的，提的都是些鸡毛蒜皮、无关紧要的问题，这对深入阅读理解，提高阅读能力，发展阅读思维并无益处。专门进行提问阅读策略训练的目的，是让学生了解提问的一些基本常识，并在此基础上，问得更好，问得更有水平，问出理解力、思维力来，这就是《夜间飞行的秘密》所在单元学习的目标所在。稍作比对，不难知道，同样课文，不同作用；同样文本，不同任务。这是教学这篇课文需要首先弄清楚的。

教学《夜间飞行的秘密》，时值新学期开学不久，恰逢 9 月 10 日教师节。二十来年，我的课堂不设防，常年对外开放，学校教师已经习惯了不事先跟我打招呼随时来听我的课。这回也一样，我到班上时，老师们已早早坐在我班教室后头了，他们觉得策略类单元教学很有难度，甚至觉得无从下手，所以特别期待。连续两节，一口气上完这篇课文，下得课来，虽汗水湿衫，却自觉满意。极少发微信朋友圈的我，竟然把当时上课的照片发在朋友圈上，以表达心中的兴奋。听课教师感叹不已：原来策略单元课文要这么上。于是就有了这篇实录。

有意思的是，大约过了一年，《福建教育》编辑部准备刊发一组关于阅读提问方面的研究文章，缺少一篇融理论性、操作性于一体的文章，就来电邀约。正因为有“提问”策略单元教学的真实体验与感受，让我有了底气一口答应，不几天就草写一篇《从心理机制谈“提问之难”的原因与对策》的稿子，发表在《福建教育》2021 年第 9 期。此文后被人大书报资料中心《小学语文教与学》全文转载，意外又惊喜。

【课堂解码】

第一课时

学习任务一：学好方法提问题

师：这一单元，我们要学习什么？

生：提问题。

师：是的。在第一篇课文《一个豆荚里的五粒豆》中，我们学到了哪些提问题的本领？

生：可以针对全文来提。

生：可以针对课文的某一部分提问题。

师：课文的某一部分可以是什么？

生：可以是题目。

生：可以是一个段、一个句子或词语。

生：也可以是自己不懂的课文内容。

（板书：题目　段落　词句　内容）

师：看来大家基本知道从哪里入手提问题了。这节课，我们继续学习提问题。

（板书课题《夜间飞行的秘密》）

师：看了这个题目，你有什么问题？

生：是谁的秘密？

生：夜间飞行有什么秘密？

生：作者写这篇文章想告诉我们什么？

师：会提问题说明你会读书、善思考，有思考才会有问题。读了这篇课文，你还会提什么问题呢？注意读书要求。

［**教学意图**］本单元的首篇课文《一个豆荚里的五粒豆》主要让学生知道可以从整篇文本和部分内容两个方面提问，这实质上是鼓励学生自由提问，大胆提问，培养质疑问难的意识。以复习作为本课教学的开始，也意在强调有疑就要问，不必拘泥，不必害怕提错问题，为学生放胆提问做好心理准备。然后马上聚焦课题，引导学生提出问题，算是正式开启新的提问方法学习前的一种热身吧。

（出示活动要求：

1. 默读课文，一边读一边在你有疑问的地方，随手写下你的问题。

2. 可以提全篇的问题，也可以对一个段、一个词等提局部的问题。）

（学生读书，把问题写在相应的位置。）

师：时间差不多了，写好的举个手。

（举手人数不多，还有几个举起手，又放下）

师：有问题的先说吧。

生：听到隆隆声，怎么知道这是一架飞机在夜航？

师："隆隆"是生字，后鼻音，要读准。

（生读"隆隆"）

生：为什么要了解夜间飞行的秘密就要从蝙蝠说起？

师："蝙蝠"都是形声字，像这样虫字旁的生字，本课还有"蝇"。但是虽然都是虫字旁，"蝙蝠"是哺乳动物，"苍蝇"是昆虫。读读这三个生字。

（生读）

生：为什么要把蝙蝠的眼睛蒙上、耳朵塞上、嘴堵住？

生：蝙蝠不靠眼睛探路，为什么还要长眼睛？

生：为什么要在屋子里拉那么多的绳子和铃铛？

师：谁来读"铛"，注意后鼻音。

（生读）

生：课文中写到的障碍物是什么？

生：超声波是什么？

生：人为什么听不到超声波？

生：无线电波显示在荧光屏上会是什么形状？

师："障""荧""屏"都是后鼻音，谁愿意当小老师，带大家读一读？

（生读：障碍、荧光屏）

……

（板书上述问题的关键词）

［**教学意图**］提问是阅读活动较为常见的阅读手段，具有极强的操作性，因此，提问策略训练不能纸上谈兵，不可光记方法名称，没有实际操作。基于此，让学生边阅读边学习提问，无疑是最为适切的教学路径。此环节似乎还在温习第一篇课文学到的提问方法，其实在全文提问和部分内容提问中，学习了生字，感知了课文内容，更重要的是，让整个阅读活动和提问学习处在轻松、自然的氛围之下，非常贴近生活中的阅读常态。这或许是我们非常

希望营造和追求的吧。而教师把学生提出的问题一一写在黑板上，实际上起到了问题固化的作用，便于学生学习了内容角度的三种提问方法后，与自己的问题进行对照，发现优点，改进不足。

师：其他同学没有问题吗？有的为什么举起又放下了？

生：我不知道提什么问题。

生：老师，我不敢说，我怕自己说得不清楚，你们听不明白。

生：老师，我也是。心里有问题，就是不知道怎么说出来。

师：不担心，老师和同学来帮你。其实课文中也提出了一些问题，请大家读一读课文旁边的两个问题。你来读第二个问题。

生：蝙蝠是怎样用嘴和耳朵配合探路的？

师：这是针对哪个内容提的问题？

生（读）：三次实验的结果证明，蝙蝠夜里飞行，靠的不是眼睛，而是靠嘴和耳朵配合起来探路的。

师：这是针对全文提的问题还是某一部分内容提的问题？

生：是某一部分内容提的。

师：这个问题是怎么说的呢？

（出示：

蝙蝠夜里飞行，靠的不是眼睛，而是靠嘴和耳朵配合起来探路的。

蝙蝠是怎样用嘴和耳朵配合探路的？）

师：比较一下两句话，有什么相同？

生：都有“蝙蝠”，也有“嘴和耳朵配合探路的”这几个字。

师：对，这个问题是抓住“配合”这个关键词，直接用上“靠嘴和耳朵配合起来探路的”这几个字。有不一样的吗？

生：第二句还有“怎样”和一个问号。

师：是的，因为是问题嘛，当然就要用上“为什么”“怎么样”“如何”等一些疑问词，还有问号。这种直接用书上的一些句子，再增加疑问词“怎样”和问号的方法，叫“从书上来”或“语言引用”。

（提问题，说明白：1. 从书上来）

师：这是清楚明白地提问题的第一种方法。那第二种呢？你来读第一个旁批。

生：飞机的夜间飞行和蝙蝠有什么关系呢？

师：这个问题是针对哪个内容来提的？

生：针对第 2 自然段来提的。

师：这个问题怎么提出来的？和第 2 自然段作个比较，同桌讨论讨论。

（同桌交流讨论）

生：我发现“飞机的夜间飞行”这几个字是从段落中的“在漆黑的夜里，飞机是怎么做到安全飞行的呢”这句话来的，“蝙蝠”是从“我们可以从蝙蝠说起”中来的。

师：这是直接用书上的话吗？

生：不是，是自己概括出来的。

师：很好，像这种方法，叫作“自己概括”。

（“提问题，说明白：2. 自己概括）

师：大家看看黑板上同学们提出的问题，哪些用到了第一种方法？哪些用到了第二种方法？

生：“为什么要了解夜间飞行的秘密就要从蝙蝠说起？”用到了概括的方法。

生：“为什么要在屋子里拉那么多的绳子？”是用语言引用的方法。

生：“无线电波显示在荧光屏上会是什么形状？”也是语言引用的方法。

生：“为什么要把蝙蝠的眼睛蒙上、耳朵塞上、嘴堵住？”是用自己概括的方法，但“眼睛蒙上、耳朵塞上、嘴堵住”这几个字用的是书上的话。

师：你说的对，这算是第三种方法吧，名字叫“综合运用”。

（板书：3. 综合运用）

师：同学们，刚才我们提的问题，以及课文旁批的两个问题，都是因为对课文内容不理解而提出的，是针对课文内容来提问的，从这个角度提问题是最常见的。

（板书：问题角度：内容）

［教学意图］现在回头看前一环节中学生用第一篇课文学到的方法自主读课文，自主提问，实际上还隐含着一个目的，那就是当学生把自己的问题与

课文旁批中的例问比较时，猛然发现，原来自己也已经会这样提问了，看来提问也不是一种很高深的学问，从而增强提问的信心。更为重要的是，这样的教学程序，透露出一个基本理念，那就是不以概念名称为先，而是实践学习为先，即不一开始就从课文旁批入手，教学生课文是如何从内容角度提问的，而是从学生常态的阅读体验入手，先提出问题，再引出课文的提问范例，两相比较，自然而然引出内容理解角度的三种提问方式，学生接受起来自然就容易得多。否则，先教给三种提问方式，再让学生用这三种方式读课文提问，他们就会老想着用哪一种方法合适，提问成了首要任务，阅读反而退居二线，这是为提问而提问，而不是因阅读有疑而问，更不是以提问促进阅读，这就与教材的编写意图背道而驰了，也不符合学生的阅读心理，自然难以取得好的效果。

师：下面我们来做个练习，看看大家会不会从内容角度清楚明白地把自己的问题提出来。

（出示：后来，科学家经过反复研究，终于揭开了蝙蝠能在夜里飞行的秘密。它一边飞，一边从嘴里发出超声波。而这种声音，人的耳朵是听不见的，蝙蝠的耳朵却能听见。超声波向前传播时，遇到障碍物就反射回来，传到蝙蝠的耳朵里，蝙蝠就立刻改变飞行的方向。）

（学生阅读，写问题）

生：我的问题是：科学家经过怎么样的反复研究，终于揭开了蝙蝠能在夜间飞行的秘密？这是针对第一句，用语言引用的方法提的。

生：也是这一句，我提的问题是：科学家经过反复研究，终于揭开了蝙蝠能在夜间飞行的哪些秘密？也是用书上的话来提问题。

生：我是用概括的方法。问题是：人的耳朵听不到超声波，蝙蝠的耳朵却能听见，为什么会这样？

生：蝙蝠的耳朵能听到人听不到的声音，难道蝙蝠的耳朵有特异功能吗？这也是我自己概括的。

……

师：老师要给大家一个大大的赞，特别是刚才不知道怎么提问题的同学也提出了自己的问题，真棒！掌声送给自己。

（学生鼓掌）

［教学意图］ 金字塔学习理论告诉我们，学生只听不做，两周后的知识保有率只有可怜的5%，而学以致用，或同伴互教，知识保有率高达90%。这组数字的鲜明对比告诉我们，一味识记难以形成能力，这已被无数事实所证明。学了内容理解角度的三种提问方法，让学生以课文后半部分内容为材料，尝试运用这些方法，无疑是对已学知识的巩固与内化，更说明了方法掌握的重要性，原来会提问的提得更好，原来不会的，也会提问了。实践运用让学生真真切切感受到了方法的价值。

师：除了从内容角度提问外，还可以从其他角度提问题吗？请看课后练习。

（出示课后练习的小组问题清单）

生：这个问题清单有三个问题，它们提问的角度不一样。

生：有补充。第一个问题是从课文内容的角度，第二个问题是从文章写法的角度，第三个问题是从得到的启示的角度。

师：概括得很正确。

（在“问题角度：内容”后写上：写法　启示）

师：从写法的角度怎么提问题呢？请个同学读读第二个问题。

生（读）：“为什么课文没有具体写后两次实验？”

师：这是针对第4、5自然段提的。从哪里看出这是写法的问题？

生：这个问题里有个“写”字。

生：“没有具体写”当然就是写法了。

师：有道理，在问题的用词上就要表现出来，除了“写”字外，还可以用上“运用”“描写”“描述”“表达”等词语。那么，课文的写法可能有哪些方面？

生：比喻、拟人等修辞手法。

生：重点的字和词。

生：还有标点符号。

生：文章的写作顺序和结构。

生：文章的材料选择也是。

师：好。请大家再读课文，这回从写法的角度试着提问题。

［**教学意图**］学到这儿才出现课后练习中的“小组问题清单”，这是将实践先于知识、能力优于概念的理念贯彻到底。如此处理是因为，内容理解角度的提问实际上在前一课已经学过，写法角度的提问远比内容角度难太多了。首先，长期的重文意理解轻语言表达的课堂教学，让学生对“写”缺乏应有的敏感性；其次，课文旁批也没有出现关于“写”的角度的提问范例；第三，只有“小组问题清单”中才出现了关于“写”的角度提问，此时引入，用在此时，时机成熟，恰如其分，恰到好处，可以让学生集中精力学习从“写”的角度提问这一新知识，从而获得提问能力的突破。

学习任务二：聚焦“写法”提问题

（出示活动要求：默读课文，试着从写法的角度提问题，写在相关语段旁边。）

（学生练习）

生：我是对第3自然段的最后一句提问的：“这段话最后一句改成陈述句可以吗？为什么？”

师：这是从句式提出的问题。

生：我也是这一段的。“这段话为什么要用个分号，表示什么意思？”

师：针对标点提的。

生：第一句话为什么先写蝙蝠在夜里飞行，再写捕捉飞蛾和蚊子，顺序换一下可以吗？

师：针对写作顺序。

生：这段话用了很多关联词，能不用吗？为什么？

生：“从来没见过它跟什么东西相撞”已经说明蝙蝠的眼睛非常敏锐，为什么还要补上“即使一根极细的电线，它也能灵巧地避开”？

师：这是用词造句方面的。

生：我的问题是：写科学家做实验，为什么要用上两个“许多”？

生：第4自然段为什么使用“几个”“一个”“一根”三个数量词？

生：如果不用“横七竖八”这个词可以吗？为什么？

师：这也是用词上的。

生：做实验时，为什么要写三次？而且蒙眼睛具体写，塞耳朵和封嘴巴简单写？

生：最后两段有些句子写得差不多一样，为什么要重复写？

师：这是结构安排上的。

……

［**教学意图**］又是一个学以致用的安排。既然写法角度的提问对于学生来说比较困难，更应该提供尝试练习的机会了。这次练习聚焦的是课文第3、4两个自然段，这是学生已经阅读过，并且提出过问题的，为什么还要回头阅读这段话呢？因为之前的阅读提问，学生只停留于内容理解的层面，提出的也是内容方面的问题，而这两个自然段写法丰富，有标点，有字词，有语句，有修辞，有结构，有详略写法，是进行写法提问非常好的资源。果不其然，学生了解了还可以从写的角度提问，知道可以从哪些方面进行写法提问之后，他们提出的问题多而广，表现出较好的提问能力，并且借助写法提问，促进了对课文内容的理解和掌握。如此同样语段的再读再提问，学生更能意识到，多角度提问对于帮助自己深入理解文本，扩大阅读视野，很有裨益，进而对提问的阅读意义有了更深的体验。

师：让我们回到课后练习的问题清单，一起读第三个问题。

生（读）：飞蛾、萤火虫、猫头鹰，它们在夜间活动也是靠超声波吗？

师：这个问题中的“飞蛾、萤火虫、猫头鹰”课文并没有写到，为什么会提到它们？

生：这是作者从蝙蝠的超声波想到飞蛾、萤火虫、猫头鹰这些动物的。

师：对，由课文内容延伸出来的问题，这就是从受到的启发的角度提问题。前头有个同学问“蝙蝠不靠眼睛探路，为什么还要长眼睛？”就是这种问题。课后那个同学提出的两个问题，是从什么角度提出的？

生：也是受到的启发。“超声波在生活中还有什么用途呢？”也是从课文想到了生活中的。

生：“飞机在夜间安全飞行仅靠雷达就可以吗？”这个问题也是这样。

师：学到这儿，我们知道提问可以从什么角度提问题？一起说出来。

生（读）：内容、方法、启发。

师：大家真会提问题了吗？敢不敢挑战一下？

生（齐）：敢！

师：好。

（出示课后练习：读下面的片段，试着从不同角度提出问题，和同学交流。

马铃薯和藕不是植物的根，而是茎。它们躲在泥土里变了模样，你不要把它们认错了。这种变了模样的茎，有一个总的名称，叫作变态茎。

变态茎分好几种。马铃薯和洋姜长得肥肥胖胖，叫作块茎；荸荠、慈姑和芋头长得圆头圆脑，叫作球茎；洋葱和大蒜头，长得一瓣一瓣的，好像鳞片一样，叫作鳞茎；藕和生姜长得像根一样，就叫作根状茎。）

（学生默读，把问题写在相关文句旁边）

师：说说你们的问题。先提问题，再说是从什么角度提的。

生："慈姑"是什么植物？它的样子是什么样的？这是从内容的角度。

生：第 2 自然段为什么用分号，而不用句号？这是从写法角度提的。

生：为什么说"马铃薯和藕不是植物的根"？这样说的根据是什么？这是内容的角度。

生：马铃薯和藕变成了什么模样？这也是内容的角度。

生：作者为什么用上"肥肥胖胖""圆头圆脑"这些词语？这是从写法角度提问题。

生：第 2 自然段用上了排比句，这样写有什么好处？也是写法方面的。

生：还有哪些植物也是根状茎、鳞茎？这是从启发的角度提的。

生：是什么原因造成了植物的不同样子？这是从受到的启发角度提的问题。

……

师：从大家提的问题上看，这节课的学习还是很有收获的，不仅知道提问有三个不同的角度，而且还能运用在具体的阅读活动中。在以后的阅读过程中，还要继续这样从不同的角度提出问题，这样，我们的阅读能力就会慢慢得到提高。这节课就上到这儿。下课。

［**教学意图**］这又是一处学以致用的练习安排。与前几次相比，此次迁移运用有几个不同：一是不局限于某一个角度，而是内容、写法、启示多角度全面开放，学生提问的自由度自然也更为开放；二是自由度的开放，确保了提问的自然属性，即有疑才有问，无疑不必问，不是为提问而提问，这样的提问学习才切合阅读本身；三是练习材料源自课后的“阅读链接”，巧妙的是，这也是个说明性文本，文本内容是学生较为陌生的，用于提问练习非常合适。经过这样的练习，学生的多角度提问能力无疑会得到进一步的提升。

第二课时

学习任务三：形象直观说“配合”

师：上节课，我们读书提问题，学到了提问题的三个角度。其实，《夜间飞行的秘密》这篇课文也提出了几个问题，找得出来吗？

生：在漆黑的夜里，飞机是怎么做到安全飞行的呢？

生：难道它的眼睛特别敏锐，能在漆黑的夜里看清楚所有的东西吗？

师：“锐”是翘舌音，读准它。

（生读）

师：“敏锐”的意思是——

生：眼睛很敏感，很尖锐，一眼就能看出来。

师：蝙蝠眼睛的敏感表现在哪里？用这段话中的内容回答。

生：晚上能捕捉那么小的飞蛾和蚊子。

生：夜里不管怎么飞，都不会碰上任何东西。

生：连极细的电线也能灵巧地避开。

师：把词语放在具体的语句中就能理解得很准确、很深刻。还有一个问题。

生：知道蝙蝠在夜里如何飞行，你猜到飞机夜间飞行的秘密了吗？

师：一起读读这三个问句。

（生读）

师：通过这三个问题，结合《夜间飞行的秘密》这个题目，你一定知道文章要写的秘密是什么了吧？

生：飞机的秘密。

生：蝙蝠的秘密。

师：说清楚，说完整，结合题目说。

生：一个是飞机夜间飞行的秘密，另一个是蝙蝠夜间飞行的秘密。

师：这两个秘密就是通过课文中的三个问题引出来的。“在漆黑的夜里，飞机是怎么做到安全飞行的呢？”这个问题让科学家想知道飞机安全飞行的秘密；“难道它的眼睛特别敏锐，能在漆黑的夜里看清楚所有的东西吗？”的问题让科学家想了解蝙蝠夜里飞行的秘密。这节课，我们就变身小小科学家，一起揭开这两个秘密吧。

［**教学意图**］文题为“夜间飞行的秘密”，这里的“秘密”并非一个，而是两个，一个是写蝙蝠的，一个是写飞机的，“秘密”的背后其实是科学原理，这恰恰是这篇说明性文章的重点。但本环节的导入并不从文题的“秘密”二字入手，而是抓住课文中的三个问句展开，妙在：第一，切合本课的提问策略主题，把文中的三个问题当作思考的路径；第二，三个问题恰好分别点明飞机飞行秘密和蝙蝠飞行秘密，揭示出飞行原理；第三，三个问题分别把飞机飞行、蝙蝠飞行、飞机飞行与蝙蝠飞行的关系三个内容巧妙地衔接起来，构成了层层推进的文章逻辑。

（出示活动要求：

默读课文，找出介绍蝙蝠夜里飞行秘密和飞机夜间飞行秘密的语句，分别用横线和波浪线画出来。）

生：我找到的句子是：“它一边飞，一边从嘴里发出超声波。而这种声音，人的耳朵是听不见的，蝙蝠的耳朵却能听见。超声波向前传播时，遇到障碍物就反射回来，传到蝙蝠的耳朵里，蝙蝠就立刻改变飞行的方向。”这是介绍蝙蝠夜里飞行的秘密。

生：我认为这句话也是写蝙蝠夜里飞行的秘密。“蝙蝠夜里飞行，靠的不是眼睛，而是靠嘴和耳朵配合起来探路的。”

生：课文的最后一段话："雷达通过天线发出无线电波，无线电波遇到障碍物就反射回来，被雷达接收到，显示在荧光屏上。从雷达的荧光屏上，驾驶员能够清楚地看到前方有没有障碍物，所以飞机飞行就更安全了。"这是写飞机飞行的秘密。

［教学意图］顺着课文中的三个问题读课文，学生自然就找到了文中回答这些问题的两个语句，这些语句就成为本节课学习的重点。抓住这两个重点语句，就能收到"牵一发而动全身"的学习效果。

师：好，接下来就一个秘密一个秘密地来揭示。先看第一个秘密，蝙蝠夜里飞行的秘密。

（出示活动要求：

读一读这两句话，你认为这两句话都在介绍蝙蝠夜间飞行的秘密吗？联系课文第 4—7 自然段，说说你的理由。）

（出示语句：

蝙蝠夜里飞行，靠的不是眼睛，而是靠嘴和耳朵配合起来探路的。

它一边飞，一边从嘴里发出超声波。而这种声音，人的耳朵是听不见的，蝙蝠的耳朵却能听见。超声波向前传播时，遇到障碍物就反射回来，传到蝙蝠的耳朵里，蝙蝠就立刻改变飞行的方向。）

师：谁先来发表自己的看法？

生：我觉得第一个是。因为这句话不仅介绍了蝙蝠探路的工具是什么，而且还交代了它们是怎么探路的。

生：这句话还让我发现了蝙蝠不同于其他动物，它探路的工具竟然不是眼睛，而是嘴和耳朵，这非常奇怪，如果没有读这篇课文我还真不知道，所以是秘密。

生：我还有补充。蝙蝠探路的工具特别，方法也很特别，需要嘴和耳朵配合才能做到，只靠嘴或者耳朵，是不行的。

生：我认为这句话中的"配合"就是合作的意思，蝙蝠探路需要嘴和耳朵一起合作才能完成。

师：看来，"配合"一词很重要，给它加重点号。

生：蝙蝠夜里飞行，靠的不是眼睛，而是靠嘴和耳朵配合起来探路的，是科学家经过实验才知道的，当然算是秘密。

师：其他同学的看法呢？

生：我们觉得第二个才是真正的秘密。因为第一句话只是说嘴和耳朵配合探路，没有具体说怎么配合，这句话就具体告诉我们它们是怎么配合的了。

师：怎么配合？

生：“它一边飞，一边从嘴里发出超声波。”“超声波向前传播时，遇到障碍物就反射回来，传到蝙蝠的耳朵里，蝙蝠就立刻改变飞行的方向。”

师：你只是把课文句子读了一遍，没有用自己的话来解释。

（生面露难色）

师：看来有点难度。这句话中有什么不明白的吗？

生：什么是超声波？

生：“障碍”是什么意思？这里的“障碍物”指什么？

生：什么叫反射？

师：我们先解释什么是超声波，答案就在这段话中当中。哪一句？

生（读）：“而这种声音，人的耳朵是听不见的，蝙蝠的耳朵却能听见。”

师：知道答案了吧？

生：超声波就是一种声音。

生：超声波是一种特殊的声音，人听不到，蝙蝠能听得到。

师：其他两个词语谁帮着解决？

生：障碍就是受到阻碍，障碍物就是阻挡前进方向的一样事物，比如路上的一块大石头阻碍我们走路，就是障碍物。

生：太阳光照在玻璃上，玻璃就把光反射回来。

生：晚上看书必须开灯，因为纸被灯光一照，就会反射到我们的眼睛，纸上的字就能看得清。

师：疑惑解决了，我们回过头来继续学习这句话。

生：“超声波向前传播时，遇到障碍物就反射回来，传到蝙蝠的耳朵里，蝙蝠就立刻改变飞行的方向”，很具体地介绍了蝙蝠是如何安全飞行的。

生：这句话“遇到……就反射”“传到……就立刻改变”写出了超声波的反应很灵敏，蝙蝠的反应也很敏锐。

［教学意图］这个环节的学习主要聚焦蝙蝠飞行的秘密而展开。课文描写蝙蝠飞行的秘密有两句话，其关系是一表一里，先简要点明靠嘴和耳朵配合探路，其为“表”，再具体说明嘴和耳朵如何配合，此为“里”，只有读懂了“里”，才真正懂得了蝙蝠安全飞行的秘密。因此，“配合”成了此环节学习的关键探究点。由于第二个句子中含有“反射”“超声波”等一些专业术语，因此再次运用提问策略，帮助学生理解词语意思，从而初步理解两句话的意思。

师：听到这里，我还是有点搞不懂蝙蝠怎么做到安全飞行的。你能用通俗易懂的方式介绍一下吗？

（出示活动要求：

如果你是参与研究的小小科学家，你想用什么方式把蝙蝠靠嘴和耳朵配合探路的过程给我们讲清楚、说明白？）

（小组讨论介绍形式，语言组织，小组练说等）

师：下面请各小组进行展示。你们这组先来。

生：我们用画画的方法。（展示简笔画，边指着画边说）蝙蝠一边飞，一边从嘴里发出自己才能听得到的超声波，超声波向前传播（手指画面），碰到一座山，超声波被弹了回来，按原路返回（手指画面），蝙蝠的耳朵听到反射回来的超声波，就知道前方有东西挡着，就改变了飞行的方向。

师：怎么样？

生：整个过程说清楚了。

生：嘴和耳朵如何配合说明白了。

生：我提个建议，超声波向前传播和遇到障碍物反射回来，你都画的是实线来表示，我觉得反射回来改为虚线更好，这样可以区分开来。

师：还有，别忘了你面对的是观众，说明原理前要先说什么？

生：要向观众问好。

生：还要简单介绍一下自己。

师：对，下面介绍的“科学家”要注意这一点了。有请第二组。

生：我们这一组用演示的方法。各位观众朋友们，大家好，我是参与蝙蝠秘密实验的小小科学家，很高兴向各位介绍蝙蝠安全飞行的秘密。

蝙蝠开始飞行了，它一边飞，一边从嘴里发出超声波。超声波像波浪一样向前推进（做向前扩大的手势），遇到一根电线，超声波又像波浪一样反射回来（做向后返回的手势），蝙蝠的耳朵听到了，知道前面有危险，就改变了飞行的方向。

师：这回说得既清楚又明白。我们也用动作演示的方式，一边读句子，一边做手势，把嘴和耳朵配合探路的过程表现出来。

（学生边读句子边做动作）

［**教学意图**］蝙蝠的嘴和耳朵如何配合探路，相对比较抽象，仅靠学生口头表述还不够，需要运用更为形象、直观的形式。学生小组交流后，自由选择讲述方式，或用简笔画，或用演示法，有这些辅助手段的使用，复杂的配合过程讲得清楚，难懂的内容也听得明白。

学习任务四：品词析句学表达

师：读到这里，我们明白了，“蝙蝠靠嘴和耳朵配合起来探路”只是概括说明，“它一边飞，一边从嘴里发出超声波”进一步具体说明了如何配合探路。两个秘密都是怎么得出来的呢？

（学生恍然大悟）

生：第一个是科学家们做了三次实验，第二个是科学家经过反复研究才知道的。

生：对。“反复”“终于”这两个词告诉我们，这个秘密的揭开很不容易，要经过反复研究才能得出来。

师：读到这里，你知道课文为什么要分两次写秘密了吗？

生：这样才能把科学家一步一步研究的过程写出来。

生：也能说明科学家做事不马虎，他们不会随随便便下结论。

生：非常认真对待这件事。

师：对，就是严谨、专业、求真务实的科学精神。

［**教学意图**］这是对写法的探讨，同时也是对篇章结构的认识。了解课文这样写的背后，一方面是让学生知道科学家对蝙蝠飞行秘密的研究分为两个层次，先发现现象，再探讨原因；另一方面也感受到研究的进展是缓慢的，

但科学家却是认真的，严谨的，他们身上具有我们需要学习的一丝不苟的科学精神。

师：好好读读第 4、5 两段话，完成这张表格。

出示：

实验次序	实验材料	实验方法	实验结果	实验结论
第一次				
第二次				
第三次				

（学生阅读，填表）

师：现在开始汇报。

生："实验材料"是屋子、绳子、铃铛。

生：三次实验的实验材料都是一样的。

生：实验方法有相同的，也有不同的。相同的是"屋子里横七竖八地拉了许多绳子，绳子上系着许多铃铛"，"让蝙蝠在屋子里飞"。不一样的是，第一次是把蝙蝠的眼睛蒙上，第二次是把耳朵塞上，第三次是把嘴封住。

生：实验结果有所不同。第一次，"蝙蝠飞了几个钟头，铃铛一个也没响，那么多的绳子，它一根也没碰着"，第二、三次都是"蝙蝠就像没头苍蝇似的到处乱撞，挂在绳子上的铃铛响个不停"。

生：实验结论是，第一次不靠眼睛探路；第二次不靠耳朵探路；第三次不靠嘴巴探路。

师：表格会填，还要会分析。结合这两段关键语句，说说哪个实验材料或实验方法是不可缺少的，说明理由。

（学生找关键词，交流讨论）

生："拉了许多绳子，绳子上系着许多铃铛"不可缺少，因为屋子是关着的，科学家在屋外，可以靠铃铛响或不响判断蝙蝠的飞行结果。

生：还有，如果只是一两根绳子，一两个铃铛，蝙蝠在屋里飞，不一定会碰到绳子，这样就没办法判断它到底靠什么飞行了。

生：我觉得"横七竖八"也必不可少。"横七竖八"是杂乱无章、没有规律的意思，因为没有规律，绳子、铃铛又那么多，更能判断蝙蝠会不会碰上绳子，保证了实验的准确。

生：我觉得“几个钟头”和“一个”“一根”也不能少。“几个钟头”表示时间长，“一个”“一根”表示数量少，两者形成鲜明的对比，这么长时间的飞行竟然一个铃铛没响，一根绳子没碰，更能证明蝙蝠不是靠眼睛探路的。

师：说得好，原来这么安排，是为了保证实验过程不出任何差错，让实验结果真实可信，体现了实验工作的严谨作风和负责任的态度。而这样准确使用语言，则是说明性文章的一大特色。

［**教学意图**］用词准确是说明文的基本特点，这个特点在课文的第 4、5 两个自然段中表现得尤为突出。由于在四年级语文教材编写中，并不要求把说明性文章当作纯粹的说明文来教，说明方法之类的知识不是教学重点，因此，这里采用了“说说哪个实验材料或实验方法是不可缺少的”的问题，不直接指向说明方法，学生在回答“不可缺少”的过程中，必然涉及重点词句，这些重点词句往往就是准确的用词，自然也达到学习准确用词的目的。

师：接下来我们继续分析，只是换个角度，换个方法。请大家比较表格上的内容，分析三次实验的相同和不同。

生：相同就是实验地点、材料、过程相同，方法、结果、结论有所不同。

师：重点说不同。

生：第一次蒙眼，结果是“蝙蝠飞了几个钟头，铃铛一个也没响，那么多的绳子，它一根也没碰着”；第二次塞耳，第三次封嘴，结果是“蝙蝠像没头苍蝇似的到处乱撞，挂在绳子上的铃铛响个不停”，结果完全不同。

生：一个是几个钟头不响不碰，一个是到处乱撞、响个不停，这样一对比，说明蒙上眼睛对蝙蝠来说毫无影响，塞耳封嘴就让蝙蝠到处碰壁，靠什么探路的结果一目了然，而且证据充分。

生：第一次结果用“几个钟头”“一个也没”“一根也没”，形成对比；后两次用“像无头苍蝇似的”这一比喻来写。这是语言表达上的不同。

生：从不同结果还可以想象到蝙蝠飞行的样子。飞几个钟头不碰绳子不响铃铛，飞得那么悠然自在，“像无头苍蝇似的”则是慌乱紧张，不知所措。

师：能用朗读来表现飞行的不同吗？

（生读）

生：第一次实验单独写，第二、三次合在一起写。

生：第一次写得详细，第二、三次写得简单。

师：如果第二次、第三次也像第一次那么写得详细，该怎么写？

生：第二次实验开始了。科学家在一间屋子里横七竖八地拉了许多绳子，绳子上系着许多铃铛。他们把蝙蝠的耳朵塞上，让它在屋子里飞。只飞一会儿，蝙蝠就像没头苍蝇似的到处乱撞，挂在绳子上的铃铛响个不停。

生：我说第三次的。接着进行第三实验，科学家在一间屋子里横七竖八地拉了许多绳子，绳子上系着许多铃铛。他们把蝙蝠的嘴封住，让它在屋子里飞。刚飞没多久，蝙蝠就像没头苍蝇似的到处乱撞，挂在绳子上的铃铛响个不停。

师：我们都会写，作者为什么不详写，从两位同学的讲述中你一定找到了答案。

生：后两次详写，就与第一次基本一样，显得重复啰唆。

生：因为实验材料、实验过程几乎一样，只是个别地方不同，没必要重复着写。

师：这样写不影响人们的理解，反而让这部分内容有详有略。这样有详有略的表达，课文中还有。

生：“后来，科学家经过反复研究，终于揭开了蝙蝠能在夜里飞行的秘密”写得简单，三次实验情况写得详细。

师：对呀，同样介绍科学家如何发现秘密的两部分内容，也是一详一略。科学家做了实验，得出了第一个结论；又反复研究，终于揭开秘密。这样层层递进、步步深入地写，真实反映了实验研究的整个过程，又体现了科学家严谨的工作态度和求真务实的工作精神，很值得我们学习。让我们再来读读介绍蝙蝠夜里飞行的秘密的这几句话吧。

（生读）

［教学意图］这是指向文章写作的学习，具体地说，是指向文章材料组织与使用的学习，体现出说明性文章的简洁性特点。三次实验，一详二略；两项研究，一详一略，既把过程写得清楚明白，又不重复累赘，还侧面表现了科学家严肃认真的工作态度，可谓是一石多鸟，一举多得。

学习任务五：转换角色说原理

师：探讨完了蝙蝠，还要探讨飞机。

（出示活动要求：默读课文第 8 自然段，完成：

1. 雷达相当于蝙蝠的（　　），天线相当于蝙蝠的（　　），荧光屏相当于蝙蝠的（　　），无线电波相当于（　　）。

2. 参照第 7 自然段的写法，试着解说飞机夜间安全飞行的原理。）

（学生读课文，找句子，自主练习解说）

师：先说第 1 道题。

生：雷达相当于蝙蝠的嘴和耳朵，天线相当于蝙蝠的（嘴），荧光屏相当丁蝙蝠的耳朵。

生：无线电波相当于超声波。

师：理解得正确，还要说得精彩。有请解说员。

生：飞机上安装了雷达，相当于飞机有了蝙蝠的嘴和耳朵。飞机飞行时，不断通过雷达的天线发出无线电波，无线电波像波浪一样向前，碰到了一座山峰，就立刻反射回来，显示在荧光屏上。驾驶员一看，马上知道前方有危险，就绕过障碍物，继续安全地向前飞去。

生：一架飞机在夜空中飞行，它一边飞，一边通过雷达中的天线发出无线电波，无线电波向前推进，遇到一只小鸟，就反射回来，显示在荧光屏上。驾驶员看到荧光屏上的信号，就知道前方有障碍物，就对飞行方向做些调整，避开障碍物。

生：老师，我上台边在黑板上画边说可以吗？

师：非常欢迎。

生：飞机起飞了（画了个飞机），飞机上的雷达通过天线发出无线电波，无线电波不断向前传播（画实体弧线），遇到障碍物（画一电杆），就反射回来（在实体弧线的反方向画虚性弧线），雷达接收到以后，就立马显示在荧光屏上。飞机驾驶员一看屏幕，判断前方有障碍物，就调整飞行航线，保证飞行安全。

……

师：评评看，谁的表现最好？

生：我觉得第三个同学说得最好。因为他边说边用动作演示，我们听得很清楚。

生：我觉得这几个同学表现得都挺好的，他们都没有照搬课文中的句子，有的地方用上了自己的话。

生：课文用的是障碍物，同学说的时候把它变成了具体的事物，比如山峰、小鸟等。

生：有些语言还非常生动。比如说无线电波“像波浪一样”，把看不见的电波比作看得见的波浪，既形象又生动。

师：讲得好，评得也棒。祝贺大家，个个都是飞机安全飞行原理的优秀解说员，尤其是边说边画的同学，表现得更为可圈可点。

［教学意图］飞机夜间飞行的秘密与蝙蝠夜里飞行的秘密两个部分，写得几乎一样，从阅读理解的角度看，难度不大，如果还照搬学习蝙蝠飞行秘密的方法，学生肯定是不喜欢的。因此，这部分内容采用学生自主阅读、同伴分享的方式更为适宜。填写表格是为了检验学生对语段的理解力，也为接下来的讲述做准备。解说原理是此环节的重头戏，学生借助不同的方式解说飞机飞行的秘密，不仅让原本繁杂难懂的原理说得浅显易懂，而且实现了学习的自主性，语文实践的自主性，这对学生语文素养的形成与发展，益处多多。

师：下面要看看大家字写得怎么样。

（出示：绳—蝇　驾驶—研究　横—竖）

生：“绳”和“蝇”都是左右结构，右边一样，上口下电。

生：“绳”绞丝旁，与丝线有关；“蝇”虫字旁，与虫子有关。

师：“绳”与“蝇”是形近字，一比较就好记好写了。

生：“驾驶”和“研究”这两个词都是由意思相近的两个字组成的。

师：说说看。

生：“驾”“驶”都是马字旁，表示用马行进。“研”是研讨、探讨，“究”是探究、研究，意思差不多。

生：“驾驶”一个上下结构，一个左右结构；“研究”也一样，“研”是左右结构，“究”是上下结构。

师：最后一组。

生：“横”与“竖”是反义词。

生：所以“横七竖八”才表示没有规律，胡乱排列。

师：掌声送给自己，让我们在热烈的掌声中结束这堂课的学习。

（热烈鼓掌，课堂结束）

［**教学意图**］四年级学生具有一定的写字能力，生字书写自然不必字字都要一一讲解，抓住难写、易错的字才是关键。这里选择了相对有点难度的三组生字，三组生字很有特点，有的是形近字，有的是反义词，有的是近义字组成的词语，这些生字都有些笔画容易写错，将其进行重点的书写指导，既能写好字，又认识了字词的形体特点和结字、构词特征，也是另一种形式的语言积累。

【特色解析】

一、凸显提问实践

许多教师教学阅读策略单元，往往满足于阅读策略方法的传授和指导，学生记住的只是阅读方法、策略的概念和名称，比如“预测”单元，让学生抓住《总也倒不了的老屋》边的旁批，知道可以抓住疑问、插图、关键字词、重复出现的语句、联系生活经验、联系上下文等预测方法，结果是，预测方法记住了，具体怎么用这些方法帮助预测，学生并没有掌握。原因就在于，教学重概念识记，轻实践应用。

大家知道，语文是一门实践性很强的学科。尤其是统编语文教材，以及在新课程理念下的语文学习，语言实践更提到了前所未有的高度。而较之其他学习单元，阅读策略单元对学生实践操作要求更高。这是因为，阅读策略本身就是用于阅读、完成阅读的，只记概念，不会使用，是假把式，学生并不因阅读方法的认识而提升阅读能力。解决的最好途径就是，在提问中学会提问。具体地说就要做到：第一，亲历重于传授。阅读策略的学习当然离不开“学得”，即教师的传授，但更不能缺乏“习得”，即自身的亲历亲为。因为学习是学生自己的事，教师的分析、传授再精彩，也无法替代学生的阅读实践，更无法转换成学生的能力。只有学生自主实践、自我体验，经历策略的运用过程，才能“白莲结子，自知甘苦”。比如学习从内容角度提问题，学生从第 1 自然段正常阅读，读到第 2 自然段，发现有个旁批，再讨论这个问题从何而来，从而知晓提问是小溪里的水，自然而来，顺势而下，不是特意为之。有了这样的认识，学生继续往下读课文，边读边把阅读中产生的问题提出来、写下来。如此学生不仅懂得内容理解角度的提问是什么，还知道怎么提。第二，技能强于知识。知识对于能力形成的作用不言而喻。但是，不同的知识对能力形成的作用各不相同，“是什么”的陈述性知识重在了解、记忆知识概念，作用有限，只有“怎么做”“何以这样做”的程序性知识和策略性知识才是有用的。因此，阅读策略的教学仅仅让学生识记策略的概念与知识毫无意义，在实际运用中实现策略建构、技能形成才是重点。比如从“写法”角度提问题，利用“小组问题清单”中“为什么课文没有具体写后两次实验”中的“写”，知道这一类问题的表达大多含有“运用”“表达”之类的文字后，我们让学生再读第 3 自然段，并试着从字、词、句、标点等方面提出问题，渐渐地，学生从不会提到会提，从提不好到提得比较好，不断的实践运用让学生获得并提高提问的技能，即使学生说不出自己用的是什么方法，又有何妨？

二、明确教学定位

《夜间飞行的秘密》所在单元还有三篇课文，分别是《一个豆荚子里的五粒豆》《呼风唤雨的世纪》《蝴蝶的家》。单元组元的编排特点，决定了单元内的几篇文章既关联，又独立。关联，就是要共同完成单元语文要素所确定的单元学习任务；独立，就是单元共同任务框架中，不同的课文发挥各自不同的作用。就提问策略单元来说，四篇课文在“提问”能力培养上的作用是不一样的。首篇《一个豆荚子里的五粒豆》，表面上看是让学生知道，可以从全文角度提问题，也可以从文本的局部角度提问题，实质上是为了鼓励学生积极思考，大胆提问，形成良好的问题意识。第二篇《夜间飞行的秘密》，不再笼统地提出如何提问，而是要求从内容、写法、启示等方面，对提问作出具体的指导。第三篇《呼风唤雨的世纪》，则更为聚焦，在多角度提问题的基础上，要求提出可以帮助深入思考的有价值的问题，表现出提问应该追求的真正目标。第四篇《蝴蝶的家》则是运用前面三篇课文学到的方法，自主提问，提出好问题。分析可知，本单元围绕着“提问”，鼓励学生在阅读完课文的时候可以勇敢提出自己心中的疑问，逐渐培养勇于提问、善于提问的良好阅读习惯；但四篇课文提问的切入点不同，从一开始让学生自己提出问题，到之后的主动交流问题，发展到对问题进行分类。这种逐渐提升提问难度以及内涵的教学方式符合小学生的学习节奏，能够有效提升学生的提问能力。

明确了《夜间飞行的秘密》的“提问”定位，就为教学的针对性和有效性提供了保证。于是，整个教学紧紧抓住文本内容、语言表达和阅读启示三个角度，引导学生一边阅读一边提出问题。当然，仅此还不够，还有一个现实问题需要解决，那就是，在三个角度中，学生普遍对写法难以提出问题，提出写法上的问题的意识很薄弱，甚至没有。究其原因，一方面课堂教学大多在内容理解上下功夫，学生习惯了内容理解，另一方面小学生普遍缺乏语言表达和写作的知识和习惯。阅读不是单纯的被动接受的过程，而是阅读主体积极参与的意义建构过程。阅读主体的能动作用不仅表现为认真的态度，专注的神情，而且还体现在阅读主体运用包括认知水平、语文知识、生活经历、阅读经验、社会背景等在内的“前理解”参与阅读。比如《夜间飞行的秘密》第 3 自然段写的是蝙蝠夜间飞行的本领非常高超，由于此段阅读既没有生僻字，又没有不好理解的词语，因此，没有什么问题可以提出就成了自然而然的事了。这就是缺少怎么写的“前理解”造成的。针对这种现象，就需要教师深度参与，让学生明白从“写”的角度提问题是非常重要的，甚至比内容理解更重要。而当他们知道了“写法”包含遣词造句、标点符号、修辞手法、段落结构、关联词语等知识后，再读这段话的情况就完全不同了，提出的问题自然就丰富多样了。

三、巧用提问支架

观察本单元几篇课文，就会发现三篇精读课文有个共同的设计，一是在课后练习中都安排了“小组问题清单”。比如《一个豆荚里的五粒豆》有针对课文的一部分内容和针对全文提的问题的“小组问题清单”，《夜间飞行的秘密》有针对内容、写法和启示三个角度提问的“小组问题清单”，《呼风唤雨的世纪》有的问题可以让人深入思考，有的问题不影响对课文内容理解的

“小组问题清单”。二是旁批，《夜间飞行的秘密》和《呼风唤雨的世纪》两篇课文，还在课文的两边安排了“提问”的旁批。这些“小组问题清单”和旁批，不仅提示在阅读过程中要积极思考，并提出不懂的问题，而且对怎么提问作了直观形象的示范，是学生学会提问，培养问题意识的有力支架，必须用足用好。

在《夜间飞行的秘密》一课中，问题清单和旁批的用处除可以从三个方面提问外，还特别突出两个作用。一是问题从哪儿来。比如从旁批“飞机的夜间飞行和蝙蝠有什么关系呢?”以及书写位置，可以逆推出这是读了第 2 自然段时产生的疑问；“蝙蝠是怎样用嘴和耳朵配合探路的?”是读了第 6 自然段时提出的疑惑。这样，学生就明白了，阅读时，只要有问题，可以随时提出，如果要把问题写出来，可以直接写在相关段落的旁边，这无形中也为本册教材第六单元学习做批注进行了预先准备。二是问题怎么表述。许多学生心里有问题，就是不知道怎么表述，特别是“写法”角度的提问，表现得尤为突出。这时，支架的作用就凸显出来了。比如课文第 6 自然段内容是“蝙蝠夜里飞行，靠的不是眼睛，而是靠嘴和耳朵配合起来探路的”，旁批是“蝙蝠是怎样用嘴和耳朵配合探路的?”两相比较会发现，这个问题是紧扣“配合”一词，针对课文局部提出来的，语言表述上利用了“靠嘴和耳朵配合起来探路的”这几个字，再增加疑问词“怎样”和问号，就可以了。又比如“小组问题清单”中有这么个问题：“为什么课文没有具体写后两次实验?”其中的“写”字就暗示了是从写法上提问题，即从写法的角度来提问题，用词上除了“写”字外，还可以用上“运用”“描写”“描述”“表达”等词语；写法角度上，字词、语句、标点、构段、修辞手法、描写方法等都是很好的提问切入点，这样一来，学生提问的人数大大增加，提出的问题也就越来越多，越来越好。

6. 整合：解构与重构的艺术

——《母鸡》课堂实录与教学解码

【背景解说】

母鸡，是一种常见的、普通的家禽，以前的农村，几乎家家饲养，母鸡下的蛋可以卖钱，补贴家用。养母鸡，成了普通家庭的一笔可观的收入。可如今，情况大不一样，甭说大城市，就是小县城，除了家禽市场，也难见一头活鸡。即便是农村，养鸡也成了稀罕事。所以，现在的小学生对鸡的认知不说是空白，至少也是残缺的。

好在老舍先生的《母鸡》一定程度上弥补了这一缺憾。这是新编入统编小学语文教材的上佳之作，与《猫》《白鹅》一起，承担着“体会作家是如何表达对动物的感情的”训练任务。如此整组单元从课文内容到训练重点都以动物为对象进行编排，在统编教材中还是首次。若以任务群的视角来审视，这一单元颇具单元任务群的特质，为单元教学提供了很好的文本材料。

有意思的是，三篇课文中，《母鸡》和《猫》同为老舍先生所作，是统编语文教材非常少见的，显然是教材编写者的有意为之。既然是少见的有意为之，定有特定的目的与意图。从选题看，母鸡和猫都是动物，而且是小动物，还都是老舍先生喜欢的小动物。与老虎、狮子等大动物不同，小动物方便人类饲养，人与小动物天天生活在一起，小动物的一举一动，喜怒哀乐，都逃不过主人的眼睛。日日相见，时时接触，日久自然生情，情一动，辞就发，于是就有了这样的文章。这给学生的单元写作启示是，写动物，表感情，最好的选择是自己不仅熟悉，而且打过不少交道的小动物。写这些小动物，用事实说话，讲生活实例，通过对点滴小事生动具体的描写，使笔下的动物呼之欲出，就成了不二选择。

除外，两篇文章的结构都非常清晰。《猫》写了猫的性格古怪和淘气可爱两个部分，并以“满月的小猫们就更好玩了”为过渡句，将两部分内容紧密地联系在一起。《母鸡》也是明显的两部分：母鸡孵鸡雏以前和孵出鸡雏以后，以过渡段“可是，现在我改变了心思”使文章浑然一体。在叙述动物的特点时，两篇课文都善于用总分段式。写猫，先写“猫的性格实在有些古怪”，再具体写它的一连串古怪表现；写母鸡，先写“我一向讨厌母鸡”，再写它令人生厌的三个方面。

当然也有不同，如在情感表达方式上，《猫》通篇都在写猫的可爱，无论是猫的古怪，还是猫的淘气，从始至终都是一种喜爱之情；而《母鸡》则写了由“讨厌”到“不敢讨厌”的情感变化，用前后的强烈对比，加深了对母爱的赞颂。在语言使用上，《猫》语言平白与优美兼具，《母鸡》比较口语化，直白自然，几乎通篇都是群众口语，散发着浓郁的生活气息，读起来令人感到亲切舒服。

两篇文章打包呈现，暗含着必须将它们作为互文做比较阅读，课后练习三“《猫》和《母鸡》都是老舍先生的作品。比一比，说说两篇课文在表达上有哪些相同和不同之处”就提出了这样的要求，只是在比较阅读的时机和形式上可以自由选择，可以任务设置、单元整合的方式把两篇课文统整起来学习，也可在学习《母鸡》后进行两篇课文的异同比较。我采用的是后者，因为在我看来，单元任务群教学依然离不开单篇教学，但单元任务群教学不论是对于教师，还是学生，都具有较高的挑战性。我上这节课是为了给一线教师做示范的，在一定程度上具有范例性和导向性。基于此，我更希望进行单篇任务群教学，告诉老师们，可先作大家相对熟悉也相对简单一些的单篇任务群，在取得一定经验和成果后，再向单元任务群努力，如此由浅入深，从易到难，确保学习任务群行稳致远，落地生根。

【课堂解码】

第一课时

学习任务一：归类识字，提取核心信息

师：还记得《乡下人家》一课吗？

生：记得。

师：还记得文中有这么一个场景吗？

（出示《乡下人家》课文插图）

生：记得。

师：还记得文中描写这个场景的一句话吗？

（出示：鸡，乡下人家照例总要养几只的。从他们的房前屋后走过，你肯定会瞧见一只母鸡，率领一群小鸡，在竹林中觅食；或是瞧见耸着尾巴的雄鸡，在场地上大踏步地走来走去。）

生：记得。

师：读读这段话。

（生读）

师：还记得竹林中带领小鸡觅食的那只母鸡吗？

生：记得。

师：读读描写母鸡的那句话。

（生读）

师：这些文字，这幅插图，都蕴含着作者对母鸡的喜爱与赞美之情。今天我们也要来认识一只母鸡（板书：母鸡），一起读课题。

（生齐读课题《母鸡》）

［**教学意图**］认识母鸡，对于大部分学生来说，大约不在生活里，而在图画上，视频中，与他们最为亲近的，也有一定了解的，可能是四年级下册第一单元的《乡下人家》。在这篇散文中，母鸡“率领一群小鸡，在竹林中觅

食”，其形象是温柔而慈爱的，恰与《母鸡》中的形象有点类似。以此作为导入素材，可以唤醒学习记忆，调动阅读情绪。

师：这只著名作家老舍先生笔下的母鸡是怎样的？老舍先生对它又有什么样的情感？

（出示活动要求：

1. 朗读课文，读准生字，读通句子。

2. 读好后，动笔画出文中直接表达“我”对母鸡态度的句子。）

（学生读文，圈画，教师巡视）

师：先来检查生字关。

（出示：嘎嘎　咕咕　啼叫　凄惨）

师：谁来读？

（生读）

师：这一组是——

生：描写母鸡声音的词语。

师：对，但有不同。

生：“嘎嘎”“咕咕”是拟声词，表示具体的声音；“啼叫”“凄惨”是概括地说声音。

生：“嘎嘎”“咕咕”“啼叫”都是口字旁，与说话有关，“凄惨”是人听了声音后的感觉。

师：课文中还有几个口字旁的字，一起来认识一下。

（出示：啄一啄　也不哼）

（生读）

师：虽然都是口字旁，但表示的意思不同呢。

生：“哼”是嘴的声音，“啄”是嘴的动作。

师：说得好。“凄惨”是凄凉、悲惨的意思，常常用在人和生活方面，这里却用它说动物的声音。

（出示：在夜间若有什么动静，它便放声啼叫，顶尖锐，顶凄惨，无论多么贪睡的人都得起来看看，是不是有了黄鼠狼。）

师：让人感到“顶凄惨”，是因为母鸡的“放声啼叫”。一起读读这句话。

（生读）

师：看第二组词。

（出示：颤颤巍巍　细声细气　如怨如诉）

师：你来读。

（指名读，全班读）

师：这也是描写母鸡声音的词，跟前面的有什么不同？

生：前面是两个字的，这三个词是四个字的。

生：这三个四字词语都是叠词，“颤颤巍巍”是 AABB 式，“细声细气”“如怨如诉”是 ABAC 式。

生：“颤颤”和“巍巍”的意思一样，“细声”和“细气”的意思一样，“如怨”和“如诉”也差不多，好像在倾诉，又好像在怨恨。

师：发现了词语的这些特点，积累起来就容易多了。第三组词。

（出示：疙瘩　可恶　欺侮　孵出　警戒）

师：你先来。

（生读）

师：“疙瘩”读轻声，表示皮肉上长了个小东西，“恶”是多音字，“侮”的第三声，都读正确了。全班读。

（全班齐读）

师：“孵”“警”“戒”三个字不好记也不好写，说说你的看法。

生：“孵”左右结构，“浮”的三点水变为“卵”，就是“孵”字。

生：左边的“卵”有两小点，别漏了。

生：“孵”字很容易写胖了，左边“卵”写窄点，不要过竖中线。

生：我说“警戒”。课文句子是：“一只鸟儿飞过，或是什么东西响了一声，它立刻警戒起来”，“警戒”就是特别警惕，而且做好防备。

生：“警”是警惕，警觉；“戒”就是戒备。

师：“警”言字旁，警告、告诫；“戒”手持盾牌和兵器，意为防守、戒备。有语言，有行动，“警戒”的含义就很明显了。了解了这两个字的特点，写起来应该不容易错了吧？

生：“警”下的“言”第二笔是长横。

生：“戒”左下不是“十”，是一撇一竖。

师：拿出本子，把“孵”“警”“戒”各写两个字。

（学生练写，点评，修改）

［**教学意图**］生字词学习是课文阅读的基础工作，它与课文朗读，感知课文内容一起，是我们一直格外强调的“常规任务”。“基础不牢，地动山摇”，说的就是这些常规任务。尽管是四年级了，生字新词的学习依然不可放松，只是以学生自主认识为主，教师指点为辅。根据本文生字词的特点，我们将其分为三组，适时进行不同形式的字形、字义学习，将字、词、句联系在一起，以提高识字效果。事实证明，归类识字，字不离词，词不离句，是非常好的识字手段，需要我们继承和发扬。

师：表达“我”对母鸡态度的句子找到了吗？

生：我找到的句子是：“我一向讨厌母鸡。”

（出示：我一向讨厌母鸡。）

师：我的态度是——

生：一向讨厌。

（板书：一向讨厌）

师：“一向”啥意思？

生：就是从来，一直是这样。

生：已经很长时间，从来没有改变过。

师：一个“一向”表明了“我”对母鸡的讨厌程度。给这个词加重点号。

（生动笔）

生：还有这一句：“我不敢再讨厌母鸡了。”

（出示：我不敢再讨厌母鸡了。）

师：说说对这句话的理解。

生：我不讨厌母鸡。

生：我喜欢母鸡。

师：如果是这样的话，这句话应该写成“我不再讨厌母鸡了”。

生：哦，对。不敢就是心里有点害怕。

生：不敢说明很尊敬母鸡。

师：对，对母鸡有一种敬重、敬畏。把这两个词写在这一句话的旁边。

（生写。教师板书：不敢再讨厌）

师：再读读这句话。

（生读）

师：还有吗？

（生摇头）

师："一向讨厌"和"不敢再讨厌"是两种完全不同的态度，之间是怎么转变的呢？课文还有一句。

生：有，在第 4 自然段。"可是，现在我改变了心思，我看见一只孵出一群小雏鸡的母鸡。"

（出示这句话）

师：自读这句话，它告诉我们哪些重要信息？

生：我改变了心思，就是对母鸡的态度改变了。

生：我是从看到母鸡孵出了一群小雏鸡后，开始改变的。

师：也就是说，这时候的母鸡身份发生了变化，从鸡小姐变成了鸡妈妈。

（众笑，板书：改变心思）

师：这段话是过渡段，它把全文分成了两大部分，前面三段写讨厌母鸡，后面几段写敬重母鸡。在这段话旁边写上"过渡"或"承上启下"几个字。

（生写）

师：发现表达态度的这三句话所在位置了吗？

生：一句在课文的开头，一句在中间，一句在结尾。

师：把这三句话连起来读一读。

（生读）

师：把三句话连起来说一说。

生：起先"我一向讨厌母鸡"，接着"我"改变了心思，最后"我不敢再讨厌母鸡"。

生：课文一开始就写讨厌母鸡，然后写我改变心思，最后写我敬重母鸡。

师：用上了关联词，作者对母鸡态度变化的过程就说得清楚明白了。（板书：情感变化）这篇课文就是这样，用作者的情感变化，像红线穿珠一样把课文内容串联起来，以表达对母鸡的感情的。

［教学意图］课文的三句话，是直接表达作者对母鸡的感情的，这样的文本特点，决定了单刀直入是最省事、最有效的方法。提取明显信息是一年级的学习项目，四年级学生自然轻车熟路，难点在于，作者为什么要加上“一向”“不敢”这样的修辞词，了解这两个词语的意思及其作用，才能知道从“一向”转为“不敢”何其不易，暗示母鸡身上一定发生了“惊天大事”，才让作者改变了态度，阅读期待自然产生。找到三个重点句子，也就明了了整篇课文的构思特点，当然也懂得了文章是如何表达作家对动物的情感的。

学习任务二：聚焦叫声，发现情感表达

师：作者的情感为什么会发生这样的变化呢？让我们走进文字去发现秘密。

（出示活动要求：

1. 这篇课文多处写到了母鸡的叫声，默读课文，找出描写母鸡叫声的语句，标上序号。

2. 想一想，同样写叫声，在写法上有什么不同？为什么？）

（学生读书，找句，标序）

师：开始汇报。因为段落比较多，所以汇报时，先说第几自然段的哪一句，然后读找到的句子。

生：我找到的是第 1 自然段，整段话都是写母鸡的叫声。（读）“听吧，它由前院嘎嘎到后院，由后院再嘎嘎到前院，没完没了，并且没有什么理由，讨厌！有的时候，它不这样乱叫，而是细声细气的，有什么心事似的，颤颤巍巍的，顺着墙根，或沿着田坝，那么扯长了声如怨如诉，使人心中立刻结起个小疙瘩来。”

生：我找到的句子是第 3 自然段。（读）“到下蛋的时候，它差不多是发了狂，恨不能让全世界都知道它这点儿成绩；就是聋人也会被它吵得受不了。”

生：我找到的是第 5 自然段的一句。（读）“一只鸟儿飞过，或是什么东

西响了一声，它立刻警戒起来：歪着头听；挺着身儿预备作战；看看前，看看后，咕咕地警告鸡雏要马上集合到它身边来。”

生：还有一句，在第 8 自然段。（读）“在夜间若有什么动静，它便放声啼叫，顶尖锐，顶凄惨，无论多么贪睡的人都得起来看看，是不是有了黄鼠狼。”

师：都找全了吧？

生：找全了。

［**教学意图**］先完整找出描写母鸡叫声的语段，这也是信息提取，但提取的不是关键字词或词句，而是一段话，这一过程也是检测学生对整篇课文内容的了解情况，也为接下来的对比阅读作准备。

师：好。我们先看第一处。

（出示第一处写声音的语句）

师：请一个同学读，其他同学边听边想，这段话写了母鸡的几种声音，分别是什么样的。

（指名读）

生：写了两种声音，一种是嘎嘎声，一种是细细的声音。

生：应该是三种声音，嘎嘎是大声，细声细气是小声，还有扯长了的声音。

师：声音不一样，可是都让作者讨厌，这是为什么呢？自己先思考，在有想法的地方做批注，然后同桌或小组讨论。

（学生阅读，思考，讨论）

生：我们先说第一种声音。我们认为，嘎嘎声让人讨厌，是因为母鸡总是在两个地方走来走去，“由前院嘎嘎到后院，由后院再嘎嘎到前院”，老在一个地方不停地叫，当然很烦人。

生：嘎嘎的声音“没完没了”，没有停歇的时候，再有耐心的人听久了也会厌烦。

生：母鸡由前院到后院，再由后院到前院，叫的声音都是“嘎嘎”，从没变过，再好听的声音听久了也会不喜欢听。

师：同样的话没完没了地说，其实就是——

生：唠叨。

师：对啊，母鸡“由前院嘎嘎到后院，由后院再嘎嘎到前院，没完没了”就好像在唠叨，让你想到了谁？

生：我想到了我的妈妈，天天在我面前唠叨，你要好好读书呀，不然长大了只能捡破烂，听得我耳朵都生茧子了，所以一看到妈妈又要唠叨，我就赶紧跑开了。

师：一个人没完没了地说同样的话，确实够烦的。

生：大人唠叨是因为对我们好，母鸡的“嘎嘎”，却“没有什么理由”，我想到了一个词，叫无病呻吟。

师：这个词用得好，准确地解释了“并且没有什么理由”这个意思。假如你就是老舍先生，正在屋里专心地写文章，写在兴头上，窗外传来了母鸡的“嘎嘎”声，在你的耳边没完没了地响（点播母鸡嘎嘎的音频），你感觉怎样？

生：我会感到很讨厌。

生：恨不得掐断它的喉咙。

生：我想对它大吼一声：别叫啦！烦不烦！

师：带着这样的感觉读读这段话。

（指名读，全班读）

师：总结一下，作者讨厌母鸡嘎嘎的叫声，是怎样一层一层写出来的？

生：先说母鸡的声音不变，地点不变，再说没完没了地叫，最后说没有什么理由地叫。

师：这三层意思也是作者讨厌母鸡嘎嘎叫声的三个理由。再读这句话，注意三层意思的递进关系，读出这种关系来。

（生齐读）

[教学意图] 叫声为什么令人讨厌？课文借助“嘎嘎”声作了具体的回答。这个环节的教学，重在母鸡嘎嘎直叫的理由分析，换位体验“嘎嘎”声带给人们的感觉，发现了这句话的写作密码，如此一步步展开，学生对“一向讨厌”有了初步的了解。

师：第一种声音是大声的，没完没了，令人讨厌；第二种声音是细细的，怎么也让作者讨厌？

生：虽然细声细气，却“好像有什么心事，颤颤巍巍的”。

师：“细声细气”的声音我们听到过，“颤颤巍巍”的声音可没有听过，那是一种什么样的声音？

（学生没有回应）

师：老爷爷、老奶奶走起路来颤颤巍巍，是说老人家怎么走路？

生：走得不稳当，好像要摔倒，好像又不会摔倒的样子。

生：就是走路的时候，全身会颤抖，会摇晃。

师：三年级《肥皂泡》里说吹大的肥皂泡会扯成长圆的形式，颤巍巍的。这里的颤巍巍又是什么样子？

生：是肥皂泡吹得太大了，在风中摇摇晃晃，好像快要被扯破了。

师：现在你知道“颤颤巍巍”的声音大概是怎样的了吗？

生：就是有点抖，不稳。

生：有时长，有时短，有时高点，有时低点。

师：对，听起来给人抖动、摇晃的感觉。一个词，可用于人，可用于物，还用于声音，真是奇妙。试着读出这句话，读出“颤颤巍巍”的感觉来。

（指名读，全班读）

师：还有一种声音呢？

生：是“扯长了声如怨如诉”，《狐假虎威》里也有个“扯”，说狐狸被老虎抓住后，故意“扯着嗓子”说话，假装不怕的样子。母鸡“扯长了声”也跟狐狸一样，故意这么叫，所以很难听。

师：声带被这么一扯，就变形了，发出的声音就跟平时不同，听起来肯定不习惯，很别扭。

生：“如怨如诉”是把母鸡当作人来写，好像心里充满怨恨，要扯长了声音来诉说。

师：此时此刻的母鸡就像一个满心委屈、怨恨的怨妇，扯长声音向人诉苦，让人听了浑身起鸡皮疙瘩。书上说的是——

生（读）：使人心中立刻结起个小疙瘩来。

师：意思是一样的。如果此时你在津津有味地看书，耳边突然听到这细声细气、颤颤巍巍、如怨如诉的声音（播放音频），你会说什么？

生：讨厌的母鸡，你吵得我看不下书啦！

师：带着讨厌的语气，读读这句话。

（生读）

师：如果此时你在入迷地听音乐，突然传来细声细气、颤颤巍巍、如怨如诉的声音（播放音频），你会说什么？

生：该死的母鸡，快走开，别影响我听音乐！

师：带着烦恼的怨气，读读这句话。

（生读）

师：如果此时你在专心致志地做着作业，突然传来细声细气、颤颤巍巍、如怨如诉的声音（播放音频），你还会说什么？

生：赶紧闭上你的臭嘴，不然，就给你好看的！

师：带着愤怒的怒气，读读这句话。

（生读）

师：不管是大声、没完没了的叫，还是细声细气、颤颤巍巍的叫，还是扯长声音如怨如诉的叫，作者都觉得讨厌。这些声音来自于日常生活，这是用日常生活小事来表达对母鸡的情感。

（板书：生活小事）

［**教学意图**］对比阅读并不排斥阅读理解，有质量的对比阅读建立在对每部分内容的深入理解之上。由于第 1 自然段的叫声描写最为详尽，声音类别多，语言描写细，这个环节就聚焦第二种叫声，引导学生抓重点词句，辨别声音的差异，感受这一叫声给人的感觉，重点还借助音频创设生活情境，体验作者听到叫声的心境，从而更深刻地理解“一向讨厌”的原因，可谓下足了气力，做足了功夫。

师：第一处声音用了拟声词“嘎嘎”，有句话也有拟声词“咕咕”，你来读读这句话。

（出示：一只鸟儿飞过，或是什么东西响了一声，它立刻警戒起来：歪着头听；挺着身儿预备作战；看看前，看看后，咕咕地警告鸡雏要马上集合到它身边来。）

师：你从“咕咕”中感受到什么？

生：感受到母鸡对孩子的关心。

生：咕咕地警告，说明它很紧张，怕孩子受到了伤害。

师：如果母鸡会说话，它会说什么？

生：它会说：孩子们，快过来，快过来，有危险！

生：情况紧急，马上过来！

师：把“咕咕地警告”放到这句话中，你还会读出什么？

生：“咕咕地警告”只是母鸡做的一件事，它还“看看前，看看后”，先观察，后警告。

生：前头还做了两件事，“歪着头听”和“挺着身儿预备作战”。

师：看来母鸡做了四件事，听、挺、看、警告，这些行为书上用一个词概括，这个词是——

生（齐）：警戒。

师：母鸡的警戒一表现在——

生：歪着头听。

师：二表现在——

生：挺着身儿预备作战。

师：三表现在——

生：看看前，看看后。

师：四表现在——

生：咕咕地警告鸡雏要马上集合到它身边来。

师：这是个怎样的母鸡？

生：爱孩子的母鸡。

生：一心想着孩子的母鸡。

生：负责任的母鸡。

生：拼着命也要保护孩子的母鸡。

师：再把母鸡的这些行为放到整个句子中，你又发现了什么？

生：我发现母鸡这么紧张是没有必要的。

师：说说理由。

生：因为当时情况并不危急。（读）“一只鸟儿飞过，或是什么东西响了一声”，都是正常的呀。

师：其他同学的观点呢？

生：我也这么认为，“一只鸟儿飞过，或是什么东西响了一声”再正常不过了，可是母鸡却“立刻警戒起来”，它也太敏感了吧。

生：我想到的是，即使只是“一只鸟儿飞过，或是什么东西响了一声”，它也“立刻警戒起来”，并且连续做出四个动作，如果真有危险来临，母鸡一定会更加竭尽全力保护孩子了。

师：你比别的同学读得更深一点了，很会思考。平平常常的情况，与母鸡的过激表现，两者之间形成了鲜明的对比，这样写的目的是什么？

生：更能表现母鸡爱孩子的特点。

生：更能说明它是个具有高度责任心的鸡妈妈。

生：赞美了母鸡勇敢和负责的精神。

［**教学意图**］对母鸡“咕咕”的理解，借助了“警告”与“警戒”这两个关键词语，有了语境的帮助，学生不仅了解了这两个词语意思的相同与差异，还细化分析出母鸡做的几件事，这几件事并非并行罗列，而是层层递进，更显示出母鸡对孩子的爱。这样教学处理意在蓄势，势一足，马上联系后一句话，发现母鸡的如临大敌，并不是发生严重事件，只不过是再平常不过的“鸟儿飞过”或“一点响声”，母鸡爱孩子的用心用情可见一斑，一只爱孩子的母鸡形象就在一起一伏的描写中跃然纸上。

师：读到这里，老师有个疑问，同样是拟声词，为什么嘎嘎声却让作者讨厌，咕咕声却让作者喜欢？

生：因为母鸡的嘎嘎是为了诉说自己的心事，咕咕是为了警告孩子。

生：因为母鸡的嘎嘎是为了自己，咕咕是为了孩子。

师：是的，原来作者对母鸡的感情是因为“为了什么”而变化，为自己的心事而叫，作者讨厌；为孩子的安危而鸣，作者喜欢。不同的生活小事，不同的拟声用词，却形成鲜明的对比，传递着作者不一样的情感。一起读读“咕咕”这句话。

（生齐读）

［**教学意图**］前面的段落阅读，声音理解，都是为了这个环节作铺垫的。同为一只母鸡叫，声音怎会有变化？可作者却用了不同的拟声词，这才是学习的价值所在。于是，学生就明白了，原来毫不起眼的用词竟然也能表达感情。

师：还有两个描写声音的句子，请大家跟同伴一起，把两句话比较着读。

（出示活动要求：比较这两句话，你又发现了什么？

到下蛋的时候，它差不多是发了狂，恨不能让全世界都知道它这点儿成绩；就是聋人也会被它吵得受不了。

在夜间若有什么动静，它便放声啼叫，顶尖锐，顶凄惨，无论多么贪睡的人都得起来看看，是不是有了黄鼠狼。）

（学生同桌或同组阅读、交流）

师：读出了什么？和大家分享一下你的发现。

生：我们发现这两句话都是说母鸡的叫声非常大，第一句是“发了狂”“受不了”，第二句是“放声啼叫”“顶尖锐，顶凄惨”。

生：我们觉得不但声音大，还很恐怖。“被吵得受不了”让人害怕，“顶尖锐，顶凄惨”更是怕人。

生：这两句话都用了夸张的写法，可以从“发了狂”“恨不能”“无论多么贪睡的人都得起来看看”看出来。

生：第一句话跟“咕咕”叫的写法一样。下蛋本来就是一件小事，是母鸡应该做的事，但是母鸡却发了狂地叫，想炫耀自己有大本事。

师：这些都是两句话相同的地方，有不同的吗？

生：第一句表达作者的讨厌，第二句是喜欢。

师：这就奇怪了，同样是夸张写法，同样是很难听、很恐怖的叫声，同样用“发狂”“吵”“顶尖锐”“顶凄惨”等意思相近的词，为什么我们却读出了不一样的感情？

生：因为母鸡发狂地叫是为了炫耀自己，放声啼叫却是为了保护孩子。

生：一个为自己出名，一个提醒别人，吓退坏人。

师：是的，相似的生活小事，同样的用词造句，又可以表达不同的情感。男生读第一句，女生读第二句，体会句子表达的感情。

（男女生分读）

［**教学意图**］同样是比较阅读，这里的处理不像前面那样，先一处一处地学，再合起来比较，而是直接比较两段话，原因是，这两段话内容相对简单，学生刚经历过比较的阅读体验，自主阅读也就不是难事。

师：请大家把视线集中到黑板上，说说这节课我们学到了哪些表达对母鸡的感情的方法。

生：通过内心情感的变化，直接表达感情。

生：选择一些日常生活事例，表达感情。

生：精心选择一些相似或相反的生活小事，通过对比的方法，表达感情。

生：运用意思相似的词语可以表达不同的情感。

师：看来，这节课的收获还真不少。相信下节课一定还有新的收获。下课。

［**教学意图**］这是总结，总结的是作者表达感情的方法，指向单元语文要素。一般而言，提炼总结，是分散阅读、逐一理解后必须要做的一件事，目的还是为了通过总结，起到知识分类、梳理、内化的作用。

第二课时

学习任务三：聚焦“待人”，发现抒情方法

师：我们继续学习《母鸡》。

（出示活动要求：

默读课文，找出课文描写母鸡对待别人的语句，从中你读到了一只怎样的母鸡？试用一个词概括。）

（学生默读思考，小组交流讨论）

［**教学意图**］叫声的对比阅读，直接紧扣关键语句展开，这里有所不同，而是先用一个词概括相关语段，这是三年级学过的段意概括方法的具体运用。由于描写母鸡对待别人的三个自然段内容比较丰富，先对不同段落的意思作整体把握，对母鸡的形象有个整体感知，有助于即将进行的细处比较，很有

好处。

生：我们找到的是第 2 自然段，（读）“它永远不反抗公鸡，有时候却欺侮最忠厚的鸭子。更可恶的是遇到另一只母鸡的时候，它会下毒手，趁其不备，狠狠地咬一口，咬下一撮儿毛来。”这段话写母鸡欺软怕硬。

师：说说这么概括的理由。

生：母鸡不敢反抗公鸡是怕硬，欺侮鸭子、咬另一只母鸡是欺软，所以是欺软怕硬。

师：有道理。

生：我们找到的是第 6 自然段，（读）“发现了一点儿可吃的东西，它咕咕地紧叫，啄一啄那个东西，马上便放下，让它的儿女吃。结果，每一只鸡雏的肚子都圆圆地下垂，像刚装了一两个汤圆儿似的，它自己却消瘦了许多。倘若有别的大鸡来抢食，它一定出击，把它们赶出老远，连大公鸡也怕它三分。”这段话说母鸡自己舍不得吃，都把好吃的让给孩子，所以我们用“一心为子”四个字概括。

生：我们用的词是舍己为子。

师：“舍己为子”是从“舍己为人”变过来的，好。

生：我们找到的是第 7 自然段，（读）“它教鸡雏们啄食，掘地，用土洗澡，一天不知教多少次。它还半蹲着，让它们挤在它的翅下、胸下，得一点儿温暖。它若伏在地上，鸡雏们有的便爬到它的背上，啄它的头或别的地方，它一声也不哼。”母鸡不辞辛劳地教导孩子，爱护孩子，这是“任劳”，孩子爬上它的背，啄它，它一声不哼，是“任怨”。

师：概括得有根有据，也非常准确，真棒。请大家读读这三段话。

（学生读）

［**教学意图**］给学生更多的自主学习空间，是现代教学所极力倡导的。本环节的本意是不要求学生按段落顺序概括段落意思，允许学生自由选择段落来分享。当然，学生按段落顺序说，我们也尊重，这也是开放阅读、自主学习的另一种表现形式吧。

师：选择日常生活小事，是表达作者对母鸡的感情的重要方法。接下来我们要好好研究一下，这三件事对表达作者的情感有什么好处。

（出示活动要求：

品读这三段话，体会这三个日常小事对表现作者情感有什么好处？）

（学生个人读书，批注，小组交流）

师：这一组先来。

生：我们说的是第 2 段。（出示第 2 自然段）这段话先简单写母鸡欺侮鸭子，再重点写它是怎么咬另一只母鸡。

生："反抗"和"欺侮"是对意思相反的词，表明母鸡对公鸡和鸭子的鲜明态度，欺软怕硬的特点就写出来了。

师：体会得很好。

生：母鸡"更可恶"的是欺负同伴，而且"下毒手"。

生："趁其不备，狠狠地咬一口，咬下一撮儿毛来"，写得很生动，这是只心狠手辣的母鸡。

生：背后下黑手，而且往死里咬，这太不是人了。

师：应该说是太不是"鸡"了。（生笑）既欺侮鸭子，又暗算同伴，坏事干绝，确实是令人讨厌的小人行径，怪不得老舍先生那么讨厌母鸡。注意重点词的朗读，读出这种情感来。

（指名读）

师：欺软怕硬这件事，事例的叙述并不详细，事例的选择却很典型，用母鸡的狠与毒，表达作者内心的厌恶。还有两件事。

生：我发现母鸡也不是不反抗公鸡，也不一定是欺软怕硬。第 6 自然段有这么一句话，你看，（读）"倘若有别的大鸡来抢食，它一定出击，把它们赶出老远，连大公鸡也怕它三分"，它一点也不怕大鸡，甚至是大公鸡。

生："一定出击"表示决心，"赶出老远""怕它三分"说明非常勇猛，很拼命。

师：此时的母鸡怎么就变了？

［**教学意图**］这一问太重要了，直接切入如何表达感情这一关键点。学生之前的对比发现，基本上只停留在文本内容和语言表达方面，有了这一问，学生的思维就跃进到了感情表达的深层，可谓是点在关键处，拨在疑难点，教师的指导价值由此显现。

生：因为它不让大鸡来抢孩子的食。

生：它自己都舍不得吃，怎么可以让大鸡来抢食？

师：女子本弱，为母则刚。是孩子让母鸡的行为发生了如此巨大的变化。全班读这句话。

（生读）

师：关于吃的这件事，还有可说的吗？

［**教学意图**］学生自由谈阅读感受，很容易出现想说什么就说什么，爱讲哪一点就讲哪一点的杂乱无序的情况，呈现“脚踩西瓜皮，滑到哪里是哪里”的课堂乱象，不利于学生聚焦某一重点深研细品，致使阅读始终处于肤浅的层面。“关于吃的这件事，还有可说的吗？”是一种指令，一种聚焦重点的学习提示，为的是集中探讨，重锤敲打。

生：有。除了赶走大鸡外，母鸡还做了其他事。（读）“发现了一点儿可吃的东西，它咕咕地紧叫，啄一啄那个东西，马上便放下，让它的儿女吃。”这句话也有个“咕咕”，跟前一段的“咕咕”不一样，前面是表示警告，这里表示心里的欣喜。

师：如果也把“咕咕”变成话，它会说什么？

生：呀，终于有吃的啦！

生：太好了，太好了，我的孩子不会饿肚子了！

师：听你们这么一说，母鸡发现食物的喜悦一下子有了画面。

生：我还注意到“啄一啄”这个词，刚读到这个词的时候，我以为母鸡会自己吃下去，读到后面才发现不是这样，它是为了儿女放心地吃才“啄一啄”的。

师：那么它“啄一啄”是在干吗呢？

生：可能是试一下这东西能不能吃。

生：可能是看一下这东西有毒没毒。

生：也有可能试试这东西硬还是软，自己的孩子能不能吃。

生：还有可能看看这东西会不会太烫或是太冰，别让孩子受伤。

师：有道理。原来这看似毫不起眼的“啄一啄”，也包含着母鸡对孩子深切的爱。读好这句话。

（生有感情地读）

［教学意图］“啄”的意思，四年级学生应该是知道的。但是“啄”的丰富内涵，就不一定会体会得到。“‘啄一啄’是在干吗”的探讨，不仅为了理解母鸡会怎么做，而且走进母鸡细微、柔软的内心，从而被其“啄一啄”所感动，并深刻感受到母爱的无私与伟大。在细品文字中得到的母爱教育，远比空喊口号，要感人得多，动人得多，也深刻得多。

生：我觉得这句话也写得非常好。（读）“结果，每一只鸡雏的肚子都圆圆地下垂，像刚装了一两个汤圆儿似的，它自己却消瘦了许多。”（出示这句话）“下垂”可以知道肚子里的东西多，加上“圆圆”，圆鼓鼓的肚子形状都写出来了，可见吃得实在是太饱。

生：可能是吃撑了。

（生笑）

生：饱得都能看得见了，是吃撑了。

（生又笑）

生：“像刚装了一两个汤圆儿似的”写得好生动呀，“圆圆”有多圆，不知道，有了“一两个汤圆”就一下子明白了。

生：“圆圆地下垂”是看到的，“像刚装了一两个汤圆儿似的”是想到的，把鸡雏吃东西的结果写得好形象。

师：作者只是告诉我们鸡雏吃得很饱、很撑吗？

生：不是，是为了告诉我们母鸡很爱孩子。

生：这句话还有“它自己却消瘦了许多”，与“每一只鸡雏的肚子都圆圆地下垂，像刚装了一两个汤圆儿似的”形成鲜明的对比，孩子吃饱了，母鸡却消瘦了，更显出母鸡的伟大。

生：母鸡消瘦就是因为它把东西都给了孩子，自己不吃或者少吃，所以写鸡雏肚子圆是在衬托母鸡的消瘦，从而赞美了母鸡一心为孩子，从不想自己的品质。

师：是啊，天下母亲哪个不是如此？为了孩子，什么都可以舍得。啄、让和赶让我们看到了一只可亲可敬的母鸡。深情的文字，表达了对母鸡的敬重和赞美，好好地读读这段文字。

（生自由地、有感情地读）

［教学意图］阅读课文，你会发现，写鸡雏的这些话，生动，细腻，形象，富有感情，可能是全文最动人处，实在值得细细咂摸、品味。写作的精巧在于，第一，“圆圆地下垂”，“圆圆”是形状，“下垂”是动态，也是状态，“饱”的画面感就变得非常鲜明而强烈；第二，像汤圆的比喻手法，是对“圆圆地下垂”的进一步补充，让“饱”有了质感，似乎不仅看得见，还摸得到；第三，联系最后一句，才猛然发现，原来我们以为重在表现鸡雏吃得饱的语句，不是重点，而是衬托，为的是与母鸡的瘦形成对比，以表现母鸡对孩子的爱已达到忘我、舍我、无我的境界，令人肃然起敬。所以，这句话的品读太有必要了，既体会到了母爱，又学习到了写法。

师：说说第三件事吧。

（出示第 7 自然段）

生：我们觉得这件事跟欺软怕硬那件事一样，也是叙述不很详细，但事情很典型。

师：哦，具体说说。

生：这段话其实讲了三件小事。第一件教孩子啄食、掘地、用土洗澡，第二件是给孩子温暖，第三件是孩子爬上它的背，还啄它，每件事都不容易，可它都尽心尽力做好，这是个好妈妈。

生：有些词语用得很好。“一天不知教多少次”这是不厌其烦，像老师教我们一样细心、认真。“半蹲”是这样的动作（生做半蹲状），不是站也不是坐，腿要弯着，很累的，母鸡为了让孩子“挤在它的翅下、胸下，得一点儿温暖”，宁可自己累着也要坚持着做。鸡嘴尖尖的，被啄肯定很痛，但“它一声也不哼”，不爱孩子是不可能这么做的。

师：读书就该这样认真，抓住关键词理解，就能读出跟别人不一样的味道来。这段话，在母鸡的累和苦中，包含着任劳任怨的可贵品质。请你来读这段话。

（生读）

师：具体也好，简单也罢，这篇文章有个非常重要的写法，就是选用典型的日常生活小事，表达对母鸡的不同情感。

［**教学意图**］第 7 自然段的处理，相对就简约一些，一来学生已有认识，二来学生会用方法，三来段落语言少有难点，交给学生自然不成问题。重点处火力攻击，简单处一带而过，让课堂跟写文章一样，有详有略，详略得当，这是教学处理的基本原则，也是教学的艺术与智慧。

学习任务四：品中心段，学习直抒胸臆

师：现在，我们再把目光聚焦到最后两段话。

（出示活动要求：

课文有一段中心句，画出来，想想你从中读到了什么？）

生：这句话是："它负责，慈爱，勇敢，辛苦，因为它有了一群鸡雏。它伟大，因为它是鸡母亲。一个母亲必定就是一位英雄。"

师：读读这段话，你读出了什么？

（生自由读）

生：我读出了母鸡的特点是负责，慈爱，勇敢，辛苦。

生：我读出了作者对母鸡的赞美。

生：赞美母鸡伟大，是一位英雄。

师：母鸡的负责，慈爱，勇敢，辛苦，具体表现在哪些地方？

生：它敢跟大鸡甚至大公鸡斗，就是勇敢。

生：它挺起身儿预备战斗也是勇敢。

生：它教孩子啄食，掘地，用土洗澡，教孩子学会本领，就是负责。

生：在夜间若有什么动静，便放声啼叫也是负责。

生：它让孩子挤在翅下、胸下，得一点儿温暖，是慈爱的表现。

生：自己不吃，都给孩子吃，是慈爱，也是负责。

生：它一天不知教了多少次，是辛苦。

生：一有风吹草动，便立刻警戒起来，也是辛苦。

师：是呀，课文的后半部分几乎每个地方都与这几个词有关。难怪作者如此称赞，一起读。

生（读）："它负责，慈爱，勇敢，辛苦，因为它有了一群鸡雏。它伟大，

因为它是鸡母亲。一个母亲必定就是一位英雄。”

［**教学意图**］一品中心段的含义，方法是结合已学过的语段，以及母鸡的具体表现，这样，“负责，慈爱，勇敢，辛苦”的概括性表述，因为具体事例的辅助与支撑，就变得鲜活起来，细致起来。

师：比较一下这段话中的三句话，你有什么发现？

生：第一句用“负责，慈爱，勇敢，辛苦”，第二句用“伟大”，第三句用“英雄”，词语所表达的情感越来越浓。

师：仅仅是情感越来越深吗？注意称呼的变化。

生：先是母鸡，后是鸡母亲，最后是英雄。

生：从动物，到母亲，到英雄，作者表达的感情越来越深。

师：想想，为什么称呼要变化？

生：因为作者觉得母鸡的负责，慈爱，勇敢，辛苦是母亲才做得出来的，所以称它为鸡母亲，又觉得这样的鸡母亲实在了不起，所以称赞它为英雄。

［**教学意图**］二品中心段的写法，通过用词的变化，写出情感的层递；从称谓的变化，道出情感的深化，如此写法，多少精妙。

师：可见，这三句赞美的是什么？

生：赞美母鸡。

生：赞美母亲。

生：赞美像英雄一样的母亲。

师：是的，这篇文章看似赞美母鸡，其实赞美母亲。让我们也深情地赞美赞美吧！

（生读这段话）

师：像这种直接表达赞美之情的写法，叫直抒胸臆。

（板书：直抒胸臆）

［**教学意图**］三品中心段的情感，有了前两品，学生对什么叫直抒胸臆，直抒胸臆的表达效果，自然容易理解了。

师：这篇课文是怎么表达对母鸡的情感的呢？看黑板，总结一下。

生：选择日常生活事例。

生：写出内心态度的变化。

生：直抒胸臆。

生：还可以采取前后对比的方法。

［**教学意图**］这是全文的总结，总结的重点自然放在如何表达感情上，直指单元训练重点，直指课文的文本个性。

学习任务五：篇章比较，感受表达异同

师：真好。《母鸡》和《猫》都是老舍先生写的，在表达上有什么异同呢？可以小组讨论。

（出示活动要求：

比较《母鸡》和《猫》两篇课文，完成表格。）

课文	表达方法	
	相同	不同
《猫》		
《母鸡》		

（小组交流讨论）

生：相同的表达方法有：选择日常生活小事。《猫》选择了猫的贪玩、老实、尽职，高兴时蹭“我”的腿，在稿纸上印小梅花等生活小事；《母鸡》嘎嘎地叫、把东西给孩子吃、听到声音就立刻警戒起来等，也是日常生活小事。

生：这些日常生活小事写的时候大部分是简单写，个别事情写得详细一些。这也是相同的地方。

生：两篇文章都有直抒胸臆的写法。比如《猫》说古怪的小动物“真让人觉得可爱”，说满月的小猫“生气勃勃，天真可爱”；《母鸡》赞美母亲的那一段也是直抒胸臆。

生：两篇都用了过渡句。《猫》是“满月的小猫们就更好玩了”；《母鸡》是“可是，现在我改变了心思”，都起到承上启下的过渡作用。

生：不同的地方是，《猫》正话反说、明贬实褒，比如说猫“古怪”，《母鸡》没有。

生：还有不同的是，《母鸡》两部分形成前后对比，《猫》写互为矛盾的性格。

生：《母鸡》使用了态度变化的写法，《猫》每个部分都用先概括后具体。

生：《猫》的语言非常口语化，像第一部分用了不少语气词，好像在聊天一样；《母鸡》有些地方运用拟声词和夸张的修辞手法。

师：同样的作者，不同的内容，表达的方法是不一样的。正是这样的不一样，才让作品显现各自的个性和风采，才让文学百花园丰富多样、多姿多彩，让人百读不厌。

［**教学意图**］学习完课文后对比两篇课文的表达异同，比直接进行两篇课文的对比，显然降低了很多难度。虽然是四年级孩子了，具备了一定的阅读理解能力，但是，互文对比仍然不是一件容易的事，属于高层次的文本阅读范畴，仅有学习热情是不够的，深度阅读，深层思考，高阶思维，纵横比较，都是必不可少的阅读技巧，对于四年级学生来说，可能不一定适合。有了两篇文章的理解为基础，容易快速寻找对比的对应点，进而发现对应点的异与同，其学习收获不见得比互文对比来得少。

【特色解析】

一、颠覆性的教材处理

整合是任务群学习的重要特征，也是实施任务群教学的物质保证。试想，如果任务群理念下的课文教学，依然延续以往的从第一段教到最后一段，依然采用线性设计，那么，整合也就无从谈起，任务群教学自然也成了一句空话。

任务群中的整合，包含内容、目标、资源、方法、策略、评价等综合整合，其中，最为基础，也最为基本的，是教学内容的整合。可千万别小看教学内容的整合，这一步不过关，什么资源、方法的整合就失去根基。必须明确，教学内容整合，不是简单的教材内容组合，也不是单纯地把两节课或多节课的内容压缩成一节上，更不是单纯的知识点罗列，而是相对复杂、形成系统的综合工程，这是对教师文本解读能力的考验和挑战。

一般地说，一组单元或一篇课文的内容整合，整合点大致为相同、相近、相似、相类甚至相反的文本内容、语言现象、语文知识、表达技巧、阅读策略、写作手法等，整合的力度和难度因文而异。像《雷雨》，就是把共用动作词的雷雨前和雷雨后两部分整合在一起，这算是较为简易的了。今天的《母鸡》一文，整合力度比《雷雨》不知要大多少倍，其大开大合的程度，用“颠覆性”三个字一点也不为过。

从整体上观察，《母鸡》前后两部分是鲜明的对比：先讨厌，而且是“一向讨厌”；后敬畏，不是讨厌，也不是一般的喜欢，“不敢再讨厌”，一个“不敢”表露出尊重、敬重、敬畏的心态。界线是鸡雏，也就是母鸡身份的变化，前为单身，后为母亲。课文的对比描写，天然地形成了内容的整合：讨厌的板块和敬重的板块，就按课文业已形成的板块来教，不是省时省力吗？其实不然，原因在于，这样教虽然可以让学生知道作者是用对母鸡态度的前后变化，来表达对母鸡的情感的，但是，这是整体层面的粗略认识，是轮廓性的大致印象，固然可以迁移到《我的动物朋友》的写作框架上，可是，学生学写作文不仅仅只学写作整体构思呀，比框架更重要的，是作文的具体内容写作。这就提醒我们，还要深入到《母鸡》的具体事实描写是不是也用了对比的手法来表现。

这样一来，我们细读文中的几个事件，又会有新的发现。作者“一向讨厌”的原因有三：一是母鸡的喋喋不休，二是母鸡的欺软怕硬，三是母鸡的故意炫耀。“不敢再讨厌”的原因有四：一是母鸡用叫声保全孩子，二是母鸡把好吃的留给孩子，三是母鸡教孩子觅食、陪孩子玩耍，四是母鸡用叫声吓退敌人。这样一分析，就很清晰地看出，两部分内容在事例选择上有共同性，既都写了母鸡的声音，都写了母鸡如何对待别人的。而且，同样写母鸡的声音，第 1 自然段中的“嘎嘎”“细声细气”“颤颤巍巍”“如怨如诉”，令人厌烦，第 5 自然段中的“咕咕”，却让作者喜爱，原因在哪里，在于母鸡的“嘎嘎”为的是自己，“咕咕”为的是孩子；第 3 自然段中的“发了狂”“吵得受不了”，和第 8 自然段的“放声啼叫”“顶尖锐”“顶凄惨”，声音都大，都难听，可作者听来，前面是讨厌，后者是赞美，原因在哪里，也在于这样的大叫为自己还是为孩子。写母鸡的对待别人态度，第 2 自然段的害怕公鸡，欺负鸭子，偷袭同类；第 6、7 两个自然段的宁愿自己挨饿受累，也要给孩子吃的，教孩子本事，态度迥然不同，原因在哪里，也在于前者为自己，后者为孩子。显然，从更小的层面进行内容整合，把前后的叫声合为一体，把前后的对待别人态度合为一体，对于帮助学生认识作者对母鸡情感的变化之原因，比框架上的整合要更合理，更为学生所接受。这样的教学内容整合和重构，无疑突破了人们的预想，颠覆了通常的做法，是其他课文所比较少用的，产生的教学效果也是出乎意料的。

二、精准化的任务确定

对于“任务”，《义务教育语文课程标准（2022 年版）》有这样一句描述：“语文学习任务群由相互关联的系列学习任务组成，共同指向学生的核心素养发展。”这句话明确无误地告诉我们三个基本信息：第一，在任务群学习中，任务是核心，是枢纽，对整个任务群的组织、推进、深入，起着“牵一发而动全身”的作用；第二，设计的若干个学习任务，必须互为关联，形成内在逻辑，不是碎片的，零散的，杂乱无序的；第三，确定的学习任务，跟生活中的洗衣、扫地的任务不同，与科学实验的观察、操作的任务不同，与日常活动中的游戏、玩乐的任务不同，它必须是语文的，是语文实践的，是有利于学生语文核心素养培育的。

基于这样的界定，我们认为，语文任务设计应满足以下要求。第一，语文性。即学习任务要含有语文核心知识，这种语文核心知识可以是单元语文要素，也可以是文本的主要语文知识。第二，典型性。语文知识非常复杂、庞大，各种各样的知识都可能隐藏或出现在教材和课文中，不是所有的知识内容都要重点学习的，因此，学习任务可分为常规任务、一般任务和典型任务，只有那些具有代表性、独特性、不可替代性的知识，才构成典型的学习任务。第三，操作性。学习任务是需要学生个体来完成的，操作性就显得很重要了。任务看似高大上，却脱离学情，超过学生的认知水平，就算跳了几跳依然摘不到果子，或者只需要死记硬背，机械抄写就可以完成的，就不具有操作性，自然就没有应用价值。第四，清晰性。当下的一些任务群设计，学习任务含含糊糊，像是羞答答的新娘，还披着厚厚的盖头，看不清，道不明，学生不知道要做什么，也不知道该怎么评价自己是否完成了任务，不利于学习。只有清晰明确的任务安排，才能指明学习目标，明确学习任务，从而更好地完成语文学习。

确定《母鸡》的学习任务，是基于对课文的精准解读和合理分析。如前所述，“体会作家是如何表达对动物的感情的”单元语文要素，初看，关键词是“体会”“表达”和“感情”，其实不然，还有“如何”。如果把这个语文要素进行拆解，会得出两个方面的认识，一是体会作家表达对动物怎样的感情，二是体会作家是如何表达这种感情的。虽然都围绕着“感情体会”，但前者指向阅读理解，后者指向文章表达，两者相较而言，“如何表达”更重要，为此，可以确定“体会课文情感”和“学习情感表达”两个学习任务。接着，再把这两个学习任务与《母鸡》相结合，在“学习情感表达”这个任务下，又可以细分出“态度变化表达情感”“同类对比表达情感”“直抒胸臆表达情感”等更具体化的学习任务。这样的任务确定，是把单篇课文置于单元教学的框架下进行的，既有单元课文教学的共同任务，也有单篇课文学习的典型任务，显然是合理的，是比较理想的。

需要指出的是，学习任务的确定，往往受到执教者教学理念的影响和制约。因为，任何一个课程设计或者学习任务，都是在或显或隐的课程观念指导下形成的，都体现了一定的思想，都是教师对课程认识、学科理解的具体表现，都是有意味的形式。按照知识的逻辑线性安排学习任务，按照知识点安排训练的做法，体现了知识本位的思想。语文学习任务群是核心素养时代的产物，是素养型目标的课程组织形式和教学方式。只有以语文核心素养为立意，确定学习任务，设计学习活动，才能改变原有的教学设计思路，体现素养导向的语文教育改革的方向。

三、探究式的写法学习

语文教育从传统走向现代，从知识能力本位走向素养本位是一个艰难的过程，许多有志之士作过很多积极的探索，“暗里摸索”和“明里探讨”的路向选择，可能就是其中一个吧。“暗里摸索”源于汉语言意会性、多义性、模糊性的特点，强调重感悟、重体验、重意会，在大量的阅读实践中，积累语言材料，习得语言经验，体会语言表达，提升语文能力。“明里探讨”引进现代阅读策略，重视比较、分析、鉴赏、综合等手段的实际运用，从而发现语言秘妙，揭开表达暗箱，在迁移运用中发展能力，培养素养。客观地说，这两种路径都是语文学习不可或缺的。只有“暗里摸索”，学生语文能力当然也会形成，但需要经历漫长的时间，学生耗费不起；只有“明里探讨”，生动丰富的语文学习可能就成了机械无趣的理性分析了。只有两者的有机融合，才是正确的方向。

就本文学习来说，更多的是采取“明里探讨”的学习方式。为什么呢？这与课文的特点有关。《母鸡》所讲述的事例都来自于日常生活，语言表达又非常浅显，学生理解起来没有多大难度。再者，作家老舍先生对母鸡的情感非常直白，“一向讨厌”“不敢再讨厌”“负责，慈爱，勇敢，辛苦”“它伟大，因为它是鸡母亲”“一个母亲必定就是一位英雄”，不论是讨厌还是喜爱，是尊重还是赞颂，都暴露在阳光下，毫不隐讳，绝不隐瞒，学生一读便知，散文常常有的深沉、浓郁、含蓄的情感表达，在这篇课文中统统不存在。由此，再花太多的时间去装模作样地进行情感体会，显然是不合适的。与其浪费时间，不如引导学生把精力投放到作者是怎样把这样的情感表达出来，让我们读者读了便懂，懂了便感动。而如何表达情感却不像表达什么情感那样，直接写在台面上，而是隐含在字里行间、事例选择、对比写法之中，仅靠一遍一遍的读书不一定感悟得出来，“明里探讨”的方法可能省时高效。另外，发现《母鸡》与《猫》在表达上的异同，“暗里探索”是不现实的，要花很多时间，课堂不允许不说，只是读呀、想呀，自然解决不了问题。“明里探讨”成了唯一的选择。于是，我们可以看到，这篇课文的教学，比较阅读成了使用次数最多，支撑阅读发现的重要手法，几乎贯穿整个任务完成过程。

首先是“一向讨厌”与“不敢再讨厌”的对比，从关键词“一向”“不敢”中，读出作者态度的鲜明转变，自然引出他为什么这样转变的阅读思考。接着是抓住第 1 自然段的“嘎嘎”，和第 5 自然段的“咕咕”，从用词对比中发现母鸡的叫声其实一样，但因为作者对母鸡的态度不同，带给他的听觉感受也不一样，原来用词中也隐藏着情感；往下又是第 3 自然段和第 8 自然段的叫声比较，一样声音尖，一样叫得狂，遣词造句却因作者的情绪不同而不同。然后是第 3 自然段和第 6、7 两个自然段，比较母鸡的做法因人而异。这些大多采取段落内容与用字用词的比较，中心句的比较是采取删改句与原句的对比，《猫》与《母鸡》的异同比较，借助表格。比较支架的变化，避免了比较阅读方式的单一枯燥。读写活动，明里探讨，开辟了一条学习语言文字的有效路径，形成了结构清晰、层层推进的学习闭环，为学生的深度阅读和任务达成提供了实践平台。

7. 循着美的文字，抵达美的心境

——《四季之美》课堂实录与教学解码

【背景解说】

曾经有个做法，就是自我感觉良好，认为某堂课上得投入，上得激情澎湃，热血沸腾，学生反应也很好，教学效果不错，就会第一时间，在电脑上记录下来，目的不在积累材料，以待今后发现或写书，而是害怕时间久了，当时上课的情境与体验也会随风而逝，再也寻找不回来。因为，同一篇课文，每次上课，都会不一样。我的教学，少有预先准备好的固定教案，通常只有一个大致的框架或模糊的程序，常常会随着教学的进程，和学生的表现，而灵活机动地生成、变化。即使有相对确定的教学预案，也不是照本宣科，一成不变的。如此上完课随手记录的做法，早在二十来年前就有了，可惜没有一直坚持下来，坚持成一个良好的习惯。因为我这个人比较懒，白天杂事又比较多，晚上基本不想写东西，所以，不是自以为满意的每节课都会记下，只是间歇性地、随机式地留下一些课的痕迹。《四季之美》就是“一些课”中的一个。记得当时是一上完课，立马回到办公室，立刻码字留存，这才有了现在这个教学实录。

为什么这么迅速做这件事呢？是因为激动，是意外之喜的激动。教过《四季之美》的教师一定有这样的感觉，读起来好美，教学起来好难。不仅是这篇课文，但凡美文，皆是如此，《白鹭》《少年中国说（节选）》哪篇不是？这就让我形成了一个固执的认知：越是短文、美文，越难驾驭；教得满意，教出精彩，难上加难，至少于我而言是这样。文学素养不济，教学功底不厚，让我对这类课文退避三舍，每每受邀上课，总是尽力避开这类课文。可是，在自己的学校，给自己的学生上课，总不能说这样的课我不上吧，逃也逃不掉，避也避不开了，只有硬着头皮上，可就是缺乏底气，不免心里打鼓、发怵。可万万没想到，有这么一天，有这么一次，在自己的班上，这篇课文的日常课也竟然上得风生水起，活色生香，着实把我吓了一跳。

因为语言优美，这篇课文成了许多爱好文学的教师作为公开课或示范课教学的首选。教学的重点不外乎两个方面，一是语言，二是写法。从语言表达角度看，春天的黎明，鱼肚色的天空与红紫云彩交融；夏天的夜晚，萤火虫着实迷人；秋天的黄昏，点点归鸦、比翼联飞的雁群，传递着回家的温暖；冬天的早晨，火盆是和谐的保障。如此文雅优美的言辞，不教岂不成了暴殄天物？从文章写法角度看，有并列式的篇章构思，有总分式的段落结构，当然最主要的还是动态描写与静态描写。这两种描写的高度统一，让文章散发出一种恬静、安然、淡雅的独特气质和韵味，令人读之，沉醉不知归处，“初步体会课文中的静态描写和动态描写”自然也成了课文所在单元的语文要素。将语言与写法作为重点教学内容固然没有问题，但在我看来，不论是语言，还是写法，都是人的“选择”，是作家无意识，甚至是下意识的自然行为，不是刻意为之。文字和方法的背后，其实是人的心思，人的情感，人对世界、对生活独特的体验，这或许是教学不能忽视的。

《四季之美》为什么如此独特？清少纳言并不关注春天的料峭寒意，夏季的蝉声蛙鸣，金秋的萧瑟秋风，寒冬的凛冽北风，却对春天黎明的云天，夏天夜晚的萤火，秋天黄昏的飞鸟，冬天清晨的炭火，情有独钟；不仅是观察的视角，还有观察者的心情，因为作者的心中没有聒噪、萧瑟和严寒。急躁的人看不到微小，暴戾的人看不到美好，文章所描写的景致，恰恰是作者心境的镜像，是平静安逸生活的折射，正所谓“一切景语皆情语”“有我之境，以我观物，故物皆著我之色彩”。

【课堂解码】

第一课时

学习任务一：唤醒经验，发现独特视角

师：谁还记得描写一年四季的诗句？

（生背）

师：老师也带来了一些古诗名句，我们也来吟一吟。

（出示诗句，学生一句一句地吟诵）

师：音乐柔柔，诗意缕缕，总让人心灵宁静、悠然，恰好带着这份惬意，走进今天的学习。

（出示课题，学生齐读）

师：读着这个题目，你猜到这篇文章一定会写些什么？

生：写春夏秋冬四个季节。

生：写四个季节的美丽。

师：是的，你猜得很对。写这篇文章的人是一个日本女作家，姓清，少纳言是官职名，具体名字不详，跟上老师的节奏，读读作家的名字。

（生读，“清”后略停顿）

师：其实写四季的文章大家并不陌生，古今中外有多少人写过，或诗词，可散文，不计其数。离我们最近的，是三年级学过的《美丽的小兴安岭》。（出示课文）那么问题来了，同样写四季，中国作家与日本作家有什么不同呢？这节课，我们就来好好地探究一下这个问题。

［**教学意图**］美的感觉，先从美的诗句入手，在这方面，我国丰富的诗歌资源为我们进行美的欣赏和熏陶，提供了充足的原料。先学生自由读，再一起读教师提供的，伴随着轻柔的音乐，学生的心渐渐静下来，慢下来。顺着音乐的旋律和节奏，读好课题的节奏，对即将展开的美的旅行作了感觉、情绪上的酝酿。

（出示活动要求：

同写四季的美丽，《美丽的小兴安岭》与《四季之美》有什么不一样？）

师：先看题目。

生：两篇文章都有“美”字，不同的是《美丽的小兴安岭》直接表明地点，《四季之美》没有，但点出时间是一年四季。

生：《美丽的小兴安岭》主要写小兴安岭的美丽，《四季之美》主要突出一年四季的美丽。

师：我们常说题目是文章的眼睛，文题不同，文章的写作内容、写作思路、写作方法甚至是篇章结构都不一样。我们再比写法。

（出示《美丽的小兴安岭》和《四季之美》两篇课文）

生：我发现两篇文章都写了一年四季，在每段话的开头直接写出具体是哪一个季节。

生：我来补充。《美丽的小兴安岭》用的是“春天”“夏天”“秋天”“冬天”四个词语；《四季之美》用句子，分别是“春天最美是黎明”“夏天最美是夜晚”“秋天最美是黄昏”“冬天最美是早晨”。

（出示：

春天最美是黎明。

夏天最美是夜晚。

秋天最美是黄昏。

冬天最美是早晨。）

师：这个发现很重要。读读这四句话，你还发现什么秘密吗？

生：这四个句子都是一段话的开头。

生：这四个句子都是这段话的中心句，表示这段话的主要意思。

生：四句话中都有“最美”这个词。

生：这四个句子结构是一样的。

师：这四句话连起来，像不像一首诗？

生：像。

师：我们把课题和这四句话连起来读一读。

（生齐读）

［**教学意图**］在小学语文教材中，同样描写四季美的文章只有三年级的《美丽的小兴安岭》，将其作为学习支架，可以帮助学生很快发现《四季之美》的独特性。有了已有知识经验的唤醒与参与，文章题目和段落开头的写法秘密，就一下子清晰起来了。

师：清少纳言笔下的四季，用了诗一样的构思，诗一般的语言，文章的诗意显然更浓了。还有什么发现？

生：这四个句子都有两个时间，前面表示季节，后面表示一天中的具体时间。

师：这叫一天中的一个时段，具体说说是什么时段？

生：黎明、夜晚、黄昏、早晨。

师：在清少纳言看来，这四个时段是最美的，这与《美丽的小兴安岭》是完全不同的，这在写法上叫视角独特。（板书：视角独特）用如此独特的视角来写的景物会不会也很独特呢？让我们进行第三次比较。

出示表格：

《美丽的小兴安岭》

季节	景物
春天	树木、积雪、雪水、小溪、小鹿
夏天	树木、雾、阳光、草地、野花
秋天	树木、落叶、榛子、蘑菇、木耳、人参、名贵药材
冬天	树木、积雪、黑熊、紫貂、松鼠

师：《美丽的小兴安岭》写了每个季节的这些景物，《四季之美》又写了哪些景物呢？认真读课文，填写下面这份表格。

《四季之美》

季节	景物
春天	黎明
夏天	夜晚
秋天	黄昏
冬天	早晨

师：谁先来分享你的学习收获？

生：春天最美是黎明写了天空、红晕、彩云。

生：夏天最美是夜晚只写了萤火虫。

生：秋天最美是黄昏写的景物比较多，分别是归鸦、大雁、风声、虫鸣。

生：冬天最美是早晨写了雪、霜、炭火和人。

［**教学意图**］写景的文章，自然离不开典型性景物的描写，这是常理。从景物选取的角度，发现两篇文章的不同，显然是非常重要的。只有发现选材的不同，才能更有说服力地揭示作者观察视角的不同，进而才有可能继续探索作者为什么如此选择写作点，从而抵达其内心。发现的眼睛更为集中，聚焦到两篇课文描写到的不同季节的不同景物。

完整出现：

季节	《四季之美》 景物	《美丽的小兴安岭》 景物
春天	黎明　天空、红晕、彩云	树木、积雪、雪水、小溪、小鹿
夏天	夜晚　萤火虫	树木、雾、阳光、草地、野花
秋天	黄昏　归鸦、大雁、风声、虫鸣	树木、落叶、榛子、蘑菇、木耳、人参、名贵药材
冬天	早晨　雪、霜、炭火、人	树木、积雪、黑熊、紫貂、松鼠

师：比较一下这两份表格，在景物选择上你又有什么发现？

生：景物数量不同。《美丽的小兴安岭》每个季节的景物多，《四季之美》比较少。

生：《美丽的小兴安岭》中的景物只有小兴安岭才有，《四季之美》中的景物许多地方都会有。

生：我补充一下。虽然《四季之美》中的景物许多地方都有，但却是这个季节、这个时段最特别的。

师：也就是说，《美丽的小兴安岭》的景物是独属于这个地方的；《四季之美》的景物是独属于这个时段的。

（《美丽的小兴安岭》表格下出示：指定的地点　所有的景物；《四季之

美》表格下出示：独特的时段 独有的景物）

师：一起读一读。

（生读）

［**教学意图**］如果说，孤立地发现这篇文章的景物选择难以起到比较的作用，那么，把学生找到的景物以表格的方式展示出现，其异同就一目了然了。但这还不是最重要的。因为，这还是拘泥于具体的、个别的比较上。透过个体、具体的不同，提炼、抽象出规律性的东西，才是最终目的。这个环节，做的就是这件事，这样对“视角的独特”才有感性、真切的认识。

学习任务二：走进“黎明”，发现独特写法

师：清少纳言这样选择景物，同样表现出其视角的独特。如此有着独特视角的女作家，她写四季中的景物一定也很独特吧？我们来做第四次的比较。（出示《美丽的小兴安岭》春天的一段话）这段话写了好多的景物，每个景物都显得那么有生机活力，就是因为用上了许多动作的词，比如“抽出”“长出”“涨满”“欣赏”；《四季之美》是不是也用到了动词呢？读读《四季之美》的春天一段。

（生读，圈画）

生：这段话用的动词是“泛着”“染上”“飘着”。

师：有了这三个动作词，黎明时的天空会发生什么美丽的变化呢？先来说说这三个词语的意思。

生：“泛着”就是透着、透出的意思。

生：我从“东方一点儿一点儿泛着鱼肚色”中的“一点儿一点儿”知道这时的“泛着”是很慢很慢的。

生：“鱼肚色”是一种颜色，“一点儿一点儿泛着鱼肚色”说明黎明的天空起先是又黑又暗的，“泛着”说明天空从黑暗慢慢变得明亮起来。

师：你这个“变”说得多好呀。看来，一个“泛着”不仅是动作，还含着天空明暗的变化呢。继续发言。

生：“染”是沾染，就是一样东西被一种颜色给沾上了，沾上的地方就变

成了这种颜色。

师：能举个例子说说吗？

生：比如本来是一张白色的纸，不小心滴上了几滴红墨汁，红墨汁就会一点一点向外渗透，慢慢就变红了。

师：联系课文“染上微微的红晕”，你又读出了什么？

生：天空的颜色又变了，从鱼肚白变成了红晕。

师：“晕”是多音字，在这里读“yùn”。“晕”是一种光圈，一般出现在强光的周围。当它出现在月亮周围的时候，叫“月晕”（出示“月晕”图片）；当它出现在太阳周围的时候，叫“日晕”（出示“日晕”图片）。由于出现的是微微的红色的晕，所以叫“红晕”（出示“红晕”图片）。

生：天空原先只是鱼肚白，现在又出现了微微的红晕，天空变美了。

师：从“泛着”到“染上”，变化升级了。谁来说“飘着”？

生：“飘着”的是“红紫红紫的彩云”，彩云出现了。

生：“飘着”是说天空又发生了变化，“红紫红紫的彩云”让天空变得瑰丽无比。

生：“飘着红紫红紫的彩云”让我看到了五彩斑斓、万紫千红、绚烂耀眼的春天的黎明。

师：读读这段话，把“泛着”“染上”“飘着”连起来想一想，你眼前仿佛出现了怎样的画面？

生：天空先是暗黑的，后来一点儿一点儿亮起来，然后鱼肚色的地方染上了微微的红晕，最后红晕又变成了红紫红紫的彩云，黎明的天空不断变化，越来越美。

生：天空从开头的什么都没有，到出现了红晕，后来又增加了彩云；颜色从黑变白再变红，最后变为红紫红紫，这样的变化让天空美不胜收。

师：想看看这样富有变化的春天黎明的天空吗？

生：想。

（播放视频）

师：能用一两个词语表达心中的感受吗？

生：五彩缤纷，变幻莫测。

生：绚丽多彩，心旷神怡。

师：就让我们带着这样美好的心情，读读这段话。

（生读）

［**教学意图**］与前三次的比较发现不同，这一次只把《美丽的小兴安岭》中的动词作为一个引子，意在引出《四季之美》的动词，而不是将两者放在一起比较意思的差异。这是因为，《美丽的小兴安岭》中的动词早就理解，再花时间纯属浪费。“泛着”“染上”“飘着”的引出，意味着语言赏读正式开启，动态描写的体会也随之展开。于是，学生读动词，猜意思，说感觉，想画面，呈现出丰富多样的个性化的阅读体验和感受。

师：看来，同样的动词，《美丽的小兴安岭》每个动词都只写出一个事物的特点，叫动作描写。而《四季之美》的“泛着”“染上”“飘着”三个动作并不是截然分开，而是叠加、交互的。天空不是一下子就这样的，开始，黑暗的天空因“泛着”鱼肚色而变得明亮，“染上”让鱼肚色有了一层微微的红，红的扩散与加强，让天空“飘着红紫红紫的彩云”。显然，“春天最美是黎明”是在三个动作的共同作用下，让天空一层一层着色，又一点一点添加景物，于是，天空变了，慢慢变得瑰丽起来，炫目起来。像这样通过动词写出事物的形态变化的描写，才叫作动态描写。（板书：动态描写）

师：一起读读这个词。

生：动态描写。

师：春天的黎明，因为有了动态描写，成了清少纳言笔下最美的时刻。我们合作，一起把这段话读一读，背一背。我读第一句，一、二组读第二句，一、二、三组读第三句，全班读最后一句。准备好，配上音乐。

师：春天最美是黎明。

生（一、二组）：东方一点儿一点儿泛着鱼肚色的天空，

生（一、二、三组）：染上微微的红晕，

生（全体）：飘着红紫红紫的彩云。

［**教学意图**］对于什么是动态描写，学生不懂，甚至连一些教师也不见得明了。在他们心中，加入动词的描写就是动态描写，这样的错误认知影响了文本语言和写作方法的学习。为了避免这种现象的发生，这里先是教师语言

描述，强调了“变”，强调了“变”后的“化”，正是如此的事物形态的“变化”，才称得上是动态描写。在此基础上，用更为直观、生动的叠加、层递式的朗读，把抽象的动态描写概念感性化、具象化。而这样的分组朗读，适合散文的特点，也为学生感受春天黎明的美，增添燃料与助力。

学习任务三：走进“夏夜”，感受美妙意境

师：清少纳言用动态描写，让我们看到了黎明天空层层叠叠的变化美。那么夏天的夜晚，是不是也这样写呢？我们也用刚才抓动词的方法继续探究。

（出示：夏天最美是夜晚。明亮的月夜固然美，漆黑漆黑的暗夜，也有无数的萤火虫翩翩飞舞。即使蒙蒙细雨的夜晚，也有一只两只萤火虫，闪着朦胧的微光在飞行，这情景着实迷人。）

生：我圈画的动词是“翩翩飞舞”，“翩翩”是姿态优美的意思，“翩翩飞舞”就是姿态优美的舞蹈。

师：请把“翩翩飞舞”放在这句话中，展开自己的想象。

生：“无数”表示数量多，这么多的萤火虫翩翩飞舞，这里一群，那里一伙，变幻无穷。

生：夏夜的萤火虫总是提着金光闪闪的灯笼，它们边飞边发着光，有时候飞成一种图案，一会儿又变成另外一种图案，看得人眼花缭乱。

生：无数的萤火虫闪着光，跳着舞，在漆黑漆黑的暗夜衬托下，显得更加明亮美丽了。

生：漆黑漆黑的夏夜，数也数不清的萤火虫发着光自由地飞翔，自由地舞蹈，整个夜空好像飞动着无数的小精灵，多像迷人的童话世界。

（轻柔的音乐声响起，蟋蟀的鸣响声中，无数萤火虫在夜间飞舞的视频播放。）

师（声音低而柔）：这是一种怎样的舞蹈呀！

（视频画面上出现“翩翩飞舞”四字，生读“翩翩飞舞”）

师（声音低而柔）：翩翩飞舞的就是这样的小生灵。

（“翩翩飞舞”前一行出现“萤火虫”，生读“萤火虫”）

师（声音低而柔）：这是一群快乐的小生灵。

（“萤火虫”三字消失，变成“也有无数的萤火虫”，生读“也有无数的萤火虫”）

师（声音低而柔）：这群快乐的小生灵翩翩飞舞在这样的一个舞台。（“也有无数的萤火虫”前一行出现“漆黑漆黑的暗夜”，生读“漆黑漆黑的暗夜”）

师：连起来读读这三行。

（生读）

［**教学意图**］面对美的文字，往往只能意会，不可言传。可是，阅读教学不能以此为借口，而无所作为。这就需要教师进行赏读的方法指引。找动词，说感受，想画面，可能是较为合适的。有了学习方法的提示，学生品味语言之美就不会像老虎吃天，无从下口。暗夜中的萤火虫，重在从“翩翩飞舞”，想象舞蹈的曼妙，再联系“无数”与萤光，想象漆黑漆黑背景下，闪着光的萤火虫们自由快乐飞翔的美丽情景，这样的语言品读，就收获了美的意象与意趣。

师：看来，“翩翩飞舞”生动再现了萤火虫自由自在的舞之蹈之，随意变幻图案的动态之美，是一种综合起来的动态，充满了梦一般的快乐与灵动。还找到了哪些动作词？

生：我找到的是“闪着”和“飞行”，我发现这句话与前一句写得不一样。

师：说说看有什么不一样。

生：前一句是“翩翩飞舞”，这一句用“飞行”，动作不同；前一句是“无数”，这一句只有“一只两只”，数量不同。

师：能用对比的方法理解这句话，值得表扬。还有不同吗？

生：前一句没写萤火虫的光亮，这一句写“闪着朦胧的微光”。

生：还有一个不同。一个是暗夜，一个是雨夜。

师：发现了不同虽然好，但还不够，还要读懂不同的背后作家究竟想表达什么。小组交流一下，好好琢磨琢磨。

（生交流）

生：我觉得这句话给我们的感觉不一样。翩翩飞舞的萤火虫数量多，很热闹，一只两只的萤火虫却是静静的，安宁的。

生：暗夜中的萤火虫明亮，闪着光芒；雨夜中的萤火虫好像有点孤独、冷清。

生：我是这么认为的，无数的萤火虫给暗夜带来光亮，一只两只的萤火虫却给雨夜带来一丝温暖和生机。

师：同学们，你们的阅读体验真是细腻，快走进作家的心里去了。这样的夏夜，有着独特的意境与美妙。你瞧——

（轻柔的音乐声中，播放雨夜的视频。视频画面先出现“飞行”，“飞行”前再出现“闪着朦胧的微光在”，接着依次出现“也有一只两只萤火虫”“即使是蒙蒙细雨的夜晚”和“这情景着实迷人”，形成一首小诗。学生吟读。）

［教学意图］夏天夜晚的萤火虫，课文写了暗夜和雨夜两种景象，同是夜晚，同为萤火虫，这样的语言特点为学习方法的迁移提供了可能。雨夜中的萤火虫的品读，就是要在暗夜萤火虫的基础上，从不同处入手，就可以了。于是，学生发现了数量的不同，光度的不同，背景的不同，“细雨蒙蒙”“一只两只”“闪着微光”一组合，迥异于暗夜的迷人景象就浮现在学生脑海之中了。

师：就这样，仅仅只是数量的变化，仅仅只是动作的变化，同样的萤火虫却带给人完全不同的画面和感受。这样的细微变化，只有极度敏感的人才能体会得到，只有像清少纳言这样情感细腻的人才能体会得到，这也是清少纳言散文的又一大特色。（板书：情感细腻）

（出示：

夏天最美是夜晚。

明亮的月夜固然美，

漆黑漆黑的暗夜，

也有无数的萤火虫

翩翩飞舞。

即使是蒙蒙细雨的夜晚，

也有一只两只萤火虫，

闪着朦胧的微光
在飞行，
这情景着实迷人。）

师：让我们把它化成诗，活在我们的脑海，印在我们的心间。

（学生配乐朗读、背诵）

师：这节课，我们通过多角度、多层次对比阅读，发现清少纳言散文的视角独特，善于运用不同的动态描写，表现一个季节一个时段的独特美，而这一切，都源于她细腻的情感。清少纳言到底有着怎样与众不同的人生经历和生命体验，才成就了她作品的独特呢？请大家查找、收集清少纳言的生平信息和作品材料。这节课先上到这儿，下课。

［**教学意图**］从文字到景物，从景物到画面；从画面到意境，从意境到情感，一层一层，如抽丝剥茧般，逐渐抵达人的内心，发现这篇散文之所以动人的根本原因。把整段话变成一首小诗，无非想以另一种美的形式，诠释散文的美。边读边想，边想边读，学生漫游于美的胜境、美的情感中。

第二课时

学习任务四：闲聊“黄昏”，感悟变化原因

师：同学们，上节课我们学习了《四季之美》的春天和夏天，你觉得这篇文章独特在何处？说说你读后的感觉。

生：我觉得文章写的是时间，这非常独特。

生：我觉得作者运用动态描写的方法写自己的发现和体会，这很独特。

生：我觉得文章写时间，没有写景物，这与一般的写四季的文章不同。

师：只写时间，没写景物吗？

生：有写景物，是写特殊时间里的景物。

师：这么说就准确了。说说春天黎明和夏天夜晚的景色是怎样变化的。

生：春天的黎明，颜色的变化是慢慢的，一点一点变的。

生：夏天夜晚的萤火虫翩翩飞舞应该也是很轻柔的。

生：萤火虫发出朦胧的光，也是微弱的，不那么明亮。

师：是的，这些景物都给我们静静的感觉，轻轻的感觉，慢慢的感觉。这或许就是春天、夏天两个部分的独特之处吧。

生：我觉得这篇文章的作者清少纳言很独特，她是皇宫的女官。

师：其他同学也说说清少纳言。

生：清少纳言是日本平安时期著名的女作家，中古三十六歌仙之一，与紫式部、和泉式部并称平安时期的三大才女，曾任一条天皇皇后藤原定子的女官。

生：随笔作品《枕草子》是她的代表作，为日本文学开拓了一个新的领域，她的随笔为日本散文奠定了基础。

生：我在一则资料中看到，清少纳言白天基本上都在宫里工作，只有早晨或傍晚才有机会接触社会、自然和生活，这可能是她视角独特、情感细腻的原因吧。

［教学意图］ 看似闲聊，回顾第一课时学习内容，其实不“闲”。一方面，学习这篇散文，就是要以一颗散漫的“闲”心，借助随性的“闲”聊，走进文字的。另一方面，聊的不是别的，而是“独特”，作者的眼光独特，情感独特，人生独特，这是正题，也揭开了本课时教学的序章。

师：你的这份资料也很独特，对于认识清少纳言很有帮助。那么，清少纳言笔下的秋天的黄昏也跟春天、夏天一样是独特的吗？自由读读第 3 自然段。

（生自由读）

师：课文这一段写到的是——

生：黄昏。

师：说到黄昏，你会想到什么？

生：夕阳。

生：晚霞。

师：现在的人事情多，工作忙，天黑了，还在外面玩着。古人可不一样，日出而作，日落而息，一到夕阳西下，在田里干活的要回家，在政府上班的要回家，出门在外的人也想着要回家。因此，夕阳、黄昏，在古人的诗词和文章中就代表着思亲，恋家，甚至是忧愁，回不了家的忧愁。那么，作者在这里写了黄昏的什么呢？

生：写了点点归鸦。（读：夕阳斜照西山时，动人的是点点归鸦急急匆匆地朝窠里飞去。）

师：作者这里用了“动人”，“动人”的是什么？

生：是点点归鸦急急匆匆地朝窠里飞去。

生：是一只只归鸦匆匆忙忙地飞回去。

师：归鸦就是回家的乌鸦。“点点”给你什么感觉？

生：就是数量很少。

生：就是这里一个，那里一个，不聚集在一起。

师：这是一层意思。第二层呢？

（学生说不出）

师：我们一年级学过《树和喜鹊》，说“只有一棵树，只有一个鸟窝，只有一只喜鹊”，这是——

生：孤单。

师：这“点点”也就是——

生：这里一个，那里一个，数量少，很孤单。

师：进一步说是——

生：孤独、寂寞。

师：知道“窠”的意思吗？

生：窠就是窝。

生：窠就是鸟巢。

师：人有窝吗？

生：有，就是房屋。

师：哦，房屋。（手指教室）这是房屋，是家吗？

生：不是，这是教室，不是我们的家。

师：那么，房屋和家有什么不同？

生：房屋是建筑，家是我们一家人住的地方。

生：家是温暖的地方。

师：是啊，家是温暖的地方，我们住的地方是家，“窠”就是——

生：归鸦的家。

师：所以，读到这个“窠”字，可不能只想到这是鸟窝，而要想到它也是鸟儿温暖的家。这时再读这句话，你应该知道“点点归鸦急急匆匆朝窠里飞去”的原因了吧？

生：就是这些归鸦想早点回到温暖的家。

生：就是归鸦一个个急忙着回家。

师：如果这归鸦是一个母亲？她这么急是为了——

生：她想早点回到家看看自己的孩子。

生：她想抱抱可爱的孩子。

师：读读这句话。

（生读）

师：如果这归鸦是一个孩子呢？

生：他想快快回家，得到家人的温暖。

生：他想早点回到母亲的怀里，诉说自己的思念。

生：他想告诉家里人，自己在外面做了什么，有什么开心事，有什么烦恼事。

师：是啊，在外有了高兴事，要急着与家人分享；心里有了委屈，也想向家人诉说。因为，家就是心灵的港湾，家就是精神的家园。带着这样的感觉，读读这句话。

（生读）

［**教学意图**］较之第一课时的指导，是不是有很大的不同？在第一课时中，教师参与得多，指导的力度相对大些。这是因为春、夏两段话，语言太过优美，景物学生并不常见，他们第一次读到这一类文章，加上又是第一课时，学生对文章视角的独特，描写的独特，情感的独特还没有一个相对稳定、成熟的感觉，教师的引导就很有必要。这节课有所不同，秋天黄昏部分，语言相对平实，景物也不陌生，只要在重点字词，如“点点”“窠”“归”等上作些许点拨，在举重若轻中，推动学生的“闲”聊走向深处。

师：课文写归鸦，还像写黎明的天空、夏夜的萤火虫那样，轻轻的、慢慢的吗？

生：不是，是急急匆匆的，是快的。

师：虽然有慢有快，但所写的景物都在动，都在变。而且还要关注此时的背景，夕阳西下，残阳如血。想象一下，那是怎么样的场景？

生：夕阳的余晖中，一只一只的归鸦，孤零零地飞着，向着家的方向飞去。

生：点点归鸦心里装着家，想早点儿回家与亲人团聚，就越飞越快，离家越来越近。

师：读出这种感觉来。

（指名读，齐读）

师：此时，作者说“动人”，仅仅是动人吗？

生：是动心了。

师：是的，不仅作者动心了，我们也动心了。阅读这样的文字，需要我们打开心门，心门打开了，我们就能触摸文字的温暖，感受文字的情感。我们再用朗读进一步体会这种温暖和情感吧。

（生读）

［**教学意图**］隐含在文字背后的东西，学生是难以触及的，因此，提醒、启示和提升是必要的。“课文写归鸦，还像写黎明的天空、夏夜的萤火虫那样，轻轻的、慢慢的吗？”看似问得轻巧，其实是助推学生感受文字微妙、走向作者内心的有力之举。

师：大雁给你什么样的感觉呢？自己读读这句话。

生：老师，什么是“比翼”？

师：“翼”就是鸟的翅膀，“比翼”就是——

生：就是翅膀互相挨着飞。

生：就是你挨着我，我靠着你，一起飞。

师：回到原来的问题，读了这句话，说说大雁给你的感觉。

生：和谐。

生：团结。

生：力量。

生：很壮观，有气势。

师：是啊，你想象一下，一群大雁一会儿排成“一”字形，一会儿排成“人”字形，边飞边叫，多么和谐、温暖的画面呢。

生：老师，我读出的是“陪伴”。

师：哦，说说看。

生：我是从前面一句想到的，点点归鸦是孤单，比翼而飞自然就是陪伴了。

师：会读书，掌声。（学生鼓掌）你看，心门打开了，果然就读得不一样了。

生：我有补充。这里的陪伴就是如果有的大雁受伤了，就有许多大雁来帮忙；如果一些小雁飞不动了，伙伴们就会鼓励他，陪着他慢点儿飞。

师：多好的陪伴啊，多美的画面啊，怪不得作者说“更是叫人感动”。让我们用声音来传递这种感动吧。

（生个人读后，全班读）

师：夕阳斜照西山时，往低处看——

生（读）：“动人的是点点归鸦急急匆匆地朝窠里飞去。”

师：向高处看——

生（读）：“成群结队的大雁，在高空中比翼而飞，更是叫人感动。”

师：向天边看——

生（读）：“动人的是点点归鸦急急匆匆地朝窠里飞去。”

师：抬头看——

生（读）：“成群结队的大雁，在高空中比翼而飞，更是叫人感动。”

［教学意图］雁阵一句的阅读一以贯之，依然保持着“闲淡”的风格。教师的指导若隐若现，释在疑难点，引在关键处，学生依然在轻松愉悦、不受干扰的氛围中自由漫谈，畅聊。

师：夕阳西沉，夜幕降临，作者写了什么？

生：风声、虫鸣。

师：发现了吗，同时写景物，夕阳斜照和夕阳西沉却不一样？

生：一个写看到的，一个写听到的。

生：一个写得比较具体，一个很简单。

师：是啊，为什么一个具体一个简单呢？

生：我觉得夕阳斜照时，景物看得见，写得就具体点；夕阳西沉，什么也看不见，只听到声音，就写得简单了。

生：我认为声音写得简单跟看不看得见没有关系，这么厉害的一个作家，一样可以把声音写具体的。

师：那认为什么原因呢？

生：我也说不清楚，只是这样感觉。

生：老师，是不是这样写能给人展开想象？

师：如果一张国画，全是黑压压的景物，你有什么感觉？

生：有一种压迫感，看了不舒服。

生：会给人很拥堵的感觉。

师：对，这就是“留白”（板书），文学作品有了留白，就有了一条透着光的缝，就给读者留下了想象的空间，可以边读边品，边读边想。你觉得这风声、虫鸣是怎样的呢？

生：风吹过梧桐叶的声音。

生：风在原野上肆意奔跑的声音。

生：可能有纺织娘的“叽叽叽”的叫声吧。

生：也有秋蝉的窃窃私语。

生：还会有蟋蟀的高声吟唱。

师：如此美妙的大自然声响，听起来也愈发叫人——

生：心旷神怡。

师：这个词语有两个生字，一是“旷”，后鼻音，一是“怡”，注意读准。（生读）

师：“心旷神怡”是什么意思？

生：就是精神愉快。

生：心情很好。

师：这是整体上的理解，如果能说单个字的意思就更好了。比如“旷”字——

（学生说不出）

师：我们学过一句诗："野旷天低树，江清月近人"，"野旷"就是——

生：（恍然大悟）哦，我知道了，就是原野一片宽阔，看不到边际。

师：那"心旷"呢？

生：心也像原野一样辽阔无边，没有阻碍，说明没有什么忧虑。

师："怡"是竖心旁，与心情有关，所以心旷神怡就是——

生：心情舒畅，精神愉悦。

师：在看不见的夜，连风声、虫鸣都能让作者心旷神怡，这该有一颗怎样的敏感的心啊，一个心思多么细腻的女子。

（生读这句话）

师："秋天最美是黄昏"一段，写的景物很多，有看到的，有听到的，静中有动，动中有静，读的时候，要读出这样的变化。谁来试试？

（指名读，全班读。）

［**教学意图**］同为秋天之景，这里写到的却是风声、虫鸣，文字上不带任何的修辞，与其他语句很不一样。如此简约而不简单的语言，很容易被忽视，作者为什么这样写就很值得玩味了。关于原因的追问，关于"留白"的告知，关于声响的想象，一步步下来，学生就在不经意间，慢慢悟出了文章布局的精巧与美妙，感受作者独特的构思与匠心。

学习任务五：打开心门，触摸作者心境

师：冬天一段，你们自己读，看看这段文字会给你什么感觉。老师提醒大家，要把心门打开，去静静地读，静静地感受。

（生自由读）

生：这段话给我的感觉就是一个字：静，一切都是静静的。

生：我也是读出了安静。

生：我读出的是安详，落雪的早晨，熊熊的炭火，一切都很宁静、美好。

生：我的感觉是慢悠悠的，很舒服。

生：我读出的是悠闲自在，生活得很快乐，很幸福。

生：我读出的是和谐，窗外雪霜的冰凉，与屋内炭火的温暖，相互映衬，非常和谐。闲逸的心情和寒冷的冬晨也很和谐。

生：我读出的是对比。屋外的寂静无声，衬托出屋内穿过走廊的脚步声；屋内的温暖，衬托出屋外的寒冷。

生：我读出的是温暖，虽然窗外的清晨凛冽，但屋内的炭火熊熊，多么温暖啊。

师："凛冽"都是两点水，表示刺骨的寒冷。屋外的寒冷反衬出屋内的温暖。读好"凛冽"，记住字形。

（生读"凛冽"）

生：我来补充，我觉得温暖的不仅是炭火，还有"手捧着暖和的火盆穿过走廊时"的心情。

生：我觉得是闲逸，很闲很闲的样子。

师："闲"是悠闲，"逸"是安逸，安逸可见心里很满足，这才是"闲逸"。

生：我读出的是失落。

师：怎么说？

生：你看，课文说"只是到了中午，寒气渐退，火盆里的火炭，大多变成了一堆白灰，这未免令人有点儿扫兴"，作者心情很失落。

师：作者为什么感到扫兴？

生：因为火炭变成了白灰。

师："火盆里的火炭，大多变成了一堆白灰，这未免令人有点儿扫兴"，那么，怎样才不让人扫兴呢？

生：就是炭火熊熊的时候。

生：就是"手捧着暖和的火盆穿过走廊"的时候。

师：看来，作者在扫兴之余，心里还不忘什么？

生：不忘火盆里的熊熊燃烧的火炭。

生：心里还想着，火盆里的火炭，如果不变成一堆白灰，那该多好。

师：可见，这扫兴的背后，却隐隐透露着作者对美好生活的向往、憧憬。但这种情感作者就是不写出来，只有细细品味才能有所感觉。大家一起读读这段文字吧。

（生读）

［教学意图］ 有前半节课的随性“闲”聊，“要把心门打开”的提示就水到渠成了。果然，学生的心门打开了，冬天早晨一段，作者不像前面三段那样，隐在景物和文字之后，而是直接出场，出现的画面又很独特，“捧着暖和的炭火穿过走廊”，与窗外的落雪与白霜，交相映衬。这段文字所呈现的画面和情绪，对于没有这样生活经历的人，其实是很难感受得到的。可是，学生却触摸到了，这都源于“把心门打开”。这样的课堂样态，“教”“学”状态，或许就是我所推崇和追求的，这也是这堂课让我兴奋不已的原因吧。

学习任务六：梳理文脉，体悟精妙构思

师：读到这里，大家都读出了自己独特的理解和感受，特别好。不过还有个问题需要大家帮忙，你觉得冬天这段话还和前面三段写的一样吗？

生：我认为不一样，前面三段主要写景物，这段话没有写。

生：我赞同，因为如果是写景物，那为什么课文只有“落雪的早晨”“遍地铺满白霜的早晨”“无雪无霜的凛冽的清晨”，都是简单写，没有具体写落雪的样子，遍地铺满白霜的样子。

师：既然不主要写景物，那主要写什么？

生：写人，写作者闲逸的心情。

生：我觉得还写了作者对闲逸生活的感受，她觉得这样的生活她很享受，她很幸福。

生：我的看法是，春、夏、秋三段话也有写人，但没有明着写出来，只是藏在“着实迷人”“动人的是”“叫人感动”“叫人心旷神怡”当中。冬天的这一段是直接把闲逸的心情写出来了。

师：这样联系上文一读，就读出了与别人不同的发现，为你点赞。（掌声）四段话，相同的结构，相似的内容，但最后一段这么一变，整篇文章统一中就有了变化。而且由景到人，把人的情感放在最后写，文章脉络一层一层地推进，这是许多文学作品的共同写法。再一起读读这段话，感受一下这

种写法的妙处。

（生读）

［**教学意图**］这是对文章构思进行的一个讨论，发现四段话同中有异，领悟如此谋篇布局、组织安排的内在原因，从中积累写作知识，获得写作启示。

师：读完了全文，从美美的文字中，你读到了一个什么样的清少纳言？

生：这是个心思细腻，情感丰富的女子。

生：有着独特的生活体验的清少纳言。

生：富有温情、文字感人的清少纳言。

生：我觉得清少纳言是个对自然万物极为敏感的人。

生：这是一个热爱自然，热爱生活，很有诗意的人。

师：请大家自由选择一段话，把自己的感受和体会带进去，也读出来。

（学生绘声绘色地读课文）

师：最后我们来认识一下清少纳言的代表作《枕草子》吧。

（出示《枕草子》一书的封面和文字介绍）

师：关于清少纳言生平的资料很少，因此，专门记载平时她在宫中所见所闻的《枕草子》就变成了一个重要的资料来源。如果大家想进一步认识清少纳言这个人与她的写作特点，那就阅读她的《枕草子》吧。回家写生字的时候，特别要注意两组字。

［**教学意图**］前头是从学生搜集的清少纳言的生平资料说“独特”，学完课文，对文章的独特有了切身体验之后，再说清少纳言，学生的认识无疑是进了一步。此时，学生心中的清少纳言就不是抽象的，而是具体了点；也不是模糊的，而是有了点真实感。由此再介绍《枕草子》，学生的阅读欲望可能就会被激发，阅读热情可能就被点燃。

（出示：黎—漆　逸—免）

生：“黎”“漆”都有“人”和“氺”，但所在位置不同，“黎”在下部，“漆”在右下部。

生：不是“水”，是“氺”，“水”的横撇要改为点、提。

师：还有一点，“黎”的右上不是“勿”，少一撇。

生：“逸”的右上部是“兔”，不是“免”，比“免”多一点。

师：也可以反过来说，“免”比“兔”少一点。回家后把课后生字写一写，要求写得端正，写得美观。下课。

［**教学意图**］只针对一些容易混淆的难字进行指导，是高年级生字书写的基本做法。这样做，体现了识字写字是为了阅读的学科理念，而不是相反。

【特色解析】

一、散文“散”教

说起散文，我们的脑海里首先跳出的一定是“形散神聚”“形散神不散”。《四季之美》确实够散的。从文题看，此文写的是四季，也就是说，一年四季用一篇文章一网打尽，而别人写四季，多为一篇写一季，比如朱自清的《春》，汪曾祺的《夏天》，郁达夫的《故都的秋》，老舍的《济南的冬天》，无不如是。一文写四季，字数一定很多吧？其实不然，《四季之美》全文仅寥寥300余字，可说是散文中的“小不点”了，作为一篇课文在高年级教材中也属于不折不扣的“短文”。在这篇散文中，一个季节，一个段落，可真“散”。我对课文教学有一个基本的理念，就是教出文本的“这一个”。所谓“这一个”指的是每篇课文都有与众不同的、专属于自己的独特性，我称之为“文本个性”。教出课文的独特性，教出文本个性，是语文教学必须做的事。《四季之美》的“散”主要体现为一段话一个季节，那就一段一段地教好，教出这一段话的精髓，教出这一个季节的魅力，才是正道。如此，四季之美，具体地说是春夏秋冬不同的美不就一一体悟了吗？各美其美的最终目的，就是美美与共，也不枉这篇散文的“散”之美。

于是，教学这篇课文，就不作内容整合的考量了，老老实实地带领学生一段一段地品，一段一段地读，一段一段地悟，品出、读出、悟出每一段的不一样来。春天的黎明，是“微微的红晕”“鱼肚色的天空”下的微微律动，是一种朦胧的、隐隐的、即将到来的生动；冬天的早晨，是落雪纷飞、白霜满地的安详与宁静，是“手捧暖和的炭火穿过走廊”的悠然与闲适；夏天的夜晚，是“翩翩飞舞的萤火虫”绘就的梦幻与迷人，“蒙蒙的细雨”“朦胧的微光”交织而成的清新与暖意；秋天的黄昏，是“点点归鸦”“南归的大雁”的温暖与热烈，是“风声”“虫鸣”的交响与欢乐。读到了这些，我们也能像作家说的那样，感受到这些情景“着实迷人”，着实“叫人心旷神怡”，连“这寒冷的冬晨”也与“那闲逸的心情”呈现出无比的和谐来，最后聚焦到作者积极、乐观的生活态度，恬静、闲淡的内心世界。

在此基础上，再联系文章作者清少纳言的生平和代表作《枕草子》，感悟其作品极富个性色彩的原因。清少纳言，日本平安时期著名的女作家，拥有日本皇族血统，本人是日本第四十代天皇天武天皇的第十代世孙，曾任一条天皇皇后藤原定子的女官。《四季之美》就选自她的代表作品《枕草子》，这本书是清少纳言在宫中做官时起执笔，出宫后两三年内完成的，记载了作者对宫廷生活的回想、见闻以及关于自然、人生的随想，大体分为“类聚章段”“回想章段”“随想章段”三种，为日本的物语文学和日记文学开拓了一个新的领域。特别的家庭，特别的身份，特别的经历，特别的生活，使得她的作品“看似寻常最奇崛”。

二、美文“美”品

《四季之美》通篇散发着“美”的气息，美的韵味。这种美无处不在，无字不有。

一是意境美。一年四季，春夏秋冬，可写的物、事、人，不计其数，可这篇文章都不写，偏偏选取那些不入他人法眼的平凡、微小的事物，微微的红晕，萤火虫的微光，漆黑漆黑的暗夜，蒙蒙细雨，点点归鸦，风声，虫鸣，冬日暖和的火盆。正是这些极为被人忽视、漠然的细节，在作者的精心编织、慧心营造下，呈现出了或微细轻盈，或淡远平和，或生命涌动，或祥和安宁的画面美，意境美，读来如饮甘醇，不喝自醉。掩卷沉思，那红晕，那彩云，那翩翩飞舞的萤火虫，那比翼振飞的雁阵，那手捧炭火穿廊而过的身影和画面，依然历历在目，挥之不去。

二是语言美。散文的语言，带着作家鲜明的个性风格，给学生展现了一道独特的语言风景，它就像一个爱美的女人，经作家的巧手妙笔，焕发出不一样的色泽与光彩。明明就是几只归鸦，一经比喻与叠词的修辞，说成“点点归鸦”，原来丑陋的，给人观感不佳的乌鸦，立马富有了人情味，有了画面感，似乎有一种淡淡的孤独感向你袭来，想象着归鸦急急匆匆向前，奔向温暖的家，与家人团聚的温馨时光。尤其是叠词的使用，丰富多样，精彩纷呈，不论是单字叠词“翩翩飞舞”“蒙蒙细雨”“点点归鸦”“熊熊的炭火”，还是词语叠用的“红紫红紫的彩云”“漆黑漆黑的暗夜”，都给事物增添了不一样的美。由此可见，一个寻常的汉字只要用对了地方，或者改变了组合的形式，就具有了超乎寻常的表现力，就能传递出特别的情意。因此，读这篇散文，就要对这些语言文字保持一种敏锐感，善于发现那些新鲜的词语或句子，选取最具代表性的词句，在品赏、比较、体悟、想象、朗读等多种形式的学习中，磨砺、积淀学生对语言的审美力，提高审美素养。

三是写法美。平凡、细微的事物，之所以读起来令人美不胜收，动态描写与静态描写的匠心独运，功不可没。通读全文，静心思考，你会有一个有趣的发现，这篇课文的动态描写非常奇特。春、夏、冬三个部分写了天空、萤火虫、人的活动，但你读起来，似乎感觉不到动，秘密在哪里呢？就在于作者将这些人或物的活动放置在安静的心境下，是闲逸心境下的动，是轻盈的律动，而非《观潮》中的人们看到潮水铺天盖地涌来时的那种激动和兴奋，更不是那种波澜壮阔的大起大落、大悲大喜，这是一种细致绵长，余味无穷，意蕴深远的闲逸之动，读来却让人怦然心动。所以，品读这些文字，就要注重引导学生透过动态描写的本身，触摸到作者的写作心境，进而体会如此动态背后的文字韵味和文章意味。

三、简文“简”学

高年级的课文，千字以上并不少见，一篇三百多字的文章，不就是“短文简章”吗？不仅篇幅简短，而且结构简单，四段话，一段写一个季节，每段开门见山点明季节中最美的时刻，再抓住这一时刻自己认为最美的景物进行描述。每个季节，描写的事物也不多，却典型，寥寥数笔中写出对事物微妙的感觉，简洁明了，毫不拖泥带水，清新，优美，富有情趣，读来饶有趣味。

学习这样的文章，方法不必太复杂，“品”“想”“读”恐怕是最佳方案，这是由这篇文章的内容与语言特点所决定的。除了上述说到的语言，这时着重说说句式结构与色彩使用。文章四个自然段都以“……最美是……”的句式开头，再具体展开细致描写，又用关联词如“固然……也有……”“即使……也有……”“就是……或是……也要……”等，进行前后承接，章法布局之妙，具有建筑美。尤其是夏夜一段，延展的句式，给情感的流露提供了相应的长度，就像是一组延长的音符，让这种光影交错的美萦绕在心头。句式之美，尽显语言的节奏之美，为文章增添了明丽的文学光彩。色彩方面，鱼肚色，红晕，红紫红紫，让春季黎明色彩斑斓；漆黑漆黑的暗夜，衬托闪着微光的萤火虫，幻化出童话般的奇妙与梦幻；夕阳斜照，给乌鸦、大雁，披上了一件金亮的盛装；白雪白霜，与“熊熊的炭火”“暖和的火盆”相映成趣，给人的内心宁静之感，恰如“绿蚁新醅酒，红泥小火炉”，颜色的反差，倒给沉寂的冬季平添了许多趣味。对于如此温暖、柔美、典雅的文字，理性的分析，刚性的说教，不合“文宜”，唯有细细的，轻轻的，柔柔的感性浸润，诗意回味，方是上策。

“品”就是品词析句，玩味语言的韵味。像“泛”“染”“飘”，要结合学生的生活经验，比如画画的孩子见过甚至用过国画中的泼染，墨汁在宣纸上，一点儿一点儿地浸润，漫洇，扩大。还可以将这三个字调换位置，体会动词表达的精准、精当与精妙。“想”就是想象，引导学生读着这段话，脑海浮现出黎明的天空从“泛”到“染”到“飘”的色彩变化、景物变化的慢镜头、全过程，把抽象的文字化为生动的画面，在这个过程中，懂得这样一处地方、一个景物，不断演化、不断叠加的变化，才叫动态描写。而黎明天空的动态变化却是缓慢的，微小的，不经意的，看景的人一样是静静地坐着，静静地看着，静静地欣赏着。“读”就是朗读，带着自己对这段文字、人物心境的深切体会，用富有色彩的声音，有感情地读，表现语言的韵味与形象。如此，就能变文字的视觉形象为听觉形象，给人以文字画面和艺术美感。

8. 打通小古文与现代文的阅读管道

——《杨氏之子》课堂实录与教学解码

【背景解说】

统编小学语文教材正式使用后，人们惊讶地发现，原来初中才有的文言文，竟然也成了小学课文。这些文言文，因为篇幅短小，富有节奏，能够熟读成诵；内容相对简单，往往蕴含着一个道理，对孩子很有启发；讲述的故事大多都是孩子在妈妈怀里或在幼儿班听过的，一言以蔽之，短小精当、通俗晓畅、文好质美，所以人们送它一个名字，叫“小古文”。就这样，小古文无可争议地成了统编语文教材编写的一大亮点。

小古文最早安排在三年级，上下册各一篇，分别是《司马光》和《守株待兔》，从四年级开始，数量逐步增加，每个学期都安排了两篇。教材中的小古文种类还很丰富，有人物传说，如《司马光》《王戎不取道旁李》；有寓言，如《守株待兔》《自相矛盾》；有神话，如《精卫填海》；有散文，如《书戴嵩画牛》；有民间故事，如《铁杵成针》等。数量最多的，还是寓言和人物传说，人物传说为重，从三年级到六年级，每个年级都有安排。之所以如此，是因为所选的人物故事，都包含着许多优秀品质。小古文中的人物与学生年龄相仿，人物故事符合小学生的阅读心理和身心发展规律，人物身上的品质可以给学生以教育和启示。《杨氏之子》就是一篇关于人物故事的小古文。

这篇小古文选自《世说新语》，它是南朝宋刘义庆编撰的一部志人笔记小说集，主要记载东汉末、三国、两晋士族阶层的逸闻轶事，是中国古代志人小说的杰出代表，被鲁迅称为“记言则玄远冷隽，记行则高简瑰奇”，评价很高。文中所写人事虽各各不同，传神写照的特色却一以贯之。尤其写人，往往抓住人物的三言两语或神态举止，寥寥数笔，人物形象却跃然纸上，栩栩如生，人物精神风貌，鲜明生动，历历如在眼前。《杨氏之子》就是如此，杨氏之子，年仅九岁，面对孔君平的问题，巧妙应答，机智应对，表现出过人的机敏与聪慧，令人印象深刻。故此，《杨氏之子》与《手指》《童年的发现》一起，共同编入“语言的艺术”单元。

《杨氏之子》在不同的地方教过四次。一次在任教学校，一次在厦门，两次在福州。四次教学，略有不同，尤其值得一说的是其中一次。地点为福州郊县的一所学校，原来是听课评课，一个教师执教的就是这篇《杨氏之子》。没想到，听着听着，眼前的课堂引发了我的诸多想法，兴之所及，主动提出同课异构，于是就有了无预习、无课件的临场教学。本书《火烧云》一课的教学，也发生在同一天同一所学校同一次活动，只不过一节在上午，一节在下午。一天听两节课，同课异构两节课，分析点评两节课，这是一次难忘而美好的经历。

本课实录，源自厦门的一次活动。这次活动主题是关于语用品质方面的，与我的语用教学主张高度吻合。选择这篇课文进行教学展示，是因为在我的经验中，小古文往往可以用一节课完成，不存在课时划分的问题，能够比较完整地展示整篇课文的教学，这是我所希望的。还有个想法是，小古文是一种新出现的特殊的文体，我也想试一试，语用教学能否适用于小古文这样的文本，能不能呈现出具有语用特色的小古文课堂。尝试后的感觉很简单，就两个字：挺好。

【课堂解码】

学习任务一：读题说句，理解故事内容

师：小古文都学过吧？三年级上学期就学过《司马光》。（屏幕出示《司马光》一课）读。

（生在古琴音乐声中朗读《司马光》）

师：四年级也学过《王戎不取道旁李》，请一位同学读。

（指名读《王戎不取道旁李》，强调朗读的停顿、韵味。）

师：今天要学一则新的小古文（出示课件），名字叫——

生（齐）：《杨氏之子》。

师：谁知道它的意思？

生：杨家的孩子。

师：对“子”有不同的理解吗？

生：儿子。

师：杨家的男孩子，儿子。

师：这里的“子”不是一般概念的孩子，而是儿子。再读课题。

（生读）

师：这个题目告诉我们哪些信息？

生：是发生在杨氏儿子身上的事。

生：这个孩子姓杨。

生：杨氏之子是这篇文章的主人公。

师：能从写作的角度说说吗？

（生略显困难）

师：是写人还是写事的？

生：是写人的文章。

师：题目蕴含着很多的信息，读小古文跟读一般课文一样，先从读懂文章题目开始。再读课题。

（生读）

［**教学意图**］有些教师不太重视课题，以为揭示课题无非就是把课题板书在黑板上就可以了，如此简单的事，何必费力费神呢？其实，好的课题往往蕴含着丰富的信息，《杨氏之子》就是如此。“子”很容易解释为“孩子”，大体说来无大错，却并不准确，需作“儿子”理解；因为他是文章的主人公，自然重要。既然写的是“儿子”，这篇小古文自然就是写人的文章，题与文的关系也就明确了，暗含了写作方面的知识渗透。因此，在我看来，课题导入见功夫，不可小觑。

（出示活动要求：

1. 自由读课文，读准字音，读通句子。

2. 课文哪些句子写到了杨氏之子？找出来说说它的意思。）

（生带着问题自由读课文，时间 3 分钟）

生：我找到的句子是：梁国杨氏子九岁，甚聪惠。

师：找到句子还不够，还要说为什么这句话写的是杨氏之子，说出你自己的理解。

生：因为有“杨氏子”。

师：那你能知道这句话的意思吗？

生：梁国杨氏家的儿子，十分聪慧。

师：这个“十分”是在哪个字上体现出的？

生：甚。

师：“聪惠”呢？

生：注释上有写。

师：梁国是西汉的一个诸侯小国，知道一下就可以。但“梁”字可不能写成高粱的“粱”，木字底，不是米字底。写字时要区分清楚。

（生在书上写“梁”字。）

师：读这句话，不但要知道意思，还要捕捉主要信息，能这样做就厉害了。

生：九岁，还有很聪明。

师：九岁是年龄，很聪明是这个人的——

生：特点。

师：很好。这就是会读书，意思明白，还会提取关键信息。这句话还隐含着一个信息，是哪里人？

生：梁国人。

师：这一句解决得很好。还有没有哪些句子也是写这个孩子的？

［**教学意图**］一般的小古文教学是一句一句地读，一句一句地理解意思，已形成了教学套路，也就机械僵化了。我不这样做，因为我觉得对于五年级学生来说，经过几年的课文朗读，再加六七篇的小古文学习，自己朗读这篇并不复杂的小古文，大部分句子是可以读通读顺的，只有个别的词语和语句，如后面的“夫子家禽”可能错读。况且，学生已预习过这篇课文，对整篇故

事内容应该有大致的了解，至少有模糊的、整体的感觉，所以，就以“哪些句子写到了杨氏之子”作为检查预习的一个问题，“说说句子的意思”只是印证这句话写的是杨氏之子的理由而已。这样处理，融读准字音、字形认识、朗读句子、理解句意、重点信息提取于一体，节省了时间，灵活了程序，何乐而不为呢？

生：最后一句。（读）“儿应声答曰：‘未闻孔雀是夫子家禽。’”

师：这个“禽”是生字，前鼻音，全班读一读。

（生读）

师：回答问题时，先说找到的是哪一句话，再说它是写孩子的理由。

生：从来没有听说过夫子家禽。

师：“夫子家禽”没说清楚，谁来补充？

生：是夫子家养的鸟禽。

师：鸟禽？没有这么说。“禽”就是——

生：鸟。

师：“禽”原指家里养的、有翅膀的小动物，如鸡、鸭、鹅等，上“人”像一个罩子，下“离”像鸟兽脚部，后来专指鸟类，如飞禽、家禽等。写“禽”时，注意写好“离”字，在课文的生字旁写一个“禽”字。

（生写“禽”字）

师：说好了“禽”，再说“夫子家”的夫子，课文有解释。

生（齐读）：这里指孔君平。

师：对，但是不是所有人都可以称夫子的呢，所以注释上又说——

生（齐读）：古时对男子的敬称。

师：等会儿随着阅读的深入，我们还会知道“夫子”不单单是对男子尊敬的称呼。所以读这句话时一定要注意，“夫子家”是连在一起的，“禽”是单独的意思，在这里指鸟，不是现在一般所说的家禽。请你把这句话的意思再说一遍。

（生说）

师：这里缺了一个非常关键的词。

生：应声。

师：对，能解释一下这个词吗？

生：那个孩子迅速地回答：我从来没听说过孔雀是您家的鸟。

师：请大家把这个句子读清楚。

（生读，强调“夫子家”的停顿，“未闻”后停顿一下也很好）

［**教学意图**］让学生自主读，并不意味着教师可以完全放手，当甩手掌柜，朗读停顿容易发生错误之处，依然要出手指点。这里的“儿应声答曰：‘未闻孔雀是夫子家禽。’”是全文最不好读的句子，原因是“家禽”一词现代文常见，在古文中是两个意思，尤其是“禽”的古今义发生变化，学生不懂。停顿、节奏，本就不只是朗读的事，意思理解是朗读的基础。理解错了，停顿、节奏的处理也就必然出问题。故而，在这朗读的难点处，教师就及时出击，引导学生针对“禽”作了辨析，为正确理解和朗读扫清了障碍。

师：继续发言。

生（读）：“孔君平诣其父，父不在，乃呼儿出。”

师：这句话也有个生字“诣”，读“yì”，你读准了。全班读。

（生读）

师：这句话出现了父和儿，确实写到了孩子，写到了儿子。

师：“诣”的意思？全句的意思？

生：孔君平拜访杨氏子的父亲，父亲不在，叫孩子招待客人。

（生读这句话）

师：这句话告诉我们什么隐含着的信息？

生：孔君平来拜访，孩子的父亲不在。

生：杨氏子招待孔君平。

师：看来需要老师来帮忙了。（师圈画“诣”“父”两个字）

（生依然说不出）

师：既然是拜访，这个父亲一定是孔君平所尊敬的人。不尊敬怎么可能是拜访呢？所以“诣”这个字太重要了，言字旁，表示问候，以前是请安，现在没这么说的。

（生读这句话）

［**教学意图**］“诣”字在学生的日常阅读中确实并不常见，读音好解决，

可理解意思却不易，所以课文给“诣”字作了“拜访”的注释。但这只是字义上的理解，隐藏在“拜访”后的深层义“尊敬、敬重”，学生还没有领会，更没有明确说出，自然就无法抓准隐含信息。教师的指点就在于告诉学生，杨氏不是一般人家，杨氏子的父亲一定不平常。这是教学生如何透过文字表层，读出隐含信息。

师：已经找出三句了，还有没有？

生：没有了。

师：告诉你，有！现在就判断你的厉害程度，是九级，还是六级。

生：为设果，果有杨梅。

师：有没有孩子？

生：没有。

师：别被我吓了。有没有？

生：没有。孩子是摆上水果，招待孔君平。

师：有写孩子，但没有写出来。意思是谁为谁设果？

生：孩子为孔君平设果。

师：对，摆出的水果有很多种，其中有一种水果叫杨梅。这个孩子躲在哪里？

生：躲在“为”的前面。

师：这在小古文中叫“省略”，但是读的时候，联系前后文，是能读得出来的，需要用联系上下文的方法来理解。

［**教学意图**］这句话与其他句子相比，“儿子”并不在字面上，而是藏在行为中，学生认定不是写儿子的句子也就在所难免了。这里的指导技巧在“谁为谁设果”的提示，一下子就突破了理解的盲区，并顺理成章地带出了“省略”的古文写法。

师：读出四句了，还有第五句吗？

生：孔指以示儿曰：“此是君家果。”

师：还没有说明。刚才前面同学说的时候，都是先读句，再解说。

生：孔君平指着杨梅对儿子说：“这是我家的水果。”

师：这不是我家，是你家。君是“你”。从哪里可以看出是对儿子说的？

生：指以示儿，用手指着杨梅对孩子说。

师：对呀，怎么会没孩子呢？

（生读这句话）

师："君"字在字典里有三个解释，（出示：君：①君主；②对人的尊称；③姓。）我们肯定要选择第几种？

生：第二种。

师：所以，古诗里就会出现许多这样的尊称。

[出示：莫愁前路无知己，天下谁人不识君。（高适《别董大》）生读]

师：董大是一个会弹琴的。

[出示：正是江南好风景，落花时节又逢君。（杜甫《江南逢李龟年》）生读]

师：李龟年是作曲的，也是音乐家。

[出示：劝君更进一杯酒，西出阳关无故人。（王维《送元二使安西》）生读]

师：元二是一个国家的使者，令人尊敬。

[出示：今日听君歌一曲，暂凭杯酒长精神。（刘禹锡《酬乐天扬州初逢席上见赠》）生读]

师：这句诗中的"君"是赫赫有名的白居易。从字典到古诗，"君"一直都是表示尊称。所以，这句话的解释可以用"您"，加一个心字底。看来这篇小古文每句话都写到孩子，有的明着写，有的暗着写。谁能把这五句话的意思连起来说一遍？自己先准备一下。

（学生自主说，同桌互说）

[教学意图]"君"是你的意思，学生是知道的，所在句子的意思，学生也可以说清楚。但是我并不满足，特意在此增加了带"君"字的古诗词。四句古诗中的"君"指代的人物各不相同，有弹琴的，有作曲的，有一国之使，也有著名诗人，"君"为尊称自然就好理解了。诗句的加入，让学生对古文的美有更深的了解，从而激发对汉语言文字，对中华传统文化的兴趣和热爱。

师：谁来，能一下说得很通畅？

（指名说）

师：说得好，还得读得好。老师就不画节奏线了，你觉得哪里要停顿就停一下，每个同学先试着来一次，试好了举手。

（指名读，教师提醒“甚”后停顿表示强调聪慧的程度，“夫子家”后停顿表示意思的前后关系。之后全班读。）

师：读到这里，我们认识了一个杨氏之子，他是什么样的？用书上的一个词概括。

生：甚聪惠。

师：“聪”字由耳、眼、口、心组成。耳听目明，口说心想，人就聪明了。（边说边写“聪”，再补上“惠”和“甚”）

［**教学意图**］前面是分句朗读，边理解边朗读，读出一句话的停顿相对容易，可全文朗读还能读得这么好吗，所以必须进行全文朗读，这个环节做的就是这件事。与别人做不一样的是，我们不加节奏线，只是提醒可能出错的两个地方。之所以这样处理，是因为我们秉持这样的观点：同样一句话，每个人的理解不一样，停顿、节奏、重音的处理也会有不同，只要正确，皆可接受。与其按教师规定的节奏线千篇一律、机械呆板地读，不如放飞学生思维，读出个百花齐放，花团锦簇。

学习任务二：聚焦文眼，畅说人物个性

师：接下来，我们就来研究，这个小家伙他聪慧在哪里啊？

（出示活动要求：

再读课文，想想杨氏子“甚聪惠”表现在哪里？边读边画出相关语句。）

（生阅读，圈画，之后同桌交流、讨论）

生：孔君平跟杨氏子开玩笑，杨氏子却机智委婉地回答。

师：好，先告诉大家是哪一句。

生（读）：孔指以示儿曰：“此是君家果。”儿应声答曰：“未闻孔雀是夫子家禽。”孔君平跟杨氏子开玩笑，杨氏子却机智委婉地回答了。

师：她用了两个词“机智委婉”，这个词用得很大，你能不能联系这个句子说说他机智在哪里，委婉在哪里，这才真正会读书。

生：他快速地回答，“应声”可以看出来。

师：“应声”叫作迅速，叫作不假思索。但是，仅仅“应声”还不够，如果说得不好，说得牛头不对马嘴，那不假思索就没有价值了。所以还得往下走，他应声回答的这句话厉害在哪里？

生：用同样的方法回答。

师：用同样的方法也是很宽泛的。在这里的方法是什么？

（生回答不出）

师：没讲清楚，所以读书读在表面和读到背后就不一样了。

生：“是夫子家禽”这句话回答得好。

师：“未闻孔雀是夫子家禽”怎么就好了呢？

生：因为孔君平说“这是您家的果”，孩子说“孔雀是您家的鸟”。

［**教学意图**］当学生的回答宽泛，或者肤浅，追问是一个好的选择。这里就有四次的穷追不舍。第一次，“这个词用得很大”直接指出问题，说说“他机智在哪里，委婉在哪里”指明方向；第二次，“仅仅‘应声’还不够，如果……那么……”是暗示，“厉害在哪里”是方向；第三次，“用同样的方法也是很宽泛”指出问题，“在这里的方法是什么”点明方向；第四次，“‘未闻孔雀是夫子家禽’怎么就好了呢?”有了更具体的指向。这样的三番五次，帮助学生不断调整思路，终于作出正确回答。

师：对哦，你看。

（出示：

孔指以示儿曰：“此是君家果。”

儿应声答曰：“未闻孔雀是夫子家禽。”）

师：一个是水果（出示“杨梅”两字及杨梅图片），用水果说他的——

生：姓氏。

师：用水果说姓氏这是开玩笑。

生：打趣。

师：对，这个词用得好，打趣。此是君家果，开玩笑。孩子的回答是——

生：“孔雀”和“夫子家禽”也是用动物说人的姓氏。

师：对，用孔雀说孔君平，也在打趣。杨氏子能这么开玩笑，说明——

生：说明他听懂了孔君平的话。

（板书：听得懂）

师：是的，你用“杨梅”说我的姓，我也用“孔雀”说你的姓，两个人都是在姓氏上开玩笑。这样的回答不仅听得懂，而且——

生：对得上。（板书：对得上）

师：不仅对得上，而且——

生：应声答曰。

师：这叫——

生：答得快。（板书：答得快）

师：这样去读“应声”才真读懂了。还有吗？

［**教学意图**］这个环节依然围绕“应声”而展开。经过教师的不断提醒、追问、点拨，看似有学生答对了，并不代表所有学生都真懂，所以有必要趁热打铁，以直观形象的方式进一步强化理解，并提炼出“听得懂”“对得上”“答得快”，把“甚聪惠”具体化了。

生：我找到的是“孔君平诣其父，父不在”，既然孔君平会来拜访这个父亲，他的儿子应该也很厉害。

师：你是说有这样的父亲，就有这样的儿子？（生点头）这个思路对，但要注意后面的句子“乃呼儿出”，为什么会叫这个孩子出来？一般大人到你家里做客，看到大人不在，就走了。而且孔君平是什么人？他官当得很大，相当于现在全国最高法院院长，又是孔子的第26代后人，这样的人竟然会叫杨氏子出来，一定是有原因的。

生：这个孩子一定很聪明。

师：一定不一般，好像不是一般的九岁孩子，不大懂事。这样一读，就读出了这句话背后的信息。这个地方不好读，这个同学为我们提供了一个思路，一个思考的方向。这是第二个地方。还有第三个地方——

生：梁国杨氏子九岁，甚聪惠。

师：直接点明聪明。

生：“为设果，果有杨梅。”杨氏子为客人摆上水果，可见很聪明。

［**教学意图**］开放式的课堂教学，让学生有自由交流表达的机会，但同时也容易产生一个问题，那就是可能偏离教师的教学预设。这里就是这样，原来想法是集中理解最后两句话，可学生却突然转移了方向，说出其他句子来，教学只能顺势而为，再抓住时机，回到尚未学得透彻的内容上。

师：还有吗？

（生说不出）

师：请大家特别注意这个句子，两句比较，发现多了什么？

（出示："未闻孔雀是夫子家禽。"

"孔雀是夫子家禽。"）

生：未闻。

师：为什么加"未闻"？抓住这个词语思考，你可能又有新的收获。

生：他是说他从来没有听说过孔雀是他家的鸟。

师：对，从来没有听说过，有加这个词与没加这个词有什么不一样？

（生沉默）

师：孔雀是您家的鸟（语气直硬），没有听说过孔雀是您家的鸟（语气柔和），如果你是孔君平，你喜欢听哪一句话？为什么？

生：喜欢第二句，因为这样说显得很有礼貌。

生：我也喜欢第二句，这样说话很委婉。

师：说话好听啊。为什么说话这么好听啊？

生：聪明呀。

师：聪明是一个原因。第二个原因是——

生：有礼貌。

师：孔君平是个长者，他跟我开玩笑可以直来直去，我跟他说话可不能直来直去，所以要加——

生：未闻。

（生读这句话）

师（手指"应声"）：原来聪明躲在这个地方哦。以后大家在社会上跟人说话，对什么人，在什么场合，说什么话，都要考虑，这样说出来的话才会得体。这是为人处世的一个基本经验。看来，杨氏子不仅"听得懂""对得上”“答得快”，还说得妙。

［教学意图］如果说前面重点聚焦“应声”读出“甚聪惠”，那么这里就是抓住“未闻”深入体会。考虑到学生对理解“未闻”所传递的尊敬长辈、有礼貌、会说话的深层内涵有一定难度，采取了两种方式：先是句子对比，可效果并不理想，学生依然停留于字义的表面理解；再是转换角色，教师充当杨氏子，模仿其说话，语音、语调、语气的直观性特征，让学生一下子就知道“未闻”一词的重要性，从而突破了理解难点。教学方式的调整，往往是临时性的课堂生成，是顺应学生的学习状态而采取的，考验的是教师的课堂应变能力。

师：如果这么说，“未闻孔雀是君家禽”呢？

生：就没有了敬称。

师：君也是敬称呢，为什么用“夫子家”？看来“夫子”一定有特别的地方。

生：夫子是指长辈人的，是晚辈对长辈说的。

师：这是第一个。“君”可以用在晚辈对长辈，可以用在长辈对晚辈，还可以用在同一辈。

生：因为孔君平是孔夫子的26代孙。

师：有道理，是孔夫子的后人，很好很好，这个老师都没想到。

生：有可能是文人、雅人，有可能是军事方面的人才。

师：你讲到了一个很重要的信息，“夫子”就是很有学问的人，注释里没写这个内容。孔子、老子、孟子，都是有大学问的人。当然这些人都是男的，女的不说“夫子”，女汉子人们不喜欢。（众笑）所以，“夫子”不仅是尊称，还表示有学问的人。读读这句话。

（生读）

师：杨氏子的“甚聪惠”从“未闻”看出来，从“应声”看出来，从姓与姓的开玩笑看出来，从“夫子”这个称呼看出来，从“为设果”看出来。这些都是大家读出来的，掌声送给自己。

（生鼓掌）

［教学意图］由于课文的最后两句话是全文最难的，不仅是文字方面，而

且是内涵方面，就全文来看，这是杨氏之子“甚聪惠”最为典型的体现，其中包含着聪慧的多个方面，在此用力自不待言。这个环节又对“君”与“夫子”的异同进行了辨析，既促进了句意的理解，又对人物形象有了新的认识。

师：我们再来读读整篇小古文吧，老师给配上音乐。

（配乐声中，指名读，全体读，众鼓掌）

学习任务三：调动已知，探寻写作秘妙

师：我们继续挑战。想不想？

生：想。

师：我就喜欢挑战的孩子。

（出示活动要求：

读一读，想一想，课文是如何写出“甚聪惠”这一特点的？）

（生准备）

生：孔君平拿孩子的姓氏开玩笑，那个孩子也拿孔君平的姓氏开玩笑。

师：你的意思是这两句话，这是人物的——

生：对话。

师：对，是人物的语言。（板书：语言）从人物的对话语言中可以看出“甚聪惠”。

生：直接写出杨氏子“甚聪惠”。

师：这种写法在我们的现代文中也有，叫“概括”。（板书：概括）

生：从“为设果”这个行动可以看出来。

师：很好，我们把它说成是人物的行为，也就是所作所为。

生：“父不在，乃呼儿出”，就是别人来拜访他的父亲，父亲不在，他懂得去接待别人。

师：也就是说，是通过一件事来写。除了第一句话，其他句子都是写一件事，通过一个事例写。（板书：事例）事例里面，有写孔君平的，也有写杨氏子的，有写他们的所作所为，也有写两个人的对话。这跟我们现代文章的写法一模一样，所以，读小古文并不难，意思搞明白，写法自然也能解决。

捧起书，按老师要求读，看看你真读懂了没有。

（生捧书、端坐）

师：概括的句子——

生：梁国杨氏子九岁，甚聪惠。

师：这时，孔君平来了——

生：孔君平诣其父，父不在，乃呼儿出。

师：杨氏子做了一件事——

生：为设果，果有杨梅。

师：孔君平开玩笑——

生：孔指以示儿曰："此是君家果。"

师：孩子也跟他开玩笑——

生：儿应声答曰："未闻孔雀是夫子家禽。"

师：弄懂了文章的结构，文章的顺序，不仅可以有助于我们写作，也可以帮助我们背诵。我们试试看。

（老师提示，学生按提示一句一句背诵，最后连起来背诵。）

［**教学意图**］似乎没有什么人规定小古文教学只能在读通顺、说意思、讲故事、知人物上做文章，但奇怪的是，不少教师教学小古文，总是在这几个方面绕圈圈，根本无视年级差异，不论学情区别，让小古文教学作茧自缚，画地为牢。这里，我们尝试着跳出这些框框，在文章写法上设计了一个学习任务。从课题导入已经知道，这是篇写人的文章，第一句就是学生熟知的中心句、总起句，"甚聪惠"就是中心句中的关键词，探讨文章是如何围绕中心句、关键词来写，这是三年级的知识，早已学过，也写过。可能正因如此，学生完成这个任务毫无困难，学得非常好。看来，这样的尝试是有价值的。

师：回家有两个作业。一是写字，把课后生字写工整，写好看。二是读书。（出示《世说新语》的封面，以及相关介绍资料：《世说新语》又称《世说》，主要记录魏晋名士的逸闻轶事和玄言清谈，是一部记录魏晋风流的故事集。全书依内容分为"德行""言语""政事""文学""方正"等三十六类。）上课前大家读的《王戎不取道旁李》也是从这本书选出来的。里面讲了许多古代的孩子的事，这些孩子长大以后基本上都变得很厉害了。有兴趣的孩子，可以找或买这本书读一读，去感受一下这些孩子的可爱、聪明、有趣。这节课就上到这儿。下课。

［**教学意图**］与他人做法不同的另一点，不在导入时就呈现《世说新语》，而是在学生学了课文，感受到文章的语言特色、人物形象、生动表达之后，作为拓展阅读的建议来安排的。目的不仅是让学生知道《杨氏之子》选自这部书，更让学生带着成功的学习收获，快乐的阅读体验，发现这部书的独特，从而对阅读此书产生浓厚兴趣。怀着深深的阅读期待去读书，是读书的好方法，能让孩子在读书中遇见精彩，发现惊奇，获得愉悦的阅读享受。

【特色解析】

一、教出小古文的个性来

有个大家非常熟知的话，叫“知其然，更知其所以然”。学习如此，教学亦然。面对小古文这种新文本，作为语文老师，我们首先要明白为什么要在小学阶段安排小古文。关于这一点，叶圣陶、吕叔湘先生都曾有过论述，基本的观点是，文言文是中国汉语言文学的瑰宝，不但能提升孩子对汉语言的认识，还能够优雅孩子的言语，丰富孩子们的语汇，对吸纳、传承中国优秀传统文化，也颇有益处。他们不主张到了中学或者大学突然让孩子们学习文言文，而倾向于在小学就开始让孩子有所接触，然后逐渐深入，形成小学、中学、大学的文言文学习系列。这是“知其所以然”的第一个层次。

解决了理论层面的问题，还有一个现实问题摆在我们面前：小古文究竟要教什么呢？这是“知其所以然”的第二个层次。这得从小古文的自身特点说起。

一是小篇小幅。篇幅短小是小古文最基本的特点，这一特点的好处是阅读起来不像读长篇大论一样，花费太多时间；不足是，篇幅短小的另一面就是言简意赅，一个字抵得上好多个字，甚至一两句话，这对小学生的理解力提出不小的挑战。意赅的原因，一是文言文中单音节词占优势，双音节词和多音节词比较少；二是文言文多省略，省去主语、宾语、谓语、介词的情况很常见，再加上历代名家多注重锤炼语言，讲求“微言大义”，所以就形成了文言文严密简洁的风格。这样的语言特点造成了阅读理解的难点，怕文言文，成了中学生学习语文的“三怕”之一，更何况是小学生。

二是有文有白。五四运动以前，文言作为占统治地位的书面语言被人们代代相传、沿用下来，其语言成分基本未变。例如先秦时期的一些基本句式、常用虚词的用法等都在历代的文言中得到了保存，就连语言三要素中最活跃的词汇，在文言里也具有很强的稳定性：有些词的古义在口语中早已消失，可在文言文中却照旧使用。虽然后世人们在模仿中难免会掺入些许当时的口语，从而给文言带来某些细微的变化，但从总体看来，文言在词汇系统、语法系统方面还是基本保持了原先的面貌。入选小学语文教材的小古文虽然在这方面有所避免，却也不会完全没有。比如“禽”，现为家养的有翅膀的动物，如鸡鸭鹅之类，可文言中指的却是“鸟”。又如“汤汤乎若流水”中的“汤汤”，就不是现在的读音，意思也与现代不同。

三是节奏感强。读通读顺，是阅读的基础工程，现代文阅读也是如此。可是，读通读顺看似简单，却不轻巧，背后是对文意的初步了解和大致把握，否则，停顿错误，节奏紊乱，也就在所难免了。小古文的语言简短，造就了声韵节奏的艺术美感，可是其一词多义、语意省略、古今异义的特点，让学生理解产生错误，读起来读不到节拍上，读通读顺也成了一件不容易的事，尤其是刚刚接触小古文的时候，以及阅读像《学弈》《两小儿辩日》这样较为复杂的小古文的时候。

关于小古文要教什么的问题，还有一个方面要考虑，那就是当它编入教材，成为课文，作为单元内容的一部分时，还要承担什么样的学习任务。大体上看，许多小古文虽然是单元课文，但因不具备单元语文要素的相关元素，可以不必完成单元训练任务。比如第一篇小古文《司马光》，与“带着问题默读，理解课文的意思”就扯不上什么关系。但是，也不能一概而论，《杨氏之子》就与所在单元语文要素“感受课文风趣的语言”有关，杨氏子和孔君平的对话，一个把杨姓与杨梅联系起来，一个也把孔姓与孔雀联系起来，就是风趣的语言表现，所以，落实单元学习重点也是必须完成的任务。

这样看来，读通读顺，读出停顿和节奏，读懂故事的意思，了解人物及其品质，借助注释等方法理解意思，是小古文学习的基本任务。如果课文与单元重点有关，还得完成单元训练项目。这也是我们教学《杨氏之子》要努力做到的。只有弄懂了小古文的原生价值与教学价值，才能教出小古文的个性特征来。

二、教出小古文的价值来

从小古文成为课文之后，人们对小古文的教学基本上定位在上述的学习目标上。于是，就出现了这样的一种尴尬：三年级是读通顺，读节奏，讲故事，知人物，学习小古文的阅读方法，四年级，五年级，六年级，基本也是这样，略有不同的可能只是阅读方法上的增加。比如四年级的《囊萤夜读》《铁杵成针》开始出现了扩词的理解方法，《王戎不取道旁李》"之"的一字多义，等等。更糟糕的是，教学程序也固定不变，不管哪个年级，一学小古文，就是一读通顺，二读停顿，三读感情，四说意思，五讲故事，千篇一律，机械呆板，枯燥乏味，让小古文教学走入了死胡同。看得多了，听得多了，我就想，除了这些教学内容，就没有别的教学内容了吗？除了这样的教学程序，就没有别的路可走了吗？

由此，我想到文学作品的学段教学要求。《义务教育语文课程标准（2022年版）》的"阅读与鉴赏"中，第二学段就有"体会文章的思想感情""初步感受作品中生动的形象和优美的语言，关心作品中人物的命运和喜怒哀乐，与他人交流自己的阅读感受"等要求，第三学段更提出要"在阅读中了解文章的表达顺序，体会作者的思想感情，初步领悟文章的表达方法。在交流和讨论中，敢于提出看法，作出自己的判断""阅读叙事性作品，了解事件梗概，能简单描述印象最深的场景、人物、细节，说出自己的喜爱、憎恶、崇敬、向往、同情等感受""受到优秀作品的感染和激励，向往和追求美好的理想"，课标所说的文章，我们习惯理解为指向现代文学作品，但是课标并没有这样的明确规定。再者，小学语文教材中的小古文，篇幅短小，故事性强，写法也较为简单，理解其意思后，跟我们现在读到的白话文，没什么很大的区别。而且，小古文的许多写法，今天依然沿用，甚至学生自己也在使用。因此，高年级的小古文阅读，为什么不可以在完成小古文的常规任务之外，引导学生关注写法，了解一些浅显的常见的遣词造句、篇章结构、形象塑造等方面的写作秘密呢？

反正是尝试，我就在学生理解内容，讲好故事，完成了小古文基本的学习任务之后，引导学生探讨、发现《杨氏之子》是如何把“聪惠”的特点写出来的，这样的教学，显然打破了正常的小古文教学常规，打破了多年来人为形成的小古文与现代文严格区分的教学壁垒。效果如何，只能用课堂说话，只能用事实说话。从课堂完成情况看，从学生表现情况看，这样的教学他们完全可以接受，并不会给学生造成学习困境，影响他们学习小古文的热情。相反，他们还很感兴趣，并在挑战中有新的发现，获得成功体验。为什么会这样呢？原因大致有以下几个方面：一是如何写出“聪惠”，聚焦的也是“聪惠”，是从“聪惠”出发的一个问题而已，似乎与其他问题也没多大差别；二是这个任务并不太难，进入五年级，学生早已从《圆明园的毁灭》《鸟的天堂》《青山处处埋忠骨》《景阳冈》《军神》《威尼斯的小艇》等课文中学到了许多篇章结构方面的写法，有些写法远比《杨氏之子》来得复杂，他们具备了相应的经验和能力，自然也就不成障碍了；三是在探讨写法之前，我们做了大量的铺垫工作，比如说说每句话的意思，想想哪些语句写出“聪惠”，讲讲这个故事，等等。许多教师之所以不敢涉及写法，是担心字义、词义、句意都难懂，写法的讨论不可能，现在这样的障碍都扫清了，意思的理解问题都解决了，写法的发现也就顺理成章了。

三、教出任务群的样态来

任务群教学是当下语文研究的一大话题。从已有实践看，不论是发表在教育教学刊物上的设计教案，还是各级别的课堂教学，大多是现代文的任务群设计，小古文的任务群教学很难见到。究其因，可能有主观和客观两方面的原因。客观上，首先小古文的文本内容简单，故事并不复杂，篇幅又比较短，似乎不存在任务群设计的物质基础，难有教师进行任务整合的发挥空间；其次，小古文的任务群设计没有先例，也就是找不到相应的成功范例，没有借鉴，单靠个人创新，绝大多数老师很难做得到。主观上，抱定了任务群教学只能适用于现代文，像小古文、古诗词之类的课文，无法做，即使做了也做不好。没有勇气，何来小古文教学的创新？

小古文真的不能进行任务群教学吗？答案是否定的。前段时间，在全国小学语文名师工作室联盟举办的教学研讨活动上，薛法根老师执教四年级《王戎不取道旁李》一课，体现的就是学习任务群理念。他给这篇课文设定了几个任务：一是抄，学生和老师一起抄写这篇课文，做到对、快、美观，抄后共同点评、修改。二是读，要求读出意思来，一边读，一边画出需要停顿的词语，遇到节奏、停顿有误的，借助注释、生活经验等方法，理解词句意思，再把它读正确。三是讲，同桌互讲，从短语，到分句，到完整的一句话，讲得不完整、不连贯、不够通俗易懂，其他同学补充、完善。四是议，学生围绕“王戎有何过人之处”等问题展开讨论，学生不仅懂得了王戎的与众不同，还学习到了他善于观察、善于思考、善于推论的优秀品质，又得到了思维训练和说话练习。

我们所执教的《杨氏之子》，虽然是在学习任务群提出之前，但设计的几个语用学习板块，也有着任务群的样子。先看三个板块。第一板块，找出介绍杨氏之子的语句，再说句意，其实是以问题为抓手，带出相关语句，解决读通顺、明句意的问题；第二板块，想想杨氏子“甚聪惠”表现在哪里，这是围绕“甚聪惠”这一核心词，指向全篇理解，学习语言表达，感受快思妙答中的人物形象；第三板块，如何写出“甚聪惠”，是写法探讨，破解小古文的写作密码，体味古人的写作智慧。为什么说这三个板块就相当于任务群呢？我们不妨作个简要分析。众所周知，任务群是由几个互为联系的任务构成的，每个任务必须具体、明确，而且体现语文学科的特性，即语文实践性。审视这三个板块，第一个是常规任务，包括生字读音，字形识记，句子朗读，句意了解，这是小古文学习的基本内容，是真真正正的语文的事，而且这些内容都是以问题驱动、学生回答的方式讲述出来的，读得懂才能答得对，教师的工作只在学生疑问处、有误时，加以追问和修正。第二个，寻找表现“甚聪惠”的具体语句，找句子就是任务，正确寻找的过程就是完成任务的过程，学习的主动权在学生。第三个，探写法，不就是一个如假包换的学习任务吗？相较前面两个任务，这个任务更为集中，只在写法上作讨论，作探究。可见，这三个任务，都以杨氏之子为中心，以“甚聪惠”为切入点，环环相扣，步步层递，切合小古文的文体特征和学习目标，更重要的是，每项任务均为言语实践活动，且是在学生全程参与、主动学习、自主建构中完成的。正所谓，不进行语言学习的教学，不是语用教学；没有学生个体完成的任务学习，不是真正的任务群学习。

9. 发现，是为了更好地表达

——《夏天里的成长》课堂实录与教学解码

【背景解说】

距首次上这篇课文，已过了三年多。那时，带领省工作室团队远赴龙岩长汀，和另一个省级工作室一起，共同承办教学研讨活动。活动办得非常成功，影响也很大，当地电视台闻讯现场采访，活动报道还在全国性媒体发布。活动结束，返程中途，我转道一乡镇中心小学上了这一课。

过了两年，受一设区市乡村教师培养工程组织方邀请，为小学语文班培训学员再上此课。无独有偶，就在这次活动的课堂教学与专题讲座间隙，当地电视台记者见缝插针，采访了我，要我说说对这次活动的看法，上课的感觉，以及对农村教师专业发展和师资培养的建议。

听了我上的这节课，一些教师告诉我，因为《夏天里的成长》是新入编教材的文章，上的人可多了，不乏一些知名度比较高的名师，有些人还在全国大型的语文教师研训活动中作课例展示，只是他们不是我这样的上法。他们的话一下子引发了我的兴趣，要他们说说有什么不同，他们是怎么上的。于是，他们就滔滔不绝地说开了。一个老师举某位老师的课为例，说他的课花了比较多的时间集中学习生字，如“苔藓”“瀑布”“增加”“缝隙”“谚语”“铁轨”“菜畦”“草坪”等，还有文中的谚语“六月六，看谷秀”“处暑不出头，割谷喂老牛”，并引进了不少谚语，让学生读“冬天麦盖三层被，来年枕着馒头睡”等。最大的不同，是课文第 2 自然段的教学，学习“你在棚架上看瓜藤，一天可以长出几寸；你到竹子林，高粱地里听声音，在叭叭的声响里，一夜可以多出半节”时，引导学生发现“一天可以长出几寸”“一夜可以多出半节”是看到的，这是从视觉角度来写的；“在叭叭的声响里”是听到的，这是从听觉角度来写的；再引申出，如果写花香果香，就可以从嗅觉的角度来写，写自己闻到什么味。在此基础上，创设生活情境，让学生学着从感官的角度来写一段话。另一个老师说，还有些老师教学这部分内容，设计了两个问题：一是生物是活生生地长，为了写这活生生地长，作者写了什么？二是这些东西长是怎样的长？速度怎样？学生找到答案后，教师告诉学生，“一天”“一夜”“几天”“个把月”的长，这种长不是一般的长，是活生生的长、跳跃的长、飞速的长，课文就是用这样的词语，写出生物长得快、长得看得见。于是，他们的疑问是，为什么同样的一篇课文，教学目标都很清晰，教学重点也很明晰，可就是教得不一样呢？而且这种不一样不是教学风格的不同，教学程序的不同，而是教学内容、指向的不同。

听了他们的话，我颇觉欣慰，老师的疑惑正说明了他们不再盲目地相信，盲目地听从，而是有了自己的思考。我总认为，教师的专业发展，如果不建立在自身的热爱与自觉、个性的思考与反省上，听再多的讲座和报告，听再多的名师教学，也无济于事，成长是极为有限的。道理很简单，内因是事物变化发展的根据，外因是事物变化发展的条件，外因只有通过内因才能起作用，这是大家熟知的辩证唯物主义观点。教师的成长也自然遵循这一规律。他人的优秀案例，名师的教学理念，如果不经过教师个体的深度思考、精度过滤、效度发酵等化学反应，是难以作出正确判断，并有效吸收，成为助力自身专业发展的有益养料的。这或许也是造成当下一些教师拿着名师的设计，却上不出名师的样子的深层原因，也是很多教师参加了数量不少的学科培训，听了级别不低的名师讲课，依然长进不多、成长不快的根本原因吧。

至于我的教学与他们有什么不同，哪一个更能教出习作专题单元的特点，更能体现这篇课文的特质，更有助于学生的写作实践，大家读后，肯定自有评说。

【课堂解码】

第一课时

学习任务一：理解中心意思，聚焦事例选择

师：今天要学习一篇新的课文，叫——

生：《夏天里的成长》。

（板书课题）

师：一起读课文。

（生读）

师：这篇文章比较特殊，课文所在的单元是教我们怎么写作文的。一起看一下这篇文章的作者。

[出示作者梁容若的图片及介绍资料：

梁容若：（1904—1997）河北省行唐县人，曾以全校第二名的成绩毕业于河北正定县中学，1922 年入读北平师范大学，1927 年至 1930 年曾参加国民革命军北伐工作，1931 年在山东主编《民众周刊》。

主要作品：《容若散文集》《南海随笔》《鹅毛集》《蓝天白云集》等。]

师：读这段介绍，你发现了哪些关于作者的主要信息？

（生默读）

生：他的主要作品有《容若散文集》《南海随笔》《鹅毛集》《蓝天白云集》等。

师：标志着一个作家成就的就是作品，就是作品的知名度、影响力。还有吗？

（生沉默）

师：作家是一个身份，作家也是人，当然也有一个人的信息。

生：河北省行唐县人。

师：这是籍贯，就是哪里人。

生：他 1904 年生，1997 年去世。

师：这是生卒年月。

生：还有。（读）“以全校第二名的成绩毕业于河北正定县中学，1922 年入读北平师范大学，1927 年至 1930 年曾参加国民革命军北伐工作，1931 年在山东主编《民众周刊》。”

师：你知道这是什么？

生：一个人的成就。

师：准确地说应该是一个人的人生经历。了解了作家的主要信息，学习就进入到下一个阶段。

［教学意图］ 导入单刀直入，不拖泥带水，但先告知这篇文章的作用特殊，是教我们写作文的，让学生有个心理准备。作者背景资料却不含糊，不像通常那样学生读一读就过去了，而是提炼出关键信息，借助准确了解作家的主要信息，锻炼学生处理、整合信息的能力。这是高年级必须具备的基本能力。

（出示活动要求：

1. 读课文，读准带拼音的字，读通句子。

2. 找出文章的中心句，用横线画出来。）

师：读屏幕上的文字，明确了就开始按要求完成这两个任务。

（生读课文，动笔圈画）

生：我找到的中心句是：夏天是万物迅速生长的季节。

师：大家也是找到这个句子吗？

生：是。

（投影出示这个句子）

师：一起读读这个句子。

（生读）

师：中心句中一定还有中心词。这个句子中的中心词是什么？为什么？

生：中心词是“迅速生长”。因为课文里面写的植物都是长得快。

师：所以“迅速生长”是一个关键词。

生：还有“万物”，因为课文写到学生不断跳班，植物不断生长，瓜棚上的瓜藤也在生长。

生：还有一个就是“夏天”。

师：这些词语中，“万物”表示事物多，“迅速生长”表示万物长得快，是这句话中最重要的中心意思。

（板书：中心意思）

师：文章一开头，就用这句话告诉我们整篇文章写的是什么。再一起读读这句话。

生（齐）：夏天是万物迅速生长的季节。

师：这样写叫作开门见山。接下来就来研究，课文围绕着这个中心意思，围绕着“万物迅速生长”，怎样来写的。

［教学意图］ 三年级就学过找中心句，并用中心句概括段落的意思。六年级学生找中心句没有一点难度，所以教学的着力点放在借助中心句把握中心意思，这也是单元语文要素规定的。瞄准中心句中的关键词，是把握中心意思的最好方法，如此，学生就很快把握了这篇文章的中心意思。

（出示活动要求：

默读课文，想想围绕着“夏天是万物迅速生长的季节”这个中心意思写了哪些内容。）

师：自己读这个读书任务，带着任务读课文。

生（读）：“不过夏天的长是飞快的长，跳跃的长，活生生的看得见的长。”

师：他找到了“迅速生长”在这段话中的表现。能完整地读吗？

生（读）：“生物从小到大，本来是天天长的，不过夏天的长是飞快的长，跳跃的长，活生生的看得见的长。”

师：这样找完整，就把“万物”的意思也说出来了。

生：第 3 自然段写：“随着太阳威力的增加，温度的增加，什么都在生长。”

生（读）：“人也是一样，要赶时候，赶热天，尽量地用力地长。”

出示：

中心意思	内容
夏天是万物迅速生长的季节。	生物从小到大，本来是天天长的，不过夏天的长是飞快的长，跳跃的长，活生生的看得见的长。
	随着太阳威力的增加，温度的增加，什么都在生长。
	人也是一样，要赶时候，赶热天，尽量地用力地长。

师：请三位同学分别读读这三句话。

（指名读）

师：这三句话都是每段话的中心句，但所处位置不同。

生：第一句是在段落的开头，第二句是段落的中间，第三句是段落的结尾。

师：中心句在三年级就学过了，但没有告诉我们一定在什么位置，不过大部分都在段的——

生：开头。

师：这篇文章就比较完整地告诉我们中心句在一段话中的位置——有的段首，有的段中，有的段末。现在有一个任务，请你根据屏幕上的内容，说说围绕着什么中心意思，先写什么，再写什么，最后写什么，连起来变成一小段话。

（生准备）

生：本文围绕着“夏天是万物迅速生长的季节”这个中心意思，先写“生物从小到大，本来是天天长的，不过夏天的长是飞快的长，跳跃的长，活生生的看得见的长”，再写“随着太阳威力的增加，温度的增加，什么都在生长”，最后写“人也是一样，要赶时候，赶热天，尽量地用力地长”。

师：如果说得简短点，尤其是第一句变短一点说，会吗？

（生说得跟前一位同学一样）

师：没听懂老师的要求。再请一个同学。

生：这篇文章围绕着“夏天是万物迅速生长的季节”的中心意思，先写生物快速生长，再写夏天什么都在长，最后写人也在用力地长。

师：这样一说，意思不变，但更简练了。其实这里的“万物”是从不同的角度来写，每一部分都不同。

生：第一部分写生物，第三部分是人。

师：第二部分呢？

生：第二部分写山、地、河。

生：还有铁轨、马路。

师：能不能用一个词语概括？

生：非生物。

师：像这样的材料选择，叫不同方面。（板书：不同方面）原来这篇文章围绕着一个中心意思，选择不同方面来写。现在我们先读第一部分，就是文章的第 2 自然段。

［教学意图］ 课文是如何围绕中心意思选取材料的，这是训练的重点，也是本环节教学的核心内容。由于这篇课文比较特殊，除文章中心句外，每段话也各有一个中心句，找到三个段落的中心句，自然就明白了课文选取了哪些事例来表现中心意思的。教学策略上，主要采取学生非常熟悉也经常使用的列提纲的梳理方式，让不同事例与中心意思的关系一目了然。

学习任务二：寻找中心词语，学习“时间＋变化”的写法

（出示：生物从小到大，本来是天天长的，不过夏天的长是飞快的长，跳跃的长，活生生的看得见的长。）

师：这句话也有关键词，你认为是什么？

生：夏天的长是飞快的长。

师：什么飞快的长，说清楚。

生：生物飞快的长。

师：你抓住了一个关键词：飞快的长。这句话中，写长的词很多，有飞快的长，还有——

生：跳跃的长。

生：活生生的长。

生：看得见的长。

师：所有飞快的、跳跃的、活生生的，都快到了什么程度？

生：看得见。

师：对，这三个字太通俗了，但又非常形象。飞快的、跳跃的、活生生的长，都是模糊的，但一读到“看得见”就知道它快得不得了，是这句话中最为关键的。

［教学意图］ 课文这段话中的中心句比较长，成分比较复杂，其中有几个词语的意思是相近的，为了让学生把握这个中心句的意思，需要让学生从中找一个最通俗易懂、一看就知的词语。相比较而言，“看得见”可能就是。

（出示活动要求：

默读第 2 自然段，想一想：

1. 这段话写了哪些动植物？

2. 这些动植物“飞快的长”“看得见的长”表现在哪里？画出相关语句。）

师：这段话中有几个生字我们先读一读。

（出示：瓜棚　苔藓　草坪　菜畦）

（指名读，全班读）

师：读好生字，可以说说写了哪些动植物了。

生：写到的动植物有：瓜藤、竹子、高粱、苞蕾、鲜花、小果实、苔藓、草坪、菜畦、小猫、小狗、小鸡、小鸭。

师：写了好多的动植物。我有个问题，为什么要写那么多样，就写一两样可以吗？

生：不可以，因为这样写才能体现“夏天是万物迅速生长的季节”。

师：大的方面可以表现“万物”。就这段话可以表现——

生：生物。

师：对，从整篇文章来说，只有写这么多动植物、自然物才能体现“万物”，从这段话来说，只有写这么多动植物才能体现“生物”。这样写就是围绕着中心意思中的“万物”和“生物”来写了。那么，这段话中的“看得见”又表现在哪里？

［**教学意图**］为什么要写那么多的事物，这一问指向中心意思中的“生物”。也就是说，只有选择不同类型的植物、动物来写，才能表现“生物”的意思。这是从语段的角度，学习课文是如何选择不同的事例或材料表现中心意思的。

（生自读、思考、圈画后，同桌交流）

生（读）：“你在棚架上看瓜藤，一天可以长出几寸；你到竹子林、高粱地里听声音，在叽叽的声响里，一夜可以多出半节。”

师：你只读了句子，没有讲从哪里读出了“看得见的长”。

生：一天可以长出几寸，一夜可以多出半节。

师：内容聚焦了，很棒，但还得继续说具体。

生：几寸，半节。

师：几寸、半节不能说明它长得快。

生：一天，一夜。

师：一天、一夜也不能说明长得快。谁来帮他？

生：一天长几寸，一夜长半节。因为一天长几寸……（说不下去了）

师：你的思路是很好的，能不能讲清楚？

（生说不出）

师：对于植物生长来说，一天表示时间短，几寸表示——

生：长得快，长得高。

师：一边是时间短，一边是长得高，两者形成了——

生：对比。

师：有这个意思。接下来说“一夜”“半节”。

生：一夜说时间很少，半节是长得很多。

师：很多改为很长。半节这么长（手势演示）。一夜最多 12 小时，半节这么长（手势），这就是看得见的长。所以学习这个句子的时候，不能只抓时间，还要抓它长得多高、多长。两个词的结合和叠加，才能说明它飞快的长，跳跃的长，活生生的看得见的长。这就是这句话的写法。

（出示：时间＋长短）

师：一起读读这句话。

（生读）

［**教学意图**］知道了写作材料，还无法保证学生把这些材料内容写具体，所以，怎么写具体就是接下来必须要重视的事。否则，之前的努力基本付之东流，学生只知事例选择，不如如何写事例，不算是真正学会。这个环节的指导，重点在于“点破”，即学生只说时间短，但时间短并不能表现出“看得见的长”，因此需要教师的指导。果然，教师一点，学生就通，具体的写法也就水落石出了。

师：我们就按顺序，看第二句话。你能也学着这样说，说明会读书了。

（出示：昨天是苞蕾，今天是鲜花，明天就变成了小果实。）

生：从苞蕾到鲜花最后变成小果实。

师：继续说。

（生不会）

师：苞蕾，鲜花，小果实，这是什么？

生：变化。

师：什么变化？

生：生长的变化。

师：什么生长的变化。

生：花的生长变化。

师：能说得更准确些吗？苞蕾，鲜花，小果实是花的什么？

生：生长过程。

生：花不同时候的样子。

师：加上时间想一想。

生：昨天、今天、明天，三天时间很短，花的变化很快，说明看得见的长。

师：你看，昨天是苞蕾（出示苞蕾图片），今天是鲜花（苞蕾图片变为鲜花图片），明天就变成了小果实（鲜花图片变成小果实图片）。

师：昨天的昨天是——

生：前天。

师：前天，花可能是什么样的？

生：种子。

师：那加上去说。

生：前天是种子，昨天是苞蕾，今天是鲜花，明天就变成了小果实。

师：后天就收获，成了我们的美食。这样写，又是时间加——

生：生长样子的变化。

（出示：时间＋形状）

师：时间都在，变化的只是事物的特点，或长短，或形态。下面这句话大家自己学，有经验的同学一定会抓时间和变化。可以讨论。

［教学意图］ 由于这句话比较特殊，用的是夸张的手法，因此“昨天”“今天”“明天”虽然表示时间，但意思发生了变化，需要教师略作帮助。“前天”“后天”的延伸，学生对这句话的写法就有更完整、深入的理解。

（出示：一块白石头，几天不见，就长满了苔藓；一片黄泥土，几天不见，就变成了草坪菜畦。）

生：时间是“几天”。

师：变化呢？

生：白石头变成了苔藓，变成了黄泥土，变成了草坪菜畦。

师：没讲清楚。

生：白石头变成了苔藓；黄泥土变成了草坪菜畦。

师：到底什么变了？

生：石头的外表变了，泥土的外表也变了。

师：菜畦就是菜地里种着一行一行的菜。谁能更厉害地说，什么变了？更重要、更实质的是什么变了？

生：颜色变了。

师：说说你的想法。

生：一块石头本来是白颜色的，长了苔藓就变成了绿色；一片黄泥土本来是黄色，变成草坪菜畦就变成了绿色。

师：是不是颜色变了？（图片展示石头从白变绿，泥土由黄变绿的过程）这样写妙在哪里？前面写瓜藤几寸、竹子半节，苞蕾、鲜花、小果实，直接写看得到的变化，这里不直接说颜色变了，而是把颜色的变化藏在植物名称上，躲在苔藓里，躲在草坪菜畦里，这就是作者写法的精妙。

师：掌声送给这位同学。

（生鼓掌）

师：这就是会读书，读出外表变了，进一步了；外表什么变了，颜色变了，又进了一步，就从文字表面读到了背后。只有对生活有经验的人才能读得出来。所以这个句子就是怎么写的？

生：时间＋颜色。

师：最后一部分太简单了。一定也是时间加什么。

生：时间＋大小。

师：什么是大小？

生：小猫小狗小鸡小鸭在夏天也有生长。

师：从哪里看出生长呀？

生：它已经有了妈妈的一半大。

师：一半大。这就是直截了当地写出来了，一眼就能读出来。读一篇文章，要搞清楚哪些地方相对简单，哪些地方相对有难度，对有难度的地方，就得多花时间读，读出语言文字背后的意思。

（指名读这句话）

师：这段话看得见的长是怎么写出来的呢？是时间（板书：时间＋），加号后面写什么？长短？形态？颜色？大小？还是别的？

生：我觉得应该是变化。因为长短、形状、颜色、大小都是变化。

师：你懂得概括。还有不同的意见吗？

生：我觉得可以加省略号，因为课文写了四种，但事物可能还会有其他方面的变化，所以用省略号表示更合适。

师：有道理。我们总结一下写法。围绕着“生物在夏天是看得见的长”这个中心意思，作者的写法是，请看大屏幕。

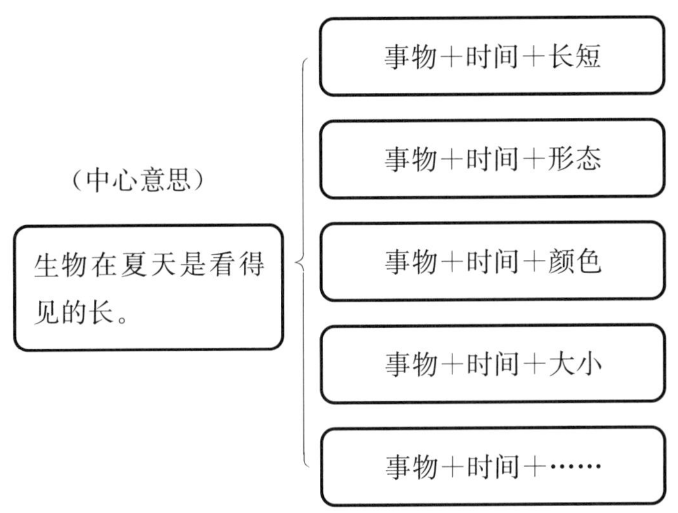

师：这就是这段话的写作秘密。一起读一下第 2 自然段。

（生读）

［**教学意图**］学到这儿，学生一定发现并掌握了这段话写具体的写作密钥了，因此就可以彻底放手让学生自由读书、发现和交流了。然后再用提纲式的思维导图，把这段话的写法加以梳理，写法的秘密就不再是秘密了，而成了学生皆知的公开秘密。如此处理第 2 自然段的写法，一定会让学生觉得，原来这里的写具体如此简单，练写的信心自然大增。

学习任务三：提供习作情境，练写“时间＋变化”写法

师：当然，这段话在用这些写法的同时，还从听觉、视觉、感觉上，用上修辞方法，把“看得见的长”写得更生动。下面我们来做个练习。

（出示画有荷叶、荷花、柳枝、青蛙、鸭子的荷塘图，并提供四组词语：

1. 花骨朵儿　鲜花　莲蓬；

2. 荷叶：碗口大　碧玉盘；

3. 鸭子：跟着妈妈游　自己游；

4. 小蝌蚪　青蛙）

师：请大家选择其中的一样事物，也用“时间＋”的方式来写。

（学生思考、讨论、准备）

生：池塘里，小鸭子宝宝跟着妈妈游，几天不见，就会自己游了。

师：这是时间＋行动变化。

生：昨天是花骨朵儿，今天是鲜花，明天就变成了小莲蓬。

师：我的妈妈昨天是花骨朵儿，今天是鲜花，明天就变成了小莲蓬？发现问题了没有？

（众笑）

生：荷花昨天是花骨朵儿，今天是鲜花，明天就变成了小莲蓬。

师：变成改为长出了。

生：荷塘里的荷花昨天是花骨朵儿，今天是鲜花，明天就长出了小莲蓬。

生：池塘里的小蝌蚪，几天不见，就变成了青蛙。

师：这个还有其他的说法吗？

生：小蝌蚪几天不见就长满了绿色。

师：那前面就应该有颜色。

生：黑黑的小蝌蚪，几天不见就长满了绿色。

（众笑）

师：有问题吧？我知道你的意思，但表达得不够清楚。

生：黑色的小蝌蚪，几天不见，就变成了绿色的青蛙。

师：加点拟人嘛，把青蛙写生动好看点。

生：黑色的小蝌蚪，几天不见，就变成了披着绿色衣裳的青蛙。

师：这是颜色变化。谁有声音变化？

生：荷塘里的小蝌蚪，个把月不见，就变成呱呱呱叫的青蛙。

师：如果改成“就变成会唱歌的音乐家”就更好了。大家发现没有，同样是小蝌蚪和青蛙这个内容，写的角度还不一样，有的从形态动作的角度，有的从颜色的角度，还有的从声音的角度，当然还可以从其他角度写。回家以后，学着课文那样，把这四组内容连起来，变成一小段话，开头加一个中心句。提醒大家的是，写时间时不要都用“几天不见”“个把月不见”，也像课文那样富有变化就更好了。这节课就上到这儿。下课。

［**教学意图**］懂和会虽有关联，却是学习的两个不同的层次，懂只停留在

了解、理解上，会已进入操作、运用的层面，因此，懂并不意味着会。学习怎么写，要的就是会，即会写、会用。所以，懂后的仿写、练习是必须的。之所以选择荷塘图，一是荷塘里的事物多，学生可以自由选择想写的事物；二是这么多事物都在荷塘里，把学生写的文字合在一起，加上个中心句，不就是围绕一个中心意思选择不同的材料来写了吗？指向的又是单元训练重点。

第二课时

学习任务四：发现事物联系，学习组合叠加写法

师：这节课，我们继续探讨《夏天里的成长》是如何围绕“夏天是万物迅速生长的季节”这个中心来写的。

（出示活动要求：

1. 自由默读课文第 3、4 自然段，运用学习第 2 自然段的方法说说这两段话是如何围绕中心意思来写的。

2. 学习时，先自主思考，再与同桌交流、分享思考结果。）

（学生按要求阅读，准备，教师巡视，适时参与学生的交流）

师：看来大家准备得差不多了，这几个词你会读吗？

（屏幕上的“甘蔗”“瀑布”“铁轨的缝隙”变色，学生读）

师：下面开始汇报交流。

生：我们先说第 3 自然段。这段话的中心意思是“随着太阳威力的增加，温度的增加，什么都在生长”，其中，“什么”和“长”是两个关键词。“什么”在这段话中指的是草、树木、山、稻秧、甘蔗、地、水、瀑布、河、铁轨和柏油路。

师：“什么都在生长”的“长”表现在哪里？

生：这段话直接用了 8 个“长”字。

生：还有几个词也跟“长”有关。“丰满”表示山因为草和树林的生长而比原来更高大、更充实起来；“高”也是地因稻秧和甘蔗生长似乎也长高了，离天空更近了；“变宽变深”也是因为水和瀑布的生长而变化。

生：我觉得“柏油路也软绵绵的，像是高起来”中的“软绵绵”和“高”也在说路“长”起来了。

师：动物植物会生长，铁轨、柏油路怎么也会“长”呢？作者是不是写错了？

生：没有写错。我知道夏天天气非常热，柏油路上的柏油被太阳晒软了，会有点膨胀起来，踩上去就会感觉软绵绵的。

生：铁轨也是，遇到热也会膨胀，就把连接处的缝隙儿几乎填满。

生：哦，这就是热胀冷缩的原因，所以贴瓷砖，两块瓷砖之间都要留点缝隙，不然一到夏天，瓷砖相互挤压，就会翘起来。

师：不仅发现了“长”字，还读出了“丰满”“变宽变深”“软绵绵”与长有关，越来越会读书了。如果说，第 2 自然段主要表现“快”，那这一自然段重点写的就是“长”。除了这个发现，还有别的发现吗？

[教学意图] 第 2 自然段凸显的是“快”，第 3 自然段呈现的则是“长”，即状态的变化，为此，课文连续使用了 8 个“长”字，分别描写 8 种事物的成长变化。引导学生抓这些事物，也为的是让他们明白这段话是如何选择不同事物表现“什么都在生长”这一中心意思的。

生（读）：“草长，树木长，山是一天一天地变丰满。稻秧长，甘蔗长，地是一天一天地高起来。水长，瀑布长，河也是一天一天地变宽变深。”这是排比句，三句话写得一模一样。

（投影出示这三句话）

师：大家先一起读读这三句话。

（生读）

师：能具体说说一样的地方吗？

生：三句话都是什么长，什么长，什么变得怎么样。

生：每句话中的三样事物有关系。山一天一天地变丰满，是因为草长，树木长；地一天一天地高起来，是因为稻秧长，甘蔗长；河也是一天一天地变宽变深，是因为水长，瀑布长。所以它们之间是有联系的。

生：都是有了前两样的变化，才有第三样事物的变化。

师：这是个重要的发现，你的眼光特别敏锐，特别表扬你。试着用一个关联词说说三者之间的关系。

生：因为草长，树木长，所以山是一天一天地变丰满。

生：因为稻秧长，甘蔗长，所以地是一天一天地高起来。

生：因为水长，瀑布长，所以河也是一天一天地变宽变深。

师：能学着课文中的这一句式说一句话吗？

生：天气热了，铁轨长了，连接处的缝隙几乎填满了。

生：树长了，树阴多了，树下成了孩子玩耍的快乐天地。

生：葡萄熟了，西瓜甜了，果园成了人们采摘的乐园。

师：课文写到山、地、河的时候用的词是“丰满”“高”“变宽变深”，它们能调换吗？

生：不能调换。草和树木都是向四面八方生长，山才会丰满。稻秧和甘蔗主要向上长，地好像变高了。水和瀑布的水多了，河才会变宽变深。

师：这是相同的地方。不同的呢？

生：“长”的意思有点不同。“草长”“树木长”的“长”有长高、长大、向四处伸展的意思，“稻秧长”“甘蔗长”的“长”只有长高的意思，“水长”“瀑布长”的“长”则是表示水量多，水量大。

生：“丰满”是拟人写法，把山当作体态丰满的人，突出事物的宽度。“高”突出事物的高度。“变宽变深”突出事物的宽度与深度。这也是不同的。

生：我觉得“丰满”还写出了草木茂盛，山美丽的样子；“高”也有稻秧和甘蔗长得快的意思，更表达了人们对农作物长势喜人、丰收在望的喜悦心情；因为“变宽变深”，河水变得更清更美更迷人。

师：（板书：排比句式）运用排比句子，字数由少到多，句子由短到长，句子看起来很美，读起来也富有节奏。能把这种节奏之美、情感之美通过朗读表达出来吗？

（指名读，齐读）

师：读得很有节奏，很有感情，真好。

［教学意图］ 第 3 自然段，作者的目光从具体的动植物身上移动向更为广袤辽阔的山川田野，于是，写作的视野一下子开阔了许多，写作对象变为草、树、山、稻秧、甘蔗、地、水、瀑布、河。别出心裁的是，互为关联的三个

物合成一组，并用“什么长，什么长，什么也变得怎样”的事物组合叠加式的递进表达，写出事物的生长。相似的三个句子组合，又形成了排比的句式，把非生物“什么都在生长”的特点，具体生动地写了出来。这样的写法显然与第 2 自然段很不一样。

学习任务五：品读句子关系，学习层递扩展写法

师：第 4 自然段的中心句是——

生（读）：人也是一样，要赶时候，赶热天，尽量地用力地长。

师：先汇报中心意思是什么，再汇报是怎么表达这个中心意思的。

生：中心意思是人要抓住时候尽量地长，这段话举了学生读书这件事来写。

（出示：一过夏天，小学生有的成了中学生，中学生有的成了大学生。升级、跳班，快点儿，慢点儿，总是要长。）

（生读）

生：就是说夏天一过，学生就会进入更高一级的学校读书，小学生成了中学生，中学生成了大学生，说明夏天人也在成长。

师：你觉得除了年级的增长，还有什么在增长？

生：身体在增长。

生：知识在增长。

生：本领在增长。

生：智慧也在增长。

师：这段话用了学生的例子来说明人的生长。还有其他写法吗？

生：用上了两个谚语。（读）北方农家的谚语说：“六月六，看谷秀。”又说：“处暑不出头，割谷喂老牛。”

师：知道这两个谚语的意思吗？

（生摇头）

师：“六月六，看谷秀。”“谷秀”说的是庄稼抽穗开花，“六月六”指的是农历六月初六，这是庄稼抽穗开花的关键期，此时如果还不抽穗、开花，

意味着庄稼已经没有长大、长好的可能了。这个谚语告诉我们什么？

生：时间很重要。

生：时机很重要。

师：对。“处暑不出头，割谷喂老牛。”“处暑”，是我国传统二十四节气中的第 14 个节气，一般是公历 8 月 23 日，是一个表示气温由炎热向寒凉过渡的节气。对于稻子来说，处暑的时候谷子如果还不出头，就没有收成的希望了，就成了无用的荒草一样，只能割掉做老牛的饲料了。这个谚语又告诉我们什么？

生：时间很重要，时机很重要。

师：对，也就是说，该长的时候如果不长，或者长得慢，就不会有收成了。把这两个谚语放到这段话中去读，你能体会作者用这两个谚语的用意吗？

生：就是为了告诉我们，庄稼生长时机很重要，人也一样。

生：是用谚语告诉我们，不管是庄稼生长还是人的成长，都需要把握好时机。

生：如果不把握时机，就会失去成长的机会。

生：只有珍惜时间，把握机会，努力向上，才能成长、成功。

师：对，所以课文才说：人也是一样，要赶时候，赶热天，尽量地用力地长。这里的“赶时候”“赶热天”的“时候”和“热天”不是季节和天气，而是时机和机会，告诉我们每个人都要珍惜时间，抓住机会，努力获得知识的增长，能力的提升，不要错过时间，否则就成了一事无成的人。“少壮不努力，老大徒伤悲”讲的就是这个意思。

生：老师，我还知道了，这两个谚语还有一个作用，就是学生读书这件事和人要“赶时候，赶热天，尽量地用力地长”这两个意思连接起来。

生：起到了承上启下的作用。

师：是的，这段话就是这样一层一层地表达。先举生活中的例子——

生（读）：一过夏天，小学生有的成了中学生，中学生有的成了大学生。升级、跳班，快点儿，慢点儿，总是要长。

师：再引入两个谚语——

生（读）：北方农家的谚语说：“六月六，看谷秀。”又说：“处暑不出头，割谷喂老牛。”

师：再作进一步的说明——

生（读）：农作物到了该长的时候不长，或是长得太慢，就没有收成的希望。

师：最后点明中心——

生（读）：人也是一样，要赶时候，赶热天，尽量地用力地长。

师：就是这样，四句话从例子，到谚语，到解释，到道理，层层递进，步步延伸，作者要说明的道理就在这样的有序表达中显现出来。

（板书：层层递进）

［教学意图］ 从写作事例选择上说，这段话用的是人的成长，即小学生、中学生、大学生的身份变化。从写作方法角度看，谚语的作用非同一般。先是“六月六，看谷秀”“处暑不出头，割谷喂老牛”这两个谚语选用得非常精准，因为它们的意思都是强调时间节点、时机把握的重要；再是由此转向人的成长，表明人也要把握机会，做该做的事。两者之间，用“农作物到了该长的时候不长，或是长得太慢，就没有收成的希望”来过渡，形成了从学生身份，到谚语引用，到谚语解释，到人生道理的层层推进、步步延伸的写作过程。

师：书读到这儿，需要梳理一下：三个部分除了都有中心句以外，写法上还有什么不同？

生：第 2 自然段的生物看得见的长用的是“时间＋变化”的写法。

生：第 3 自然段无生命事物的生长主要运用了排比的修辞手法。

生：第 4 自然段用的是层层深入的有序表达。

师：这就叫作写作内容不同，写法方法不同。

（板书：不同的写法）

师：看大家学得兴致勃勃，老师还想问一个有点难度的问题：三个写作内容为什么把人放在最后写？同桌可以讨论一下。

（学生交流、讨论）

生：我觉得这样写，文章就有步步深入了。

生：应该是更好地揭示文章的主题吧。

生：这篇文章主要还是写人，从物到人的安排，更能把一个道理揭示出来。

生：文章开头是中心句“夏天是万物迅速生长的季节”，结尾“人也是一样，要赶时候，赶热天，尽量地用力地长”点明中心，告诉人们一定要珍惜时光，把握机会，否则一事无成。

师：三个段落，三个事例，三个角度，三个方面，很好地说明了“万物迅速生长”这个中心意思。如此多角度、多方面、多层次的事例材料和写法，让中心表达更加清晰、明确，是值得我们学习的。我们也来个小试身手吧。

［**教学意图**］前头是分段教学，学习每段话不同的写法。这里是聚合，梳理三段写法的同与异。再重点讨论为什么把“人”放在最后写，从谋篇布局的角度，体会材料组织安排的目的。如此，有语段的不同写法学习，有全篇的篇章结构学习，都是为了让学生更好地写习作。

学习任务六：运用“初试身手”，内化单元重点

［出示：“初试身手”：下面是一位同学围绕“戏迷爷爷”这个题目选的材料。判断一下，哪些材料可以用来表达中心思想，在后面的括号里打“√”。

◇跑了几十里地去看戏。（　　）

◇常给我们讲故事。（　　）

◇在爷爷的倡导下，街道组织了业余戏班子。（　　）

◇干活时会哼上两句流行歌曲。（　　）

◇边炒菜边做戏曲里的动作，把菜炒煳了。（　　）

◇到文化馆拜师学戏。（　　）

◇每天看书看到很晚。（　　）

◇一看到戏曲表演就占着电视。（　　）］

师：如果你来写这篇文章，你的选择是什么？说说理由。

生：我选第一、三、四、五、六、八，因为这几个材料都能说明爷爷是个戏迷。

生：我觉得第四个材料不是，因为爷爷哼的是流行歌曲，流行歌曲不是

戏曲。

师：这篇文章题目是什么？

生：戏迷爷爷，关键是“戏迷”两字。

师：怎么理解“戏迷”？

生：戏就是戏曲，迷就是迷恋，跟戏曲无关的材料不行。

生：就算跟戏曲有关，但不能表现迷恋的也不行。

师：对。流行歌曲不是戏曲，可不符合题目要求。第一、三、五、六、八虽然跟戏曲有关，但能不能表现迷恋这个中心？

生：可以。跑几十里路看戏，不迷恋做不到。

生：因做戏曲里的动作把菜炒糊了也能说明迷恋。

生：年龄那么大的人还拜师学戏，当然是迷恋。其他组织戏班子、占着电视看戏曲也是。

师：你看，抓住了“戏迷爷爷”这个题目，聚焦题目中的“戏迷”这个关键词，就能知道这篇文章的中心意思，根据这个中心意思就能正确选择材料了。以后我们选择文章材料，也应该这么做。

［**教学意图**］习作专题单元的“初试身手”，就是一个演练场，安排在两篇精读课文之后，就是为了学以致用的。围绕中心意思选择不同材料，是单元学习重点，“初试身手”的设计也指向这一重点。本单元提供的题目与事例，看似比较简单，细究起来也有些诀窍。首先是题目的中心意思落在“戏迷”两个字上，“迷”暗示不是一般的喜欢。其次是材料，像“每天看书看到很晚”明显与题目不符，但“干活时会哼上两句流行歌曲”就有点似是而非了，容易让学生搞错了。把这一道练习安排在《夏天里的成长》之后，有利于学生通过实际运用，进一步体会什么叫从不同方面或不同事例，表现中心意思。

【特色解析】

一、让“怎么写”不再模糊，而变清晰

传统作文教学不是不教写作方法，有时还非常重视。常见的情况是，一上作文课，教师就要说如何审题，如何依据题目选择材料，如何开头，如何结尾，如何谋篇布局，要采用什么样的方法和技巧来安排，诸如此类。可是，令人不解的是，老师尽心尽力，费心劳神，强调了一次又一次，重复了一遍又一遍，快成了被狼吃掉孩子，喋喋不休的祥林嫂了，依然效果不佳，直至被广泛诟病。原因是，我们教的写作方法是空洞的，泛化的，模糊的，学生对这些方法好像知道，用起来却根本不会，学用两张皮的现象极为严重。想起来有，用起来无，是一件令人遗憾又无奈的事，困扰着教师，也折腾着学生。久而久之，学生只要听到要写作文，一到上作文课，就会发出一声声的哀叹，总觉得为什么又是作文课，又是写作文，从内心深处开始拒绝作文，为了交差只好憋作文，一点点挤出来。就这样，讨厌写，又得写；继续写，更讨厌，形成了恶性循环。不仅学生对作文谈虎色变，教师对作文也产生了畏惧和厌烦心理。时间一长，教师和学生对作文都缺乏热情，教也累，学更累。

如此辛苦教，怎么就教不会呢？如果作深度剖析，可能就会提出，如何审题，如何选择材料，如何开头，如何结尾，如何谋篇布局之类，是不是给人笼统的感觉？细想一下，如何开头是怎样的开头？这样的开头要用什么方式、什么语言表达出来？这样的开头是不是适用于任何一篇习作？这样一问，可能就会吓出一身汗来，原来对于写作初学者来说，需要的不是如何开头的套话、空话，而是具体的、清晰的、可操作的实际方法。只有这样，仿写、迁移、运用才有可能。

比如《夏天里的成长》第 2 自然段，课文确实是从听觉、视觉的角度来写动植物。可听觉、视觉的说法是不是还是宽泛的？在小学语文教材中，从听觉、视觉、味觉、触觉的角度写的文章多的是，比如《观潮》中的钱塘江大潮，《走月亮》中的溪水和稻田，等等，每篇文章的视觉、听觉的写法都是不一样的。如果仅从听觉、视觉角度学写作，似乎不必到六年级了再学。因此，就得探讨《夏天里的成长》中的听觉、视觉是如何具体化的。这样一想，就会有答案了：“一天可以长出几寸”“一夜可以多出半节”是从时间与事物高度的关系，让人看出长得快；“昨天是苞蕾，今天是鲜花，明天就变成了小果实”是从时间与事物的形态之间的关系，让人觉得长得快；“几天不见，就长满了苔藓”“几天不见，就变成了草坪菜畦”是从时间与事物颜色的关系，让人看出长得快；“个把月不过来”“已经有了妈妈的一半大”是从时间与事物大小的角度，让人看出长得快。发现了这段话是从这样的几个关系角度写视觉，无疑就找到破解如何通过视觉表达中心意思的写作密码，学生学写，自然一点没有难度了。不仅没有难度，一些学生还可自主延伸，从时间与事物形状、时间与事物声音、时间与事物所处位置变化的角度来写生活中的事物，仿写也就有了创新的含义，“怎么写”的经验就融入了学生的血液，成了实实在在的写作能力和素养。

二、让“怎么写”不停口头，而落笔头

写作是件技术活，对于这句话，相信有过写作经历的人都是认同的。关于写作技术，白先勇先生有过这样的论述：“所以我想，写作有一点是很重要的，老师夏济安也这样说过：写什么并不重要，重要的是怎么写。我想，一些主题和内容，作家各有不同的想法布置，但怎样去表现一个故事，却最重要。我写《台北人》，每一篇尝试运用不同的方法、语调跟角度来写，看哪一个最好。……同学可以试试。一般写小说很重视开头，可以从头说起，从尾说起，或从故事的三分之一说起，效果都不一样，你们可以试试看。”季羡林先生也不忌讳“技术”，在人教版小学语文教科书《小苗和大树的对话》一文中，季先生在接受一个叫张钫的同学采访时，问他：“嗯，你再说说，从技术上讲，怎样才能写得通顺?”遗憾的是，张钫同学答不上来，因为老师没有教。

这就是教学现实，明知写作需要一些基本的“技术”，教学思想又太保守，不敢教给学生写作“技术”，总怕被人戴上“技术至上”“机械训练”的帽子。更糟糕的是，明知技术是练出来，讲不来，听不来的，可是，偏偏不是讲就是听，久而久之，学生的写作能力未见长进。当然，教给写法，不是记住写作概念，也不是不讲习得的僵学死练，而是把写作“技术”融入到具体的习作练习当中，借助学生的真实表达，去灵活运用，去实践体验，从而获得写作真知。

本课教学就是这样。第 2 自然段的中心意思是第一句：“生物从小到大，本来是天天长的，不过夏天的长是飞快的长，跳跃的长，活生生的看得见的长。”这句话的关键词语是“飞快的”“跳跃的”“活生生的”“看得见的”等，让我们看到了万物勃发生长，以及生长时的活力无限、可感可见。然后从植物、动物等方面，列举了瓜藤、竹节、花蕾、苔藓、鸡鸭等等小而熟悉的事物迅速成长的画面，非常鲜活，让人触手可及。特别是“一天可以长出几寸”“一夜可以多出半节”“叭叭的声响”“昨天是苞蕾，今天是鲜花，明天就变成了小果实”“几天不见，就长满了苔藓”“几天不见，就变成了草坪菜畦”“个把月不过来，有了妈妈的一半大”，写得极有画面感，好像是我们亲眼所见，亲耳所闻，对读者的视觉冲击力极大。学习这部分内容，不能仅限于“我知道了”，“我明白了”，而是设计了一个荷塘图，并提供四组词语，让学生观察图片，唤起相关的生活记忆，先一个事物一个事物地仿写，最后再要求把这些事物连起来说，加上一个表示中心句，一段围绕中心意思写一个地方的段落练习就完成了。在这样的亲身“创作”中，学生才能对如何根据一个意思，选择从不同的角度、用不同的事例来表现“冷暖自知”，正所谓要想知道梨子的滋味，你就得自己去尝一尝，否则，一切都是空谈。

三、让“怎么写”不是知识，而成能力

统编语文教材从三年级开始就编排了习作专题单元，而且册册都有，目的是为了什么？这是教学习作专题单元必须首先要了解的，不然，教学就成了无头苍蝇，摸不清方向，随便乱飞。方向一旦偏移，怎么努力都无法抵达目的地，甚至南辕北辙。

首先，看看习作单元是怎么编的。习作单元由导语、精读课文、交流平台、初试身手、习作例文和单元习作六部分构成。导语，点明单元语文要素，明确写作的具体要求，指向习作目标。两篇精读课文是从阅读中学习写作方法，不对字词、内容作过高过细的讲解。“交流平台”是归纳梳理，提炼方法。“初试身手”是初步尝试用学到的方法进行练习和诊断，老师可以从中发现学生存在什么样的问题，接下来可以知道重点朝哪个方面进行教学。“习作例文”是进一步感知方法，主要功能是在于根据学生在初试身手或单元习作中表现出来的问题，借助习作例文开展有针对性的指导，帮助学生解决问题。在使用上，习作例文既可以用于单元习作前的指导，也可以用于单元习作后的讲评，重在怎么“用”，不能当略读课文教。“单元习作”就是要引导学生运用学到的写作方法进行写作，形成单元学习成果。这样的单元结构框架，很显然是指向解决学生写作方面的实际问题，提升学生写作能力的，突出的是实用性、操作性、可落地性。

其次，听听教材编者是怎么说的。“在编写之初，编写组即确定了习作在教材中相对独立的地位，不要求习作紧紧依附于阅读单元。这个定位给习作松了绑，不再受制于单元主题和文体，为习作自成体系提供了根本保障。”“习作单元的编排，完全从培养习作能力出发，引导学生体会作者是如何写文章的，并设置了一系列训练，保证学生在某项重要习作能力上形成突破，获得提升。”着手于单项习作能力，着眼于习作综合能力，是习作单元教材编写的特点。

再次，看看教材说明是怎么写的。意在“改变传统的完全以阅读为中心的编排体系，在重视培养阅读理解能力的同时，引导语文教学更加关注表达，改变多年来语文教学实践中‘重阅读轻习作的状况’。引导语文教学更加关注表达，这是对习作单元教学价值取向的明确定位”。习作专题单元是干什么的，已经写得再清楚不过了。

明白了这些还不够，这只是在理念上给我们以指导。具体到每个习作单元教学时，还得来一次转化，即从习作概念知识向实际操作的转化。通俗点说，就是不能只让学生记住习作方法的知识概念，而要化知识为能力。这是因为，知识不等于能力，从知识到能力，不是一条直线，而是一条曲线，中间需要经历感知、发现、领悟、内化、迁移、应用等多个环节。从知识的分类来说，“是什么”的陈述性知识只需要记住，“为什么”的策略性知识，“怎么样”的程序性知识，才是需要用好的。就《夏天里的成长》所在单元语文要素来说，“体会文章是怎样围绕中心意思来写的”“从不同方面或选取不同事例，表达中心意思”不能停留在“体会”本身，不能满足于知道写文章要“围绕中心意思来写”、要“从不同方面或选取不同事例”围绕中心意思写，这是对写作概念的死记硬背，对于写作毫无意义，而应该通过具体的写作实践，体验怎么做才是围绕中心意思写，怎么选材才是从不同方面或选取不同事例表达中心意思。所以，在教学的最后环节，我们就把单元中的“初试身手”提前处理，但只选择其中的第一个，因为“初试身手”中的两道练习都是指向如何围绕中心意思选择材料的，一个提供了题目和具体的事例，一个只有题目没有事例，需要学生自己写上，显然，前者难度较低。学了第一篇课文《夏天里的成长》，学生对要围绕中心意思写，就得选择与中心意思有关的不同方面或不同事例的认识还是初步的，粗浅的，不宜做难度过大的练习，从已有的事例选择符合题意的练习，自然最为合宜。

10. 老课新教的课程价值

——《匆匆》课堂实录与教学解码

【背景解说】

此课教于 2023 年 3 月。此时，距离《义务教育语文课程标准（2022 年版）》颁布已近一年。一年间，不少学校组织教师开展新课标学习与培训，使得大家对新课标理念有了不同程度的认识和理解。尽管如此，许多教师对学习任务群既感兴趣，又觉迷茫，如何利用统编语文教材实施任务群教学，成了大家共同关心、期待的头等大事。为此，一所学校临时提出让我上一节体现任务群理念的语文课。临时接受任务，客观上没有时间做课件，主观上也不想做课件，在我看来，如果能上出与做了课件同样的效果，为什么一定要做课件呢？再说，不借助课件进行“素课”尝试，我又不是第一次，不做也无妨。

之所以挑选六年级下册的《匆匆》，原因有三：

第一，这是一篇经典老课文。经典在于它是著名散文家朱自清的成名之作，入选小学语文教材已经很久了。谈起《匆匆》，不由得使人想起高尔基咏物言志的名篇《时钟》。尽管格调各异，但两位作家不谋而合，抓住人们日常习见而又易于忽略的物象，或寄情述怀，或生发议论，感叹韶华易逝，人生短促，亟须珍惜时间，爱惜生命，有所作为。全文仅有六百余字，可谓篇幅短小，表达的却是人生、生命这样的宏大话题，是对学生进行立志向上、把握当下的生命教育的极好素材。

第二，由于具备散文的典型性特征，将其教出散文味，成了语文教师的集体意识。尽管此文在统编语文教材已安排在习作专题单元，重点是“体会文章是怎样表达情感的”，但许多教师习惯性地认为这是一篇散文，语言的感悟、情感的体悟是重点，教学时应该抓住关键语句，引进资料，体会朱自清先生对于时间流逝的无奈和痛苦，教出散文既有的特点与韵味，当下的一些名师就是这么教学的。可是，这与教材的编写意图相悖，也无法落实单元语文要素。我认为，表达什么情感固然需要，怎样表达感情更为重要，只有这样教，才能体现习作专题单元的属性和功能，因此，《匆匆》的最大价值在于写法表达的范例性，而不是情感性。

第三，老课文如何上出新样态，是所有语文教师的共同期待。《匆匆》是篇老课文，而且是一篇不同于其他课文的老课文，一是经典，二是散文。新课标理念下，散文怎么在保留“情味”的同时，还能上出任务群的特点和感觉来，是一种挑战，也是一个有意义的尝试。喜欢挑战自我，喜欢上出与众不同，是我多年来的习惯，也确实取得了不错的成果。《匆匆》的教学无疑为我提供了一个很好的机会，为何不好好把握和珍惜呢？

【课堂解码】

第一课时

学习任务一：写阅读批注，谈情感体会

师：这节课要上什么内容大家知道了吧？

生：知道了。

师：说出课文题目。

生：匆匆。

师：看老师写这个题目。

（师写：匆）

生：老师，你写错了，少了个点。

师：这个字读什么？

生：wù。

师："勿"的意思是不要，那"勿忘我"就是——

生：不要忘记我。

师：你知道吗，"勿忘我"还是一种花。（出示"勿忘我"图片）多年生草本植物，浅蓝色的花，漂亮吧？猜猜"勿忘我"花的花语。

生：千万别忘了我。

生：永远不变的爱。

生：永远美好的感情。

师：猜对了。看来"勿"是非常重要的一个字，不要写成"匆"；写"匆"也不要忘了中间的一个点，长点，（在"勿"上添上一个点）读——

生：cōng。

师："勿"加了个长点，意思有变吗？

生：变了，"勿"是不要，"匆"是急，急忙的意思。

师：老师再写一个"匆"，这回的意思呢？

生：更急了，急急忙忙。

生：比一个"匆"更"匆"了。（生笑）给人飞快、急促的感受。

师："匆匆"这个叠词就给人这种感觉。一起读课题。

生（读）：匆匆。

师：跟其他课文的题目相比，这个题目是不是有点特别呀？

生：是有点特别，叠词作为课文题目的，还比较少，特别。

生：意思也有点特别，来去匆匆。

生：到底"匆匆"什么，很容易引起读者的好奇。

［**教学意图**］散文毕竟是"散"的文，丰富的情感，优美的文辞，依然是散文的灵魂，所以，一开课就不必正儿八经地出示单元导读页，正儿八经地宣告本课的学习任务，上得那么理性，只能让学生敬而远之。尽管如此，也不能忽略了"匆匆"这一文题的特别，以叠词为课题，"匆"与"勿"的相近字形，以此展开聊天式的导课，在充满轻松和情趣的氛围中，发现汉字特点，发现文题特征，进而激发学习兴趣，引发阅读期待，是一种松弛为表，探究为里的导入策略。

师：是呀，朱自清先生起了这么个特别的题目，到底有什么特别想表达的意思呢？我们先了解一下作者（板书：朱自清）。课前你搜集到他的什么资料？

生：他原籍浙江绍兴，出生于江苏省东海县（今连云港市东海县平明镇），只活了 50 岁。

生：他是我国著名的散文家，《荷塘月色》就是他写的。

师：毛泽东主席曾赞誉过他，说他很有骨气，一身重病，宁可饿死，也不领美国人的救济粮。他是现代著名作家，写过很多作品，写得最好的是散文。你们知道什么是散文吗？

生：就是不具体讲一件事，主要在抒发情感。

生：散文也有讲事情，但写事也是为了抒情。

师：这样理解散文是合适的，散文的最大特色就是抒发情感。

（板书：抒情）

［教学意图］ 六年级的孩子，不是第一次接触散文。三年级的《花的世界》《大自然的声音》《父亲、树林和鸟》，四年级的《走月亮》《乡下人家》，五年级的《威尼斯的小艇》《月迹》《鸟的天堂》等，自然是读过的。但是，对于散文的一些典型特征，学生不一定了解，因为教学时教师不敢过于涉及，认为融情入景，语言的节奏感与旋律感，言辞所散发出浓郁的抒情气息，学生很难懂，因此，讲的最多的无非是“形散神不散”，造成学生对散文的认知基本上停留在“形散神聚”的抽象概念上。此环节依然以聊天的方式，借助了解朱自清的人物信息，渗透散文虽有具体写件事，与不具体写件事的区别，但情感表达却是共同的需要这一散文特征，从而为学习课文如何表达感情作知识、情意上的铺垫。

师：你们预习过课文了，现在请大家自由朗读课文，想想这篇课文抒发了什么感情。

（出示活动要求：

1. 自由读课文，读准生字，读好句子。

2. 这篇文章抒发了作者怎样的情感？你是从哪里读到了？把体会到的感情写在相关的语句旁。）

（生阅读，批注）

生：我觉得课文表达了作者对时间匆匆流逝的惋惜之情，是从第 1 自然段读出来的。

生：这篇文章表达了作者面对时间流逝，一点也没有办法留住的无力和无奈，我是从第 3 自然段读到的。

生：我从第 2 自然段读到了作者在时间飞逝而去时的紧张和忧虑。

生：课文第 4 自然段还写到了作者觉得时光匆匆而过，自己却无所作为的懊悔心情。

生：从第 4 自然段我还读到了他不想白白来世上走一遭，一定要做些事情的想法和决心。

生：朱自清先生是不是还希望通过这篇文章，告诉我们一定要珍惜时间，不能虚度年华。这是我读了全篇课文的一种感觉。

师：这一次读，大家的收获不小，能从不同的段落和文字，从不同角度感受到作者所抒发的感情。但是，这还不是我们要学习的重点，那么重点是什么呢？请看课文单元导读。（出示导读页）读读右下方的这两行字。

生：体会文章是怎样表达情感的。

生：选择合适的内容写出真情实感。

师：你读懂了本单元的学习重点了吗？

生：是学习如何表达感情的。

生：就是学习表达感情的方法。

［**教学意图**］学习任务群的教学现实是，关注了这一个任务，那一个任务，偏偏忽略了学生字、读课文、整体感知内容这一基础性任务，我称其为“常规性学习任务”。不管是哪一类型的学习任务群，都有“常规性学习任务”的要求，都必须完成这一常规任务，否则，基础不牢，地动山摇，绝不是语文学习所应该犯下的错误。这个环节，不仅是学学生字、读读课文这么简单，还是“阅读初感”在散文学习中的运用。“阅读初感”，顾名思义就是阅读的第一感觉、初步印象，就是阅读个体根据已有经验、阅读图式、人生阅历等，在直接接触语言材料过程中，对文本产生的最原初的感觉，这种感觉是在毫无功利目标的情况下，和文本的思想碰撞、情感交流以及对文本的价值判断，因此成为学生个性化阅读和理解最直接、最纯粹、最本真的显现，以此为阅

读活动的起点，对于课文学习具有重要价值。

师：是的。《匆匆》一课是怎样表达感情的，这才是我们学习这篇文章的重点。请关注课文的首尾段落，说说自己的发现。

生：第1自然段用了好几个问句，最后两段也用了很多问句。一篇文章为什么要用这么多的问句呢？

生：首尾两段有同样的一个问句："你聪明的，告诉我，我们的日子为什么一去不复返呢？"这两句话意思应该是不同的吧。

师：接下来的学习就让我们聚焦问句，解决刚才同学的疑问——这篇课文为什么要用这么多的问号？

学习任务二：抓连串问句，学情感表达

（出示活动要求：

1. 阅读第1、4、5三个自然段，找出问句，体会这样表达的好处。

2. 可以自己一个人读，也可以与同伴一起阅读。）

（学生阅读，圈画，思考，交流）

生：我们读的是第1自然段，找到的句子是："但是，聪明的，你告诉我，我们的日子为什么一去不复返呢？——是有人偷了他们吧：那是谁？又藏在何处呢？是他们自己逃走了吧：现在又到了哪里呢？"这段话用了4个问句。

（出示问句）

师：注意这个"藏"字，笔画多，容易写错。在生字栏边写一个，不要写太宽了。

（生写"藏"字）

师：找到句子只是学习的第一步，还要想想，为什么要用4个问句。谁有这方面的思考？

生：我觉得这4个问句的意思是不一样的，"但是，聪明的，你告诉我，我们的日子为什么一去不复返呢？"这是作者心里大的疑问，他真不知道时间到哪里去了。"那是谁？又藏在何处呢？""现在又到了哪里呢？"是具体的

疑问。

生："那是谁？又藏在何处呢？""现在又到了哪里呢？"应该是对"但是，聪明的，你告诉我，我们的日子为什么一去不复返呢？"的进一步追问。

师：先疑问，再追问，同样是问句，形式还不一样。继续发言。

生：我说说"那是谁？又藏在何处呢？""现在又到了哪里呢？"这三个问句吧。本来作者想自己回答"为什么一去不复返"这个问题，但又找不到答案，只好再继续问，还是不知道谁偷走了日子，也不知道是不是他们自己逃走了，这样写，更说明作者心里非常茫然，心里也很虚。

生：我们发现这段话除了问号，还有个破折号。破折号有个作用就是解释说明，就是后面的内容是对"我们的日子为什么一去不复返呢"的解释说明。他想到了两个情况，一"是有人偷走了他们"，一"是他们自己逃走了"，但他又不能肯定，这从两个"吧"字可以读得出来。

生：我来补充。如果"是有人偷走了他们吧"，那肯定知道是谁偷的，藏在哪儿，但是作者又问"那是谁？又藏在何处呢？"心里还是不明白。如果"是他们自己逃走了"，也应该知道到了何方，但又说"现在又到了哪里呢？"心里依然不明白。有猜测，却找不到答案，更能看出作者此时此刻惋惜、矛盾的心情。

师：体会得好，说得也棒。掌声。

（生鼓掌）

师：问句表达的含义你能读出来吗？自己先试一试。

（生试）

师：谁来读给大家听？

（指名读）

［**教学意图**］使用一连串问句，是本文表达感情的重要方法。从问句形式上看，有疑问，有设问，有追问，有探问，有反问，不同的问句，传递出不同的情感。如此形式多样的问句的叠加，自然把迷茫、矛盾、疑惑等复杂的心情表达得淋漓尽致。这一表情达意的写作手法，在小学语文教材中，绝无仅有，在其他文学作品中也并不多见，构成了《匆匆》一文的独特个性，也理所当然成为本课教学的重点内容之一。这一环节的教学，聚焦第 1 自然段

中的问句，尤其是抒情性的设问句式，初步感知问句的不同形态，以及不同形态问句所透露出的不同情感，并通过朗读的方式加以表现，加深体会，从中懂得作者运用多个问句的目的在于，提出时间究竟是被人“偷了”，还是“自己逃走了”的问题，表达茫然无措的心情，也深感时不我待。

师：如果把这些问句放在段落里，联系第1句话，你还获得怎样的体会？

（出示：燕子去了，有再来的时候；杨柳枯了，有再青的时候；桃花谢了，有再开的时候。）

生：这是个排比句，写了燕子、杨柳和桃花。这三样事物去了，但都有机会重新回来。

师：这就是失而复得。把排比句和问句联系起来想想，有新的收获吗？

生：燕子、杨柳和桃花能失而复得，日子不能。

生：就是日子不像燕子、杨柳、桃花这样，失去了可以再回来。

生：排比句和问句形成了鲜明的对比，进一步说明日子的特别，突出了日子的一去不复返。

生：先写排比句，告诉我们这些事物可以去了又回，接着用问句，突出了日子的与众不同，这样写更能表现作者对时光流逝、光阴难回的惆怅、遗憾之情。

师：写作时，排比句和问句连着写，更能表达留恋、无奈、怅然若失等复杂情感。阅读时，这样联系着读，我们对这段话问句的理解就更深了。读读这段话。

（生读第1自然段）

［**教学意图**］如果说前一环节的问句体会，只是就问句自身所传递出的情感而进行的话，那么，此时的学习就是将问句与生活现象联系起来作深入的体会。文章开头，作者以三个排比句来描写春景，把燕子再来，杨柳再青，桃花再开，跟与之相反的“日子一去不复返”相映衬，使人想起时光的流逝，引动思绪，点出题眼。这样的文本内容，让排比句与问句之间构成了富有张力的思维点，万物可以再现的期望与欣喜，让时间不可重来的遗憾和沮丧，更为强烈，更为鲜明，因此，把两者结合在一起，不仅可以更深地体会情感，而且也对这一对比写法及其表达效果，有了更深切的感受。

师：再来说说第二处的问句吧。

生：第 4、5 自然段有一连串的发问。

师：读出来。

（生读后，出示：

在逃去如飞的日子里，在千门万户的世界里的我能做什么呢？只有徘徊罢了，只有匆匆罢了。在八千多日的匆匆里，除徘徊外，又剩些什么呢？过去的日子如轻烟，被微风吹散了，如薄雾，被初阳蒸融了。我留着些什么痕迹呢？我何曾留着像游丝样的痕迹呢？我赤裸裸来到这世界，转眼间也将赤裸裸地回去吧？但不能平的，为什么偏要白白走这一遭啊？

你聪明的，告诉我，我们的日子为什么一去不复返呢？）

师：两段话几乎都在用问句，这在学过的课文中是极其少见的。为什么要这么写呢？请大家发表高见。

生：第 4 自然段说在逃去如飞的日子里，自己只有徘徊，没有做什么，也不剩什么，连痕迹都没留下。

生：还说自己不能“赤裸裸”来，“赤裸裸”地回去。

生：也就是说不能白白地走这一遭。

师：这句话中的两个“赤裸裸”，意思一样吗？

生：不一样。第一个“赤裸裸”是说人出生时是光溜溜的，赤身裸体地来，离开这个世界时，也不带走什么，就是生不带来死不带去的意思；第二个“赤裸裸”是说没给这个世界留下什么，表示没有作出什么贡献。

师：对。所以“裸”是衣字旁，表示无衣遮体，身体裸露。别把“衣”字旁写成“示”字旁。这段话中除“赤裸裸”用了两次，还有些词语也一样多次出现，举个例子说说。

生：这里的两个“徘徊”除了走过来走过去的意思外，应该还表示自己只能眼睁睁地看着时间飞逝而去，什么也做不了，束手无策，内心无奈。

师：“彳”是“行”的半文，与行走有关。作者使用两个“彳”组成的词“徘徊”，形象生动地表达了面对时间匆匆而过时无奈、无助的内心感觉。大家写“徘徊”这两个生字，不可写成单人旁。继续说说自己的发现。

生：“痕迹”一词也用了两次，都表示什么也没留下，也就是什么都没做的懊恼与不甘。但两个“痕迹”又不一样，第二个“痕迹”特意加上了“游丝样”，“游丝”表示极为细小、微不足道的东西，竟然连这么细微的东西都没留下，可见是无所事事，一事无成，无奈、无助、无力的心态一下子生动起来，形象起来。

师：说得真好，这是意思的递进，起到了强调的表达效果。

生：我对“痕迹”也有想法。“游丝样的痕迹”又与前一句的“过去的日子如轻烟，被微风吹散了，如薄雾，被初阳蒸融了”相呼应。“被吹散”甚至“被蒸融”，自然就留不下“游丝样的痕迹”。

生：我觉得两个比喻句用得非常好。“轻烟”和“薄雾”都是生活中常见的事物，这两个事物都有共同的特点，一旦消失，了无痕迹，怎么找也找不到，很准确地表现了“我何曾留着像游丝样的痕迹呢”的心情。

师：能读出自己的体会吗？

（指名读，全班读）

［**教学意图**］这是体会问句表达作用的第二个板块。与第 1 自然段的问句相比，这里的问句显然表现出几个不同来：一是不像开篇那样，问句与排比句杂糅，而是全用问句，追寻自己过去生命“游丝样的痕迹”，表达的情感更为强烈；二是虽然重复了开头的“我们的日子为什么一去不复返呢”，但以此作结，与开头形成反复和呼应，表现了难以平静、心有不甘的心情，情绪表达更进一步；三是含义更为深刻，层层递进的问句安排，不再是前头那种对于时间流逝的茫然与惋惜，而是以“为什么偏要白白走这一遭”来显示对生命价值的严肃思考和对生活执着的追求。此环节教学，学生抓住了问句中的关键字词，如“赤裸裸”“徘徊”“痕迹”的多次使用，攻克了阅读难点，体会了隐含在字里行间的情感。

师：老师提醒大家，注意一下“吹散”和“蒸融”这两个词，你可能还会获得不一样的阅读感受。

生：写轻烟用的是“吹散”，风吹云散，何况是轻烟。“蒸”是四点底，表示用大火蒸，“融”是“融化”的意思，所以“蒸”和“融”都与温度、热度有关。课文用“吹散”“蒸融”两个词语，巧妙地表达了难以留下痕迹这个意思。

师：真会读书，抓住重复出现的语句，联系语境，还能读出这样的体会，值得自己为自己点赞。（生鼓掌）“蒸”是要求写的字，笔画比较多，又是上中下结构，不要写得太长，否则就不美观了。写一下这个字。

（生写“蒸”字）

师：朱自清先生说过去的日子被微风吹散，被初阳蒸融，连痕迹也没留下，果真如此吗？请看一份资料。

（出示：

1916 年：中学毕业并成功考入北京大学预科。

1917 年：升入本科哲学系，在北大期间，积极参加五四爱国运动。

1919 年：开始发表诗歌，出版处女作诗集《睡吧，小小的人》，成为新文学运动初期的诗人之一。

1920 年：修完课程，北京大学哲学系提前毕业。

毕业后，任教于杭州第一师范和江苏省立第八中学（今扬州中学）。

继续参加新文学运动，成为文学研究会的早期会员。

参与发起新文学史上第一个诗歌团体“中国新诗社”和创办第一个诗歌杂志《诗》月刊等工作。

1921 年：参加文学研究会，是五四时期重要的作家之一。

1922 年：诗作 19 首收入商务印书馆出版的合集《雪朝》第一集。）

师：《匆匆》写于 1922 年 3 月，此时朱自清先生才 24 岁，已经取得了不小的成绩，这些成绩是许多人一生都难以达到的。既然如此，为什么他还认为“我何曾留着像游丝样的痕迹呢？”

生：我觉得这是他严格要求自己，他要做一个完美的人，做一个更好的自己。

生：我觉得这样写，更能引发读者的思考，像他那么有成就的人都认为自己虚度年华，我们更应该珍惜时间，努力学习。

生：我们认为他这么写，目的是引出他对时间、对生命的思考，让读到这篇文章的人更受启发，这样，这篇文章就更有意义和价值了。

［教学意图］ 阅读是读者与文本不断对话的过程。当学生的阅读理解难以继续深入之际，教师对“吹散”和“蒸融”两个词的提醒，打开了学生思维

的闸门，开启了阅读理解的另一片天空。对“吹散”和“蒸融”的字形发现与字义琢磨，使学生对难以留下游丝般的痕迹的深入理解自然水到渠成，又暗暗为接下来的言与行的比较埋下伏笔。引用朱自清先生年纪轻轻成就不凡的资料，自然也与“我何曾留着像游丝样的痕迹呢”形成了鲜明的反差，引发学生产生这样的思考：如此富有成就的人，竟然还嫌自己做得不够，还因时光流逝而万分急迫与焦虑，这是个多么自律、多么具有自觉追求的人。从而反观自己，反思自己，从中获得心灵的触及，激发向上的力量。

师：很不错的理解。读到这儿，老师有个建议，能不能从问句的先后顺序来进一步深入阅读？这有点难，可以先分清层次作为思考的切入口。

（生准备）

生：我们把这段话分为三个层次，前六个句子是第一层次，说自己不能做什么，连一点点痕迹都没留下。第七句是第二层次，是说自己只能赤裸裸来赤裸裸走。第八句为第三层次，表示自己不愿意这样白白走一遭。

生：我们发现这几个意思是层层深入的。

师：能具体说说吗？

生：一开始只是提出“我能做什么呢？”自我回答后又提出“除徘徊外，又剩些什么呢？”再自我回答后连用“留着些什么痕迹呢”说明自己一事无成，心里很焦虑，接着用“我赤裸裸来到这世界，转眼间也将赤裸裸地回去吧？”引发思考，最后“但不能平的，为什么偏要白白走这一遭啊”表示自己决不能这样过一生。

生：我们发现这段话的问句不一样。前面两个是设问句，一问一答；第三、四两个是有疑问、有反问；第五句是自己问自己；最后两句连续用了两个反问。不同的问句，表达不同的情感。

生：我们对你的观点还有个补充。我们认为这段话就是用富有变化的问句层层深入地表达感情的。开始是两个设问句，不断地自问自答，而第二个设问紧扣前一句的“匆匆”和“徘徊”提出，层层递进，环环相扣。然后提出疑问“我留着些什么痕迹呢？”又进行反问“我何曾留着像游丝样的痕迹呢？”最后是“赤裸裸”的自问和“但不能平的”反问，提出为什么要活着、如何活的人生思考。

师：读到这里，你觉得朱自清先生用了那么多问句，他到底在问谁呢？

生：他在问自己，说出内心的疑问。

生：他在问别人，把自己的心里想法说给大家听。

生：他也在问所有的人，让人思考他的问题，提醒人们要珍惜时间。

师：说得好。最后回到开头的问题，文章首尾出现“你聪明的，告诉我，我们的日子为什么一去不复返呢”，你是怎么理解的？

生：前头的“聪明的，你告诉我，我们的日子为什么一去不复返呢”是作者的疑问，是找不到答案的迷茫和困惑；后头的“你聪明的，告诉我，我们的日子为什么一去不复返呢”是经过思考，认为人不能这么白白走一遭后提出来的，含义与情感进了一步，也是对开头的回应。

生：前面的“聪明的，你告诉我，我们的日子为什么一去不复返呢”是疑惑，后面的是首尾呼应，又揭示了主题。

生：我的感觉结束的这句话，意味深长，耐人寻味，能引发人们对时间、对生命的深深思考。

生：最后一句不仅能让读者展开想象，引起深思，还能显出文章的含蓄之美。

师：很好。看来，不同的问句确实对表达作者丰富的情感起到了独特作用。让我们借助朗读表现情感的变化吧。

（随着音乐，学生有感情地朗读）

师：凭借这 7 个问句，还可以帮助我们更快地背诵。看着屏幕上的提示，试着背背这两段话。

（屏幕出示除问句外的语句，学生不看课文，背出 7 个问句；接着出现问句，学生背出其他句子；最后全段背诵。）

［教学意图］ 这是从问句的排列顺序上深入探究，其思维难度显然更大，却很有必要。一方面，它并不是纯粹的讨论句式表现形式的问题，而是涉及了问句顺序与情感递增之间的内在逻辑与紧密联系，也就是说，只有这样排列，才能把想表达的情感一步一步地呈现出来，任意调换其中的一个顺序，就难以达到这样的表达效果；另一方面，这样的内在逻辑关系，如果不特意加以引导发现，学生只靠自己原有的阅读经验是难以企及的，虽然从字面和

字里行间也能体会到问句所表达的情绪，但是依然只停留在感悟、体会的层面，并未真正透过文字现象明晰语言表现与情感表达的深层秘密，难以感受和体悟这一文本独特的表达秘妙，这对于六年级学生来说，是一种缺失，“体会文章是怎样表达情感的”学习重点也难以得以实现。

第二课时

学习任务三：抓有形写法，学情感表达

师：上节课，我们通过第 1、4、5 三个段落的阅读，知道了朱自清先生表达感情的一种独特方法，是什么？

生：连续使用很多问句。

生：一连串不同形式的问句。

师：是的。在第 1 自然段的学习中，我们还认识到了这一个排比句。

（出示：燕子去了，有再来的时候；杨柳枯了，有再青的时候；桃花谢了，有再开的时候。）

师：一起读一读。

（生读）

师：这一句话是怎么写时间的呢？

生：用燕子可以再来，杨柳可以再青，桃花可以再开，写时间去了不可以再有。

师：这样写你觉得有什么好呢？

生：时间原本是看不见、摸不着的，这样写就变得看得见、摸得着了。

生：写燕子再来，杨柳再青，桃花再开，让人仿佛亲眼看到了时间的流逝和变化。

师：对，这就是这篇散文的第二个重要的写法，我们把它叫作化无形为有形。

（板书：化无形为有形）

师：这节课我们就重点探讨作者是怎样用这种方法表达感情的。

［**教学意图**］时间，既看不见，又摸不着，却实实在在地在人们身边无情而匆匆地流逝。朱自清以他丰富的想象力，形象地捕捉住时光逝去的踪迹。文章起首，就描绘了燕子去了来，杨柳枯了青，桃花谢了开的生活现象，以自然物的荣枯现象、时序的变迁作渲染，暗示时光流逝的痕迹。在这排比句式中，隐藏着用有形写无形的写作手法，这种手法还体现在课文的第 2、3 两个自然段，成为本文重要的表达情感的方法，也是本课时的重点学习任务。这一环节，从上节课学过的排比句入手，非常自然地引出这一写法，进而为学生找出相同语句提供样本。

（出示活动要求：

默读课文第 2、3 两个自然段，找出把时间变得看得见的语句，想想这样写的好处，写出自己的阅读感受。）

（学生圈画，批注，交流）

生：我找到的是第 2 自然段的一句。（读）“在默默里算着，八千多日子已经从我手中溜去，像针尖上一滴水滴在大海里，我的日子滴在时间的流里，没有声音，也没有影子。”这句话用比喻的修辞手法，把日子比作针尖上的一滴水，这样就把时间写得看得见了。

生：我觉得应该是把八千多个日子比作针尖上的一滴水，把所有的时间比作大海。

师：作者为什么要这样作比喻呢？

生：这样就把无形的时间变得可以看得见、摸得着了。

师：能说得具体点吗？

生：八千多个日子，对于人的一生来说很短，像一滴水滴在大海里，根本就找不着了。所以作者才说“没有声音，也没有影子”。

生：这句话给我的感觉是，八千多个日子就像针尖上一滴水滴在大海里，悄无声息，作者是在感慨时间过得太快了。

生：把自己的八千多个日子比成“一滴水”，奇特的比喻，极度的夸张，和大海的时间之流的浩瀚相比较，突出自己日子的“没有声音，也没有影子”。

师：请大家做道简单的算术题，八千多个日子是多少年？

生：20 多年。

师：对呀，那为什么课文不写 20 多年而用八千多个日子？

生：应该是八千多数量大，20 多数量少，八千多给人的感觉就是多。

生：我知道了，“八千多日子”表示大、表示多，“一滴水滴”表示小、表示少，两者形成了鲜明的对比。

生：我补充。这“一滴水滴”还不是一般的水滴，而是针尖上的，针尖本身就小，针尖上的一滴水滴就更小了。

师：这样的对比给你什么样的感觉呢？

生：在我们看来挺多的八千多个日子，竟然只是针尖上的一滴水滴那样微不足道，时间过得实在是太快了，让人想起来就害怕。

生：如果用 20 多年，这种害怕、慌忙的感觉就少很多了。

生：“我不知道他们给了我多少日子，但我的手确乎是渐渐空虚了”，意思是作者自己都不知道能活多长时间，现在已过了八千多个日子，未来的日子应该不多了吧，想到日子这么快就过去，他“不禁头涔涔而泪潸潸了”。

师：知道“头涔涔”“泪潸潸”的意思吗？

生：这两个词都是叠词，带三点水的字多，都跟水有关。“头涔涔”是汗从头上不断地流下来，“泪潸潸”是泪从眼睛里不停地流出来。

生：就是汗流不止，泪流不止。

师：这两个词写出了一种心情。

生：紧张，害怕。

生：恐慌，焦虑，痛苦。

师：“我不禁头涔涔而泪潸潸了”的缘由何来？

生：他觉得他的“手确乎是渐渐空虚了”，属于他的时间越来越少，他越想越紧张，越想越恐惧。

生：他认为八千多个日子，这么长的时间也只是针尖上的一滴水滴，滴入时间的流里，看不到影子，听不见声音，实在太可怕了。

生：此时的他已小有成就，但在他看来这远远不够，他觉得没做什么事日子就溜走了，再也回不来了，他很羞愧，也很失望。

师：中国人现在的平均寿命是 78 岁，六年级差不多 12 岁，你不知不觉过了七分之一，你紧张吗？

生：紧张。

师：你害怕吗？

生：有……有点害怕。

（生笑）

师：你才过了七分之一就这么紧张、害怕，朱自清差不多过了生命的一半，怎能不“头涔涔而泪潸潸”呢？带着这样的体会，读读这段话。

（生读）

师：你现在体会到作者把日子写成针尖上的一滴水滴的好处了吗？

生：体会到了。这样更能写出作者此时此刻的心情，也能让读者感受到时间的无情，生命的短暂，受到心灵的震撼。

生：这样写使得“我的手确乎是渐渐空虚了”更具体化，也说明了“我不禁头涔涔而泪潸潸”的原因。

生：这样写就把第一句和第三句的意思给串联了起来。

师：时间是怎样的“匆匆”呢？作者并不作抽象的议论，而是采取人们熟悉的事物，把自己的感觉通过形象表现出来，于是，空灵的时间被形象化了，习以为常的生活画面里透出作者独特的情思和感受。

［教学意图］课文第 2 自然段，紧接着前面的设问，引出另外的问题。作者运用比喻的修辞手法，借助大海、水滴这些有形事物，表现消失得无影无踪的时间这一无形事物。此句的关键在于把自己过去生命时间的流喻作一滴水，把大自然“时间的流”比作大海，八千多与一滴水的大小与多少对比，水滴的渺小与大海的浩瀚对比，表现出人的渺小，时光的匆忙，抒发了伤时而又惜时的感喟。因此，教学的重点必须聚焦这一写作方法，通过层层深入的方法加以体会：首先，还原八千多个日子其实是 20 多年，思考为什么不写 20 多而写八千多；其次，从“没有声音，也没有影子”，体会时间流逝的悄无声息，进而感受八千多个日子竟然如此“没有声音，也没有影子”，让人细思心慌；再次，抓住“头涔涔”“泪潸潸”的字形特点，连续出现三点水的几个字，令人想象到汗满头、泪满面的画面，感受到其内心的恐慌与害怕；复次，学生联系实际，从自己的年龄，想到自己不知不觉中已度过了人生的七分之

一，让朱自清的“渐渐空虚了”“头涔涔”“泪潸潸”成为学生自己的内心体验和亲身感受。如此，学生就能走进文字，与作者感同身受，想作者之所想，急作者之所急，愁作者之所愁。

师：继续汇报你找到的句子。

生（读）：“早上我起来的时候，小屋里射进两三方斜斜的太阳。太阳他有脚啊，轻轻悄悄地挪移了，我也茫茫然跟着旋转。”这句话把时间当作人来写，通过“轻轻悄悄地挪移”和“茫茫然跟着旋转”写出时间在流逝。

生：我注意到的是叠词“轻轻悄悄”和“茫茫然”。“轻轻悄悄”写时间在一点一点过去，“茫茫然”写自己都不知道的状态，两个叠词都在告诉我们时间是在人们不经意之间，不知不觉溜走的。

师：你来读读这句话。

生：我找到的是这么几句话。（读）“于是——洗手的时候，日子从水盆里过去；吃饭的时候，日子从饭碗里过去；默默时，便从凝然的双眼前过去；我觉察他去的匆匆了，伸出手遮挽时，他又从遮挽着的手边过去；天黑时，我躺在床上，他便伶伶俐俐地从我身上跨过，从我脚边飞去了；等我睁开眼和太阳再见，这算又溜走了一日；我掩面叹息，但是新来的日子的影儿又开始在叹息里闪过了。”

（出示这句话）

师：来说说你的体会吧。

生：这段话写了一个人一天的生活，时间就是在人们做的一件件事情中过去了。

生：这段话写到的事情有洗手、吃饭、默默，默默就是发呆的意思，还有遮挽、睡觉、睁眼说再见、掩面叹息。

师：为什么选择这些事情？

生：因为这些都是日常小事，每个人每天都在经历。

生：虽然这些事每个人都在经历，但如果没有写出来，人们都不会特别留意。

生：因为是每个人都在经历的事，所以读者读到这段话就很有感觉，就会想到自己，从而体会到时间飞逝而过，要抓住当下，不可浪费时光。

师：这是从材料选择的角度来体会的。语言表达的角度呢？给大家点时间，讨论交流一下。

（学生交流讨论）

生：我发现这段话用了很多动作词，比如“过去”“跨过”“飞去”“溜走”“闪过”，表示时间在流逝。

（屏幕上的这几个动词变红）

师：注意下这几个动词的顺序。

生：我知道了，一个比一个速度快。

生：“过去”是一般的说法，看不出快与慢，从“跨过”到“飞去”到“溜走”再到“闪过”，速度一个比一个快。

师：这样写的目的是什么？自己读一读体会一下。

（生读）

生：这样写，让人似乎看到了时间流逝的情景，听到时间飞逝的声音。

生：看到时间飞逝的脚步越来越快，作者的心情越来越着急。

生：眼看着一天马上又过去了，自己又毫无办法留住它，心情无比焦虑，又十分无奈。

生：读着这些动词，我似乎感受到了作者不断加速的心跳。

师：用你们的声音读出自己的体会。

（指名有感情朗读）

［教学意图］课文第3自然段，把以有形事物写无形事物的写法特点，表现得更加淋漓尽致、展露无遗。这段话的巧妙在于，以一个人的一天日常生活，而且是任何一个人都要经历的琐碎小事，如洗手、吃饭、睡觉、发呆等，以拟人化手法，赋予太阳以生命，说太阳在自己身旁悄声地挪移，伶俐地跨过，轻盈地飞去，作者为此而感到茫然和惶恐。作者借用饶有情味的太阳之匆匆出没，寄托奔涌的情思，深化题旨。而在语言选用上，也很是匠心独运。“过去”“跨过”“飞去”“溜走”“闪过”都是动词，而且“过”的速度越来越快，如此巧用文字，给我们营造了一种日子越发匆匆，内心越发慌张，情绪越发急躁的阅读体验，让逃去如飞的时间非常具体、具象地展现出来。此时，他笔下的太阳，已非通常的自然景物，而是作者创造的一种艺术形象，是作

者将主观感情和客观外物融合而成的主客观统一体，形神兼备，情韵独特。朱自清凭借对客观事物的精微观察和体验，以流动的传神的笔触，通过融情入景的写法，显示了绘画的美和诗意的美。

师：除了动词，还有别的写法吗？

生：这是按从早上到晚上的时间顺序来写的。

生：每个句子都先写做什么事，再写日子怎么过去。比如“洗手”“吃饭”是事情，“从水盆里过去”“从饭碗里过去”写时间是怎么流逝的。

生：我还有个补充。怎么过去是跟做的事有关，比如“洗手”与“水盆”、“吃饭”与“饭碗”、“默默”与“双眼”、“遮挽”与“手边”有关。

师：表扬你，这是个重要的写作秘密。

学习任务四：促迁移运用，练情感表达

（出示活动要求：

1. 你对时间流逝又有什么样的感触？请大家灵活运用课文第 3 自然段的表达方式，把自己的感触写成一小段话。

2. 写完后，从句式、事例、语言等三个方面评一评写得怎么样。）

（生自由练写）

师：请大家分享你的思考。

生：写作业的时候，日子从笔尖下过去；玩耍的时候，日子从笑声中过去；看电视的时候，日子从画面中过去。

生：我的妈妈好勤劳。洗菜时，日子从水龙头的流水中流走了；炒菜时，日子从锅铲碰撞的声响中飞走了；打扫时，日子从扫把、拖布的摩擦中溜走了。

师：加上“我的妈妈好勤劳”，这段话就有了一个主题。真好。

生：早晨时，我远看树林，他就从飞鸟拍动的翅膀中掠过了；傍晚时，我凝望天空，他就从变幻莫测的流云中消失了；天黑时，我看球赛，他就从我踮着的脚尖中轻轻划过。

师：这是按时间顺序来写，表达得更有条理了。

生：阅读时，日子就从双眼的眨动中过去；写作时，日子就从笔尖的划动中过去；我想找到他的行踪，抓住他时，他就踮着脚尖，悄无声息地从我背后滑开了；我要跟他打声招呼时，他一声不吭，头也不回地走了；夜幕降临、满天星斗时，我意识到一天又过去了。唉，时间，你怎么就这么不经用呢？

师：你的这段话，用上文中的句式，特别是说出了自己的感触，真好。同学们，《匆匆》这篇散文，就是这样运用一连串问句和化无形为有形两种方法，表达了自己对时间的感觉，对生命的思考，对人生价值的追问，读来令人感动，又催人深思。最后，送几句话，与君共勉。

（出示：

三更灯火五更鸡，正是男儿读书时。黑发不知勤学早，白发方悔读书迟。

时间的步伐有三种：未来姗姗来迟，现在像箭一样飞逝，过往永远静立不动。

人生有一道难题，那就是如何使一寸光阴即是一寸生命。）

［**教学意图**］“仿照课文第3自然段，用一段话把你的感触写下来”，是本文的课后练习。这是一道仿写练习，“仿”的前提，自然要弄清楚所仿语段或语句的表达特征，否则，仿而无样，也就仿而无效。本段话所写到的日常生活，学生都经历过，理解上不是难点，仿写起来也不太困难。不太令人注意的是细小处，即所做的事要与相应的物相吻合，如洗手与水盆、吃饭与饭碗、默默与双眼等，如果换成洗手与饭碗、默默与水盆，就牛头不对马嘴了。这是此次仿写的关键所在。当然，仿写的另一个要求是写一段话，而不是一句话，而且要有自己的感触，因此，就不能像以前那样，停留于一个人写一句，合起来一段话的做法，需要学生调动已有的段落写作经验，写得有顺序、有条理、有感受。正是有了这样的要求，学生或用总分构段，或按时间顺序，或事例＋感想的方法，写得丰富而多样。

【特色解析】

一、老课的新意教学

与以往教材相比，统编语文教材虽然在理念、架构、体例、组元等方面有不小的差异，但在选文上并不是推倒重来，除了增加必要的新课文，删除了一些老课文外，人教版教材中的许多课文都保留下来了，像一年级的《端午粽》《雪地里的小画家》，二年级的《小蝌蚪找妈妈》《曹冲称象》，三年级的《秋天的雨》《美丽的小兴安岭》，四年级的《爬山虎的脚》《乡下人家》，五年级的《鸟的天堂》《“精彩极了”和“糟糕透了”》，六年级的《狼牙山五壮士》《为人民服务》等。这并不意味着，这些老课文以前怎么教，现在也怎么教，如果是这样，那不成了“新瓶装旧酒”“穿新鞋走老路”了吗？道理非常简单，这些老课文在不同版本的教材中，选入的单元不同，所承担的任务不同，通俗点说就是，课文还是那课文，用处却不是那个用处，教学自然也不能是那个教学。

就说《匆匆》吧。同样是安排在六年级下册，人教版教材中的《匆匆》为第一单元课文，本组课文的训练重点是“从阅读的内容想开去”，要求在学生读通、读懂课文的基础上，启发学生展开联想。以前教学这篇课文，重在引导学生了解课文内容，从阅读的内容想开去，培养学生的阅读能力；有感情朗读课文，感受语言的优美，积累语言；抓住重点语段，体会作者对虚度时光感到无奈和惋惜的思想感情，树立珍惜时光的意识。显然，这是从《匆匆》的散文文体特性出发，重在从散文主题、语言和情感三个方面展开教学。而统编本教材中的《匆匆》，却是第三单元内容，这是个习作专题单元，单元语文要素是“体会文章是怎样表达情感的”，这一语文要素规定了本单元共同的教学任务。比较“体会文章是怎样表达情感的”和“从阅读的内容想开去”两个单元训练重点，不难发现，前者指向写作，后者指向阅读。也就是说，统编教材的《匆匆》虽然也要体会情感，学习语言，但不是根本目的，而是过程和手段，意在通过阅读，在体会情感的过程中，学习作者是如何运用语言把这样的情感表达出来的，即阅读的目的是为了学习写作方法；人教版教材的《匆匆》，则把内容理解、情感体会、主题把握作为重点，阅读的目的是为了更好地感受作者对时间流逝的内心感受和情感抒发，从中获得时间宝贵、珍惜当下的人生启示。如此迥异的编写意图，决定了当下的《匆匆》教学必须转变观念，跳出教思想、教主题的窠臼，在写法上下功夫，让教课焕发出时代的新意和光彩。

二、个性的凸现彰显

这里所说的“个性”，指的是文本的独特性，即与众不同的地方，或不同于其他文本的“这一个”。

与《匆匆》同为单元内容的还有精读课文《那个星期天》，习作例文《别了，语文课》《阳光的两种用法》，四篇文章虽然共同承担“体会文章是怎样表达情感的”这一单元任务，但是，每篇文章表达情感的方法还很不一样。仅以《那个星期天》为例，采取第一人称写法，选用“踏着一块块方砖跳，跳房子，等母亲回来”“看着天看着云彩走，等母亲回来”“蹲在院子的地上，用树枝拨弄着一个蚁穴，爬着去找更多的蚁穴”“坐在草丛里翻看一本画报，那是一本看了多少回的电影画报”“坐在草丛里看她们，想象她们的家，想象她们此刻在干什么，想象她们的兄弟姐妹和她们的父母，想象她们的声音”等等，以此消磨时光，打发时间的事情，表达等待母亲时的焦急又兴奋、迫切又无奈的复杂心情。

《匆匆》就不是如此。从写法上看，紧紧围绕“匆匆”二字，用贯穿全篇的十一个设问或反问句，作为情绪发展的线索，把“磅礴郁积，在心里盘旋回荡”已久的感情，加以极尽“层层叠叠、曲折顿挫之致”的表达，叩人心扉，耐人吟味。与此同时，发挥丰富且奇妙的想象力，借有限的物象，展示无限的思绪，将空灵而又抽象的时间化为具体的物象，引发出伤时、惜时的深长感喟。从语言上看，文章很注意修辞，文中用长短一致，节奏整齐，对仗工整的排比句，描述了显示季节更替的诗意化景物，又用一组长短不一，节奏跳跃，口语色彩很浓的设问句，感叹日子的飞逝无痕。整句和散句的结合，不但具有一种音乐的美感，而且显得既典雅又朴实。还多处运用比喻，比拟性描写使时间变得可以感觉，形象而又真实。恰恰是这样的语言特色，构成了《匆匆》独一无二的表达魅力，又为表达文章情感提供了有力的支撑。因此，一连串的问句和无形之物有形写，自然应该成为本文教学的重点。

三、内容的统整融合

学习任务群的提出，是新课标的一大亮点，同时也成为摆在我们面前的一道难题。作为一篇散文，《匆匆》当然无可争辩地属于“文学阅读与创意表达”任务群，但是，作为重在教学生写好作文的习作专题单元，其“实用性阅读与交流”的任务属性也是不容置疑的。两者似乎形成了矛盾，如何进行正确的任务群归类呢？属于“文学阅读与创意表达”是从文章的散文文体特征来说的，“实用性阅读与交流”却是以单元重点作为标准进行判定的。一般而言，单元重点要大过文体个性，因此，在整体上把《匆匆》归于“实用性阅读与交流”是必须的，但在具体的任务学习过程中，观照散文特征，渗透文学阅读与欣赏也很有必要。

《匆匆》是本单元的首篇课文，无疑承担着落实单元语文要素的第一责任，这就意味着精准确定学习任务至关重要，好在课后练习和文本个性为我们提供了必要的帮助。“课文中有两处使用了一连串的问句，找出来读读，说说表达了作者怎样的内心感受，体会这样表达有什么好处。”这一课后问题指向本文表达情感的第一种写法。题中所说的“两处”分别是文章的开头与结尾，这就决定了教学内容的处理不能像以前那样，一段一段地教，应该大开大合，进行合理的统整融合。也就是说，要把课文中有关问句的语段归结在一起，组成“用一连串问句，表达情感”的任务。于是，就有了第 1 自然段和第 4、5 自然段的任务教学。“时间的流逝本是司空见惯的现象，为什么作者能写得如此感人？读了课文，你对时间的流逝有什么感触？仿照课文第 3 自然段，用一段话把你的感触写下来”，这道练习并不像前一题那样直接点明了问句的表达形式，需要我们结合第 3 自然段的具体语句去发现。第 3 自然段是时光“匆匆”的生活化、具体化，不管是“有脚”“挪移”“旋转”“过去”“溜过”“闪过”，还是“日子从水盆里过去”“日子从饭碗里过去”“从凝然的双眼前过去”，都把原本看不见、摸不着的时间变得可见、可触、可摸、可感了。同样的，第 1 自然段的“有再来的时候”“有再青的时候”“有再开的时候”，第 2 自然段的“像针尖上一滴水”等，也把时间有形化了。如此一解读，我们又可以把这些语段整合起来，作为第二个任务“以有形写无形，表达情感”。再加上包括生字词学习，课文内容把握，课文有感情朗读在内的常规性学习任务，本文的任务群学习就可以由这三个学习任务组成。这样的教材处理，真正实现了教学内容的重构，也保证了学习任务的精准确定与有效完成。

后记

特别的书写

自认为，自己是一个书写者。尽管与那些优秀者相比，还写得不多，写得不好，写得不很努力，写得少有影响，但还是固执地认为，自己就是一个书写者。这样的认为并非空穴来风，无凭无据。从自己的文字第一次在正式刊物上刊发亮相，一晃过去了三十来年。三十年间，由豆腐块文章，渐渐写成洋洋洒洒的上万字大块头，又渐渐写成动辄二十多万甚至三十余万字的大部头论著，自己的书写是不间断，不曾改变的，尤其是两个阶段。2005年左右，年发论文二三十篇，部分论文频频刊发于中文核心期刊；近十年，被人大书报资料中心全文转载的文章明显多了起来，个人专著年均一本，好像是进入了书写的喷发期。当然，不只是专业论文，散文诗，散文，也偶尔涉及，并喜获编辑青睐。近来还重拾年轻时候的文学爱好，尝试着把外出讲课的见闻与感受，写成小随笔，小短章，晒在微信朋友圈，自娱自乐，且乐在其中。

不过，这本书的书写，还真的有点特别。去年6月底，福建教育出版社一位老编辑主任打来电话，说是准备出一套小书，一共四本。这套书不是长篇大论的专业论著，而是轻松灵动的课堂实录，每位作者自由挑选教学生涯中自己觉得最为满意的10节课，再附上教学感受、体会之类的，内容可长可短，不拘一格，要让读者读起来比较轻松。四本书分别由福建、江苏、浙江三省四位一线教师书写，荣幸的是，福建唯一的一个名额落到我的身上。在我的书写经历中，约文章倒是稀松平常，不足为奇，约书可是开天辟地第一遭。此为特别之一。

特别之二，这本书竟然是分两个时段完成。以往出版的十三本书，无不是用一两个月或两三个月时间，集中优势兵力，火力全开，一鼓作气，一气呵成。这本书却不一样。接到邀约后，一天一篇课文的教学实录，十篇课文，十天完成。若照往常做法，就得趁热打铁，顺势而为，把上课的想法、思路、反思、剖析之类的文字，也一股脑儿全都做好。可在这节骨眼上，“懒”劲上来了，老想着年底才交稿，离现在还有五个月时间，就这么点东西，赶一赶也就出来了，急什么，玩再说。于是，这样一想，一个多月的暑假时间，就在睡懒觉，看电视，听音频，以及偶尔的外出讲课中，度过，一个字也没写。伴随着秋季的开学，各种杂事又多了起来，也顾不上那只写了一半的书了。2024 年的脚步悄然来临，才猛然发觉，半年过去了，再不写可真成“半截子工程”了。这下才打起精神，又是一天一篇，十天大功告成。

特别之三，这是我的第一本完整还原课堂全貌的书。很长一段时间以来，不管是一线教师上课，还是各级名师课堂，往往是选择自己喜欢的课文来教，更糟糕的是，教学内容确定随心所欲，哪个部分最能出彩，哪些语段最有把握，哪些内容最好处理，就教这个部分，这个语段，这个内容，哪管什么课时不课时。久而久之，这样上公开课、展示课、示范课，成了集体意识。七年前，我出版的《语用课，开讲啦》，虽然也是一本以教学实录为主体的书，由三辑组成，分别是片段教学、课时教学、整篇教学。从“辑”名就能知道，一半以上的课文不是以两个课时的整体面貌出现的。本书不同，十篇课文都是精读课，都源自现行小学语文统编教材中，课文覆盖小学阶段的所有年级，更重要的是每课教学均分成两个课时，全景式、完整性地还原课堂教学样貌。

特别之四，这是一本体现学习任务群教学理念的书。语文学习任务群的提出，是在《义务教育语文课程标准（2022 年版）》颁布之后，距今只有一年多。在这短短的时间里，我遵照课标新理念，尝试进行了系列研究与探索。比如以教学案例的视角，解读新课标，并出版《站在课堂看课标》一书；进入不同级别的语文课堂，观摩并评析了近 200 节课；与工作室成员一道，进行单篇任务群设计，发表相关思考文章；深入学校，带领、指导一线教师开展浸润式、卷入式的任务群教学研讨活动；承担省教育厅组织的“下沉式”培训任务，与团队成员一道，进行单篇课文两个课时连上的课堂展示；参与不同级别的语文教师课标培训工作，聚焦任务群这一主题，为参训学员进行内涵解读，分析具体案例，形成现场设计。本书的一些课例就是在这样的背景下产生的，努力体现新课标的任务群理念。还有小部分课例，教学于新课标之前，之所以选入，是因为从教学目标、推进过程、板块安排等多方面综合起来审视，其教学实质与任务群理念非常契合，与任务群设计并无二致。这当然都有赖于长期以来语用教学的价值定位、目标追求与课堂样态。

特别之五，这是我光荣退休、人生转道之后的第一本书。42 年的小学语文教育生涯，终于画上完美句号。从青葱岁月，到两鬓斑白，没有一刻离开过语文教育，没有一时脱离过教学一线，没有一天放弃过三尺讲台，即使曾有机会成为县级教师进修学校副校长，也有机会担任市级教研室主任，但都因为舍不得离开课堂而一一放弃。这样的习惯与秉性，恐怕还难以一下子改变。研究语文教育，耕耘语文课堂，培养语文教师，依然还是未来的乐趣。做自己热爱的事，还能把这样的挚爱之事变成自己一生的职业，职业、志业、事业兼融，教书、读书、写书兼具，善莫大焉，幸哉足矣。这本书，算是对自己的曾经过往，对语文教学点滴生活的回望与留痕吧。于我个人而言，这一本书，即便凡如草芥，俗似尘泥，也是珍贵的。

既然书写是愉悦的，那就从心出发，继续书写，做个自由、率性、快乐的思考者和书写者。

刘仁增
2024 年元月于凤城鲤鱼山下